ELOGIOS A *DE VOLTA*

"Fiquei fascinado pelo vídeo que Ben Breedlove produziu e postou no YouTube pouco antes de voltar para o céu. E agora fiquei fascinado pela história da sua vida, contada em *De Volta para o Céu*. Lendo estas páginas, você descobrirá como um jovem extraordinário tratou a vida como uma dádiva de Deus e, dessa maneira, tornou-se uma dádiva de Deus. Assim como seus vários vídeos e sua dedicação à família e aos amigos tocaram muitos corações, eu oro para que este livro faça o mesmo."

— Don Piper, autor de *90 Minutes in Heaven*, que figurou na lista de *best-sellers* do *New York Times*

Como Ben Breedlove mudou a minha vida

Fui apresentado a Ben Breedlove por meus fãs no Twitter, por meio de uma série de "retuitadas" dos *links* do seu vídeo. Assim como muitos de vocês, eu também fiquei comovido com sua história, ainda mais porque ele disse que eu era um de seus artistas preferidos e me incluiu em sua visão. Eu não sabia o que pensar. Por que eu? De todas as pessoas no mundo que ele podia respeitar e admirar, ele escolheu a mim. Eu não achava que merecia essa atenção e, para ser honesto, ainda não acho. Eu estava passando por um momento da minha vida em que não me sentia nem um pouco especial. Eu não estava feliz comigo mesmo. A mensagem de Ben me animou. Ele me fez ver que eu era importante como artista, e eu estava precisando disso. Desde que Ben entrou na minha vida, eu iniciei uma nova jornada. Ele me salvou. Nada de drogas nem de bebidas, Ben. Posso afirmar que ele reacendeu a fagulha de que eu precisava para seguir em frente e continuar criando. Eu realmente acredito que ele foi enviado à Terra numa missão de Deus. Como seres humanos, precisamos saber que há uma força maior, que há mais do que podemos ver e que existem anjos tomando conta de nós.

Fico muito triste por não ter tido o prazer de conhecer Ben pessoalmente, mas bastante honrado por ter estabelecido uma conexão com ele por meio da música e em espírito. Eu vou criar até o dia da minha morte em sua homenagem e em homenagem a todos os meus fãs, novos e antigos, em todo o mundo.

Nós te amamos, Ben. Seu irmão mais velho,

– Scott Mescudi (conhecido como Kid Cudi)

"A história de Ben Breedlove calou fundo em mim desde que a ouvi pela primeira vez. Temos muita sorte por Ally Breedlove ter revelado ao mundo as incríveis experiências e descobertas de Ben em *De Volta para o Céu*. A vida de Ben foi marcada por lutas que ninguém, nem nenhuma família, desejaria enfrentar. Mas, no final, ele percebeu que cada vida humana, e *tudo na vida*, têm um verdadeiro significado e um propósito. Sua crença inabalável em Deus e na paz absoluta que nos aguarda no céu servirá de esperança e inspiração para milhões de pessoas."

– Glenn Beck

"*De Volta para o Céu* transmite a mensagem profunda de esperança e paz de Ben Breedlove ao mundo. Com sua narrativa simples e sincera, Ally fez um trabalho extraordinário que leva os leitores a se sentirem cativados por Ben, ao mesmo tempo ue nos lembra de viver cada dia com alegria."

– Elizabeth Bryan, autora de *Chicken Soup for the Soul: Count Your Blessings*

"Ally Breedlove presta uma homenagem a Ben, seu irrefreável irmão mais novo Ben, amante da diversão... e conquista os leitores com seu tom genuíno, sincero.... Comovente e edificante, o livro causa impacto tanto no nível humano quanto no nível espiritual."

– *Kirkus Reviews*

ALLY BREEDLOVE
com KEN ABRAHAM

DE VOLTA PARA O CÉU

A história de **Ben Breedlove**, um garoto de 18 anos que relatou suas experiências de quase morte e visões do céu e virou fenômeno na Internet

Tradução:
MIRTES FRANGE DE OLIVEIRA PINHEIRO

Editora
Pensamento
SÃO PAULO

Título original: *When Will the Heaven Begin?*
Copyright © 2013 The Ben Breedlove Trust.
Publicado mediante acordo com Nal Signet, uma divisão da Penguin Group (USA) LLC.
Copyright da edição brasileira © 2014 Editora Pensamento-Cultrix Ltda.
Texto de acordo com as novas regras ortográficas da língua portuguesa.
1ª edição 2014.

Todas as fotos são cortesia da família Breedlove, salvo indicação aqui: Kirk Miller, p. 5 foto do meio; Grant Hamill, p. 6 embaixo, p. 7 acima; Debbie Hamill, p. 8 canto inferior direito, p. 9 inferior, p. 12 acima; Jake H. Breedlove, p. 10 acima, Jamie Buchsbaum, p. 11 inferior; Clay Davis, p. 15 inferior.

Todos os direitos reservados. Nenhuma parte deste livro pode ser reproduzida ou usada de qualquer forma ou por qualquer meio, eletrônico ou mecânico, inclusive fotocópias, gravações ou sistema de armazenamento em banco de dados, sem permissão por escrito, exceto nos casos de trechos curtos citados em resenhas críticas ou artigos de revista.

A Editora Pensamento não se responsabiliza por eventuais mudanças ocorridas nos endereços convencionais ou eletrônicos citados neste livro.

Editor: Adilson Silva Ramachandra
Editora de texto: Denise de C. Rocha Delela
Coordenação editorial: Roseli de S. Ferraz
Produção editorial: Indiara Faria Kayo
Editoração Eletrônica: Join Bureau
Revisão: Nilza Agua

CIP-Brasil Catalogação na Publicação
Sindicato Nacional dos Editores de Livros, RJ

B84d
    Breedlove, Ally
        De volta para o céu : a história de Ben Beedlove, um garoto de 18 anos que relatou suas experiências de quase morte e visões do céu e virou fenômeno na internet / Ally Breedlove, Ken Abraham ; tradução Mirtes Frange de Oliveira Pinheiro. – 1. ed. – São Paulo : Pensamento, 2014.
        296 p. : il. ; 23 cm.

    Tradução de: When will the heaven begin?
    ISBN 978-85-315-1861-4

    1. Beedlove, Ben, 1993-2011. 2. Céu – Cristianismo. 3. Experiências de quase-morte. I. Título.

14-09540
        CDD: 922
        CDU: 929:2

Direitos de tradução para o Brasil adquiridos com exclusividade pela
EDITORA PENSAMENTO-CULTRIX LTDA., que se reserva a
propriedade literária desta tradução.
Rua Dr. Mário Vicente, 368 – 04270-000 – São Paulo – SP
Fone: (11) 2066-9000 – Fax: (11) 2066-9008
http://www.editorapensamento.com.br
E-mail: atendimento@editorapensamento.com.br
Foi feito o depósito legal.

*Em 25 de dezembro de 2011, dia de Natal,
meu irmão deixou sua vida como um presente para o mundo.*

A história de Ben é dedicada a você, que busca a paz.
— ALLY BREEDLOVE

A história de Ben é dedicada também a todas estas crianças que nos deixaram recentemente:

Alexander John Andris Reinis
12 de fevereiro de 1991 –
23 de novembro de 2011

Charlotte Helen Bacon
22 de fevereiro de 2006 –
14 de dezembro de 2012

Allison Noelle Wyatt
3 de julho de 2006 –
14 de dezembro de 2012

Carson Ross Cummings
7 de julho de 1987 –
13 de janeiro de 2012

Dylan Christopher Jack Hockley
8 de março de 2006 –
14 de dezembro de 2012

Madeleine F. Hsu
10 de julho de 2006 –
14 de dezembro de 2012

Jordan Gibbs Nash
15 de janeiro de 1988 –
5 de fevereiro de 2012

James Radley Mattioli
22 de março de 2006 –
14 de dezembro de 2012

Olivia Rose Engel
18 de julho de 2006 –
14 de dezembro de 2012

Riley Jane Clark
7 de dezembro de 2001 –
7 de março de 2012

Ana Grace Marquez-Greene
4 de abril de 2006 –
14 de dezembro de 2012

Caroline Phoebe Previdi
9 de setembro de 2006 –
14 de dezembro de 2012

Eric Michael Dramberger Jr.
9 de janeiro de 1991 –
17 de março de 2012

Jack Armistead Pinto
6 de maio de 2006 –
14 de dezembro de 2012

Benjamin Andrew Wheeler
12 de setembro de 2006 –
14 de dezembro de 2012

Daniel Gerard Barden
27 de setembro de 2005 –
14 de dezembro de 2012

Jessica Adrienne Rekos
10 de maio de 2006 –
14 de dezembro de 2012

Avielle Rose Richman
17 de outubro de 2006 –
14 de dezembro de 2012

Chase Michael Anthony Kowalski
31 de outubro de 2005 –
14 de dezembro de 2012

Emilie Alice Parker
12 de maio de 2006 –
14 de dezembro de 2012

Noah Samuel Pozner
20 de novembro de 2006 –
14 de dezembro de 2012

Grace Audrey McDonnell
4 de novembro de 2005 –
14 de dezembro de 2012

Catherine Violet Hubbard
8 de junho de 2006 –
14 de dezembro de 2012

Thomas "Ty" Boone Pickens IV
13 de setembro de 1991 –
29 de janeiro de 2013

Josephine Grace Gay
11 de dezembro de 2005 –
14 de dezembro de 2012

Jesse McCord Lewis
30 de junho de 2006 –
14 de dezembro de 2012

Ann Elise McGuffey
1º de junho de 1994 –
8 de fevereiro de 2013

SUMÁRIO

PREFÁCIO 13

PRIMEIRA PARTE
A DÁDIVA

CAPÍTULO 1   Eternamente jovem 17

CAPÍTULO 2   Lavado pela água 21

CAPÍTULO 3   Não há lugar para o medo 33

CAPÍTULO 4   Chamando todos os anjos 41

CAPÍTULO 5   Não se preocupe 46

CAPÍTULO 6   Está na água 51

CAPÍTULO 7   Por baixo 55

CAPÍTULO 8   Aventura 59

CAPÍTULO 9   Sonhe 63

SEGUNDA PARTE

A PAIXÃO

CAPÍTULO 10   Enquanto nosso sangue ainda é jovem   71

CAPÍTULO 11   Diga o que você precisa dizer   75

CAPÍTULO 12   Com meu irmão por perto   78

CAPÍTULO 13   Sorria   85

CAPÍTULO 14   O *show* continua   95

CAPÍTULO 15   Viva a sua vida   102

CAPÍTULO 16   Quem disse que somos ruins?   108

CAPÍTULO 17   A vida continua   113

CAPÍTULO 18   Original   117

CAPÍTULO 19   Procurando uma razão   125

CAPÍTULO 20   Sentindo-se bem   138

CAPÍTULO 21   Isto não é o fim   144

CAPÍTULO 22   Ainda temos um ao outro   152

CAPÍTULO 23   Mostre-me o que estou procurando   154

CAPÍTULO 24   Deixando-se levar   159

TERCEIRA PARTE

O PROPÓSITO

CAPÍTULO 25   Não me falhe agora   167

CAPÍTULO 26   Mundo louco   173

CAPÍTULO 27   Não me deixe cair   178

CAPÍTULO 28	Quando vai acabar a fantasia?	183
CAPÍTULO 29	À beira do precipício	189
CAPÍTULO 30	Estou cansado	195
CAPÍTULO 31	Quanto falta para o céu?	205
CAPÍTULO 32	Quando vai começar o céu?	209
CAPÍTULO 33	As palavras são importantes	216
CAPÍTULO 34	Como se o amanhã fosse um presente	220
CAPÍTULO 35	Um lindo dia	223
CAPÍTULO 36	Paraíso	228
CAPÍTULO 37	Acredite	234
CAPÍTULO 38	A morte é rompida	240
CAPÍTULO 39	Tempo	243
CAPÍTULO 40	A vida é maravilhosa	248
CAPÍTULO 41	Eu só posso imaginar	253
CAPÍTULO 42	Muito além do meu alcance	257
CAPÍTULO 43	Vida eterna	265

EPÍLOGO 271

AGRADECIMENTOS 275

CARDIOMIOPATIA HIPERTRÓFICA 279

PREFÁCIO

Branco. Imaculadamente branco. Ben não conseguia ver paredes, mas apenas branco, o branco mais branco que ele conseguia descrever, e que parecia envolver tudo à sua volta. Naquela brancura, Ben ouviu o maior silêncio que já tinha ouvido em toda a sua vida.

Espere.

De repente, ele percebeu que o espaço não estava totalmente vazio. Havia um espelho de corpo inteiro bem diante dele. Ben olhou fixamente para o espelho. Ele estava vendo não apenas o seu reflexo, mas toda a sua vida. Naquele momento, vendo a sua imagem refletida no espelho, ele sentiu orgulho de si mesmo, de toda a sua vida, de tudo o que tinha feito. Não havia sentimento *melhor* do que aquele. Ben não conseguia parar de sorrir. Ele soube que estava pronto para algo mais importante.

DE VOLTA PARA O CÉU

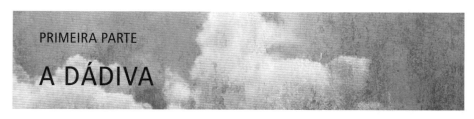

PRIMEIRA PARTE
A DÁDIVA

CAPÍTULO 1

ETERNAMENTE JOVEM

Eternamente jovem,
Quero ser eternamente jovem

— "YOUNG FOREVER" (JAY-Z E MR. HUDSON)

O médico retornou à sala de exames com um grande sorriso nos lábios. — O que você diria se eu lhe dissesse que você está grávida de três meses?

Deanne Breedlove ficou exultante! *Não consigo acreditar que vamos ter outro bebê!*, pensou consigo mesma. Ela sabia *exatamente* como contar a Shawn, seu marido. Apesar de estar feliz com a gravidez, ela sabia que o marido, um homem racional e analítico, que trabalhava no setor de empreendimentos imobiliários, provavelmente já tinha calculado a melhor época para o casal ter outro filho – e não era naquele momento. Mas Deanne bolou um plano para surpreender Shawn de tal maneira que ele não tivesse outra alternativa, a não ser reagir de maneira positiva.

A notícia tinha chegado na hora certa, dois dias antes do dia dos namorados. A caminho de casa, após a consulta, Deanne comprou um cartão para contar a grande novidade a Shawn. Em casa, ao revirar a gaveta de bugigangas do armário da cozinha à procura de uma caneta, ela encontrou seu velho diário abandonado, aberto na última anotação. Espantada ao ler suas próprias palavras esquecidas, ela folheou o diário.

Deanne tinha curtido tanto o primeiro ano com Ally, sua filhinha, que decidiu que estava pronta para ter outro bebê. Ela não se esqueceu da reação de Shawn diante da notícia da sua primeira gravidez. Nervoso, pálido e com voz trêmula, ele tinha dito: – Bom, vamos vender a casa ou fazer o que tivermos de fazer.

De modo que, quando pensou em ter outro bebê, em vez de preocupar o marido com o impacto de um segundo filho no orçamento familiar, Deanne preferiu conversar com Deus. Registrando cuidadosamente a data, 10 de novembro de 1992, ela escreveu em seu diário: "Eu adoraria ter outro bebê!"

Deanne havia se esquecido completamente do diário que deixara abandonado na gaveta da cozinha; mas agora, ao ler aquelas palavras, lembrou-se muito bem da oração que tinha escrito havia exatamente três meses. Colocando as mãos sobre a barriga e erguendo os olhos para o teto, Deanne exclamou: – Obrigada, meu Deus!

Sentada à mesa da sala para escrever o cartão para Shawn, Deanne relembrou como eles tinham se apaixonado.

Há pouco mais de dez anos, em 1980, Deanne era caloura na Universidade do Texas. Shawn, que estava no terceiro ano, tinha conseguido convencer a residência estudantil feminina – a mesma onde Deanne morava – a contratá-lo como único salva-vidas do sexo masculino. Além dele, os únicos homens que tinham permissão para passar do saguão principal faziam parte da equipe de garçons, à qual Shawn também se juntou e acabou sendo *maître*. Deanne e as amigas sempre brincavam que os rapazes só se candidatavam ao emprego de garçom para conhecer suas futuras esposas. Certa noite, durante o jantar, Deanne viu Shawn pela primeira vez e, rindo, disse para as amigas: "Vou ficar com *ele*!"

Eles continuaram se encontrando após a formatura e, sete anos depois, estavam apaixonados. Por volta do Natal, depois de seis meses de namoro, Shawn convidou Deanne para um jantar a dois no histórico Adolphus Hotel, em Dallas. Ao som refinado de música de harpa, os clientes recebiam seus pratinhos de sobremesa com a palavra *Noel* lindamente desenhada na calda de chocolate. No prato de Deanne, porém, estava escrito *Parabéns*!

Pressupondo que o garçom, falante nativo de francês, tinha traduzido errado a palavra referente à data comemorativa, ela deu a primeira colherada na sobremesa sem questionar. Dentro da deliciosa torta, no meio das framboesas, havia um lindo anel de brilhante.

– Oh, Shawn! – exclamou Deanne, radiante. Apesar de Shawn não ter feito o pedido oficialmente, ambos entenderam que a resposta era "Sim!"

Avesso a longos noivados, Shawn estabeleceu a Deanne um prazo de três meses para o casamento, que se realizou na primavera seguinte. O casal se estabeleceu em Austin, onde Shawn começou a trabalhar no setor de mercado imobiliário comercial, e Deanne começou a escrever uma coluna num jornal local até que pudesse realizar o sonho de ser mãe. Ally nasceu quatro anos depois, em 16 de janeiro de 1992; e em 8 de agosto de 1993, Benjamin Daniel Breedlove se tornou o mais novo membro da família.

Já atencioso, Ben não deixou a família esperando muito tempo. Ele nasceu às quatro horas da tarde, depois de apenas quatro horas de parto, pesando três quilos e novecentos gramas! Ben era um bebê muito alegre, aparentemente sadio e feliz, e raramente ficava agitado. Ele preferia sorrir e olhar nos olhos das pessoas.

– Pode tocar nele – disse Deanne ternamente para Ally. A menina, que tinha um ano e cinco meses, aproximou-se da cama do hospital e, com relutância, estendeu o dedo indicador. Olhando maravilhada para o bebê recém-nascido, Ally tocou rapidamente a ponta do nariz dele e, em seguida, começou a chorar. Aquela era a primeira vez que ela via um bebê de verdade, e tinha medo que ele a mordesse. Sua ansiedade em relação à chegada de Ben deve ter sido avassaladora, pois ela saiu correndo do quarto e vomitou no corredor. Apesar desse impacto inicial, Ben e Ally logo se tornaram amigos inseparáveis.

Quando Deanne segurou o filho nos braços naquela primeira noite no hospital, os olhos dele não se desgrudaram dos dela um momento sequer. Ben estabeleceu um profundo vínculo emocional com a mãe instantaneamente, assim como com muitas outras pessoas ao longo de sua vida. Deanne beijou carinhosamente a testa do filho e disse: – Você é uma parte importante e permanente dessa família. Nada *nunca* vai nos separar.

CAPÍTULO 2

LAVADO PELA ÁGUA

Mesmo quando a tempestade chega
Eu sou lavado pela água

— "WASHED BY THE WATER" (NEEDTOBREATHE)

Aquele *sorriso*! As pessoas ficavam com o coração derretido quando viam aquele grande sorriso desdentado de Ben. Risos o seguiam aonde quer que ele fosse. Sempre que ele e Deanne saíam para passear, as mulheres ficavam enlouquecidas com seu sorriso irresistível. Ele ria e "falava" o dia todo, muitas vezes até mesmo "dançando", ao agitar as pernas para manter sua companhia ocupada. Ben era uma fonte constante de alegria. Porém, nem tudo era perfeito.

Na consulta de rotina de três meses, o pediatra de Ben, o dr. Ellis Gill, permaneceu excepcionalmente sério enquanto movia o estetoscópio em seu peito.

– Hum... – murmurou o dr. Gill, colocando o estetoscópio de volta ao redor do pescoço.

– O que foi? – perguntou Deanne, apreensiva.

– Não acho que seja alguma coisa com a qual devemos nos preocupar – respondeu o dr. Gill –, mas Ben tem um leve sopro cardíaco. Vamos apenas ficar de olho.

Aos doze meses de idade, o sopro não tinha desaparecido. Preocupado, o dr. Gill insistiu para que Deanne levasse Ben a um cardiologista. Talvez o sopro não significasse nada, mas, para garantir, ele recomendou o dr. Robert Castle.

No mês seguinte, Ben foi examinado pelo dr. Castle, que pediu um ecocardiograma para ver se ele tinha comunicação interatrial, ou seja, um orifício ou "buraquinho" entre os átrios direito e esquerdo do coração.

– Hum.... – O técnico que realizou o exame fez uma careta ao olhar a tela do ecocardiograma.

– O que foi? O que você está vendo?

– Desculpe – respondeu o técnico, com os olhos ainda fixos na tela. – Não tenho autorização para lhe dizer nada. O médico entrará em contato com a senhora assim que os resultados ficarem prontos.

Deanne ficou com um nó no estômago o resto do dia. Com conhecimentos rudimentares das complicações cardíacas, foi tomada por pensamentos de graves cirurgias e hospitalizações iminentes. Ela se lembrou de que um casal amigo havia passado recentemente por uma situação semelhante. O filho deles nasceu com uma série de problemas de saúde, inclusive uma cardiopatia, que foi diagnosticada pelo dr. Castle. A criança foi operada imediatamente, mas só viveu alguns meses.

Deanne não ficaria em paz até saber a verdade sobre Ben. Mais tarde naquela manhã, o telefone tocou. Era o dr. Castle. – Temos os resultados do ecocardiograma – disse ele. – Ben tem uma doença chamada cardiomiopatia hipertrófica (CMH), que faz com que o coração tenha dificuldade de bombear o sangue para o corpo. Não há cura. Ele vai conviver com essa doença pelo resto da vida. A cardiomiopatia hipertrófica pode causar morte súbita. A senhora já deve ter ouvido falar de atletas, como jogadores de basquete, que não tinham problemas de saúde anteriores mas que, de repente, caem mortos. Muitas vezes as pessoas não sabem que têm essa doença; portanto, é bom que tenhamos descoberto agora. Não queremos que Ben pratique esportes competitivos quando ficar mais velho. Falaremos mais sobre isso quando a senhora vier ao consultório na semana que vem.

Por um momento, Deanne ficou em silêncio, atordoada. Com uma lágrima descendo pelo rosto, ela falou baixinho no telefone: – Que bom que Ben não tem de ser operado agora. – Em vez de se deixar levar pelo medo e pela ansiedade que povoaram sua mente no dia anterior, Deanne ficou aliviada por saber que ele não tinha de ser operado imediatamente, por saber que ele não tinha de sofrer naquele momento. Naquel momento, ele estava bem.

– Então isso é algo com o qual iremos conviver? – Deanne confirmou. – Não temos de reparar esse problema agora?

– Essa doença não tem cura – respondeu o dr. Castle.

– Por favor, onde estão as fichas catalográficas?

Deanne tinha acabado de entrar na biblioteca pública com Ben apoiado no quadril. A bibliotecária, uma moça de vinte e poucos anos, olhou-a com surpresa.

– Bem, senhora – respondeu ela, com certo ar de superioridade –, os *computadores* ficam ali — e apontou para a parede de trás.

– Ah!... – falou Deanne, sentindo-se um pouco envergonhada e confusa. – Obrigada. – Ela não frequentava a biblioteca pública desde a era pré-histórica das fichas catalográficas, mas precisava fazer algumas pesquisas. Depois de dar uma busca por *cardiomiopatia hipertrófica* num dos computadores, Deanne subiu até o terceiro andar e retirou da prateleira um grosso volume contendo vários números de revistas médicas. Sentada diante de uma das mesas da biblioteca com Ben no colo, ela folheou o livro imenso, às vezes encontrando uma ou duas páginas dedicadas a essa doença.

Deanne estava arrasada. Ela esquadrinhou desesperadamente as páginas tentando encontrar expressões ou termos leigos que pudesse entender, mas obviamente aquelas revistas tinham sido escritas por médicos para médicos. Ela encontrou termos como: *frações de ejeção, gradiente na via de saída ventricular, movimento anterior sistólico, disfunção diastólica, síncope, dispneia, obstrução da via de saída, desorganização dos cardiomiócitos* e uma expressão que ela compreendeu muito bem – *tendência para morte súbita*. Esse jargão médico não adiantou nada, só serviu para deixá-la exasperada. Apesar das explicações minuciosas do dr. Castle e do livro aberto na sua frente, ela não conseguia encontrar nenhuma informação sobre o que aconteceria com *seu* filho em consequência da cardiomiopatia hipertrófica.

Quando achou que tinha lido o suficiente, Deanne fechou aquele trambolho e o recolocou na estante. Depois de algumas horas de pesquisa, ela entendeu basicamente que o coração de Ben não estava bombeando o sangue com eficácia. Os sintomas variavam de tontura a morte súbita.

Na saída, caminhando entre as enormes prateleiras de livros, Deanne olhou para Ben apoiado em seu quadril. O menino sorriu docemente para ela, com seus grandes olhos castanhos brilhando de contentamento. Ela retribuiu o sorriso. Apesar de estar saindo sem as informações que esperava encontrar, cruzou as portas da biblioteca apertando seu querido bebê nos braços. Ela não deixaria os livros médicos roubarem a alegria dos dois.

❖ ❖ ❖

Deanne descobriu que, ainda mais difícil do que pesquisar e compreender a CMH, era ajudar o filho a superar os desafios diários impostos pela doença. O médico receitou Atenolol, com instruções expressas de que Ben não pulasse nenhuma dose. Todos os dias, pela manhã e à noite, Deanne partia o minúsculo comprimido branco na metade e bolava alguma maneira de fazer com que o filho tomasse o remédio.

– *Benjamin...* – Deanne sorriu para Ben, com um olhar desconfiado. – Você tomou o seu remédio? – Deanne percebeu que a parte do *waffle* onde ela tinha escondido o Atenolol estava faltando e, instintivamente, imaginou que, se Ben o tinha encontrado, não tinha comido. Provavelmente ele tinha detectado e cuspido o comprimido duro e amargo.

Ben olhou para a mãe com olhos de culpa, reprimindo um sorriso. – Não, mamãe – respondeu ele. – Eu não tomei.

– Tudo bem, então onde *está* o remédio? – perguntou Deanne.

Agora sorrindo, Ben falou com a maior cara de pau: – Eu cuspi!

– Ah, Ben!

Suspirando, Deanne se abaixou e olhou debaixo da mesa da cozinha. Ela achou o minúsculo comprimido, limpou-o, enfiou em outro pedaço do *waffle* e entregou a Ben. – Toma, meu filho! Aqui está mais um pedacinho delicioso de *waffle*!

Por mais que Deanne escondesse o Atenolol e por mais que subornasse Ben com chicletes, ele resistia a tomar o remédio. Nessa altura, ele já sabia muito bem que tinha um problema cardíaco. Mas não conseguia entender que era essencial que tomasse o medicamento. Para ele, todo dia era um dia normal, um dia feliz como todos os outros.

Por fim, Deanne descobriu um truque que funcionava. Ela escondia o comprimido numa colherada de gelatina de uva coberta com granulado colorido. Ben mastigava o comprimidinho sem perceber e engolia a gelatina com um sorriso. Esse acabou se tornando um dos doces prediletos de Ben na infância.

Infelizmente, ele não podia ingerir *nada* que contivesse cafeína, o que restringia suas opções de doces. Ele não podia comer bolo de chocolate nas festas de aniversário, nem mesmo um punhadinho de M&M, nem beber refrigerante durante as refeições. Essa regra, porém, foi uma das primeiras que trouxeram à tona o lado travesso de Ben.

No verão de 1998, os Breedlove acamparam nas montanhas do Colorado com a tia Kim, o tio Dave e os primos Amber e Zach. Certa tarde, os adultos decidiram andar de bicicleta. Amber, uma adolescente, ficou encarregada de tomar conta das crianças enquanto os adultos estivessem fora. Pouco depois que os pais saíram, os primos se enfiaram debaixo dos cobertores na barraca e se revezaram contando histórias assustadoras. De repente, eles deram falta de Ben, na época com 5 anos de idade.

Todos saíram da barraca, preparados para procurar Ben. Mas não precisaram ir muito longe, pois logo o viram sentado no banco da frente do jipe do tio Dave com um sorriso maroto nos lábios. Quando Amber che-

25

gou perto da porta do jipe, Ben levantou lentamente as chaves do carro, balançou-as zombeteiramente na frente da janela e... *clique*. O jipe estava trancado. Quando Amber, Zach e Ally olharam pela janela, viram Ben segurando uma lata de café enorme cheia de *trail mix* (uma mistura de frutas secas, castanhas e chocolate M&M), catando todos os chocolates e comendo um a um!

Para compensar a falta de doces, Ben acabou adquirindo um gosto especial por todos os tipos de salgados. Muitas vezes, sua "sobremesa" favorita depois do jantar eram salgadinhos tipo doritos com molho.

Uma vez, quando era bem pequeno, ele perguntou se podia comer um pouco de "shot". Deanne ficou confusa.

– O que é "shot", Ben? – perguntou ela. Ele tentou explicar, mas ela não conseguia entender. Então, pediu dicas. – Onde você viu isso? De que cor é? Nós temos em casa? – Depois de algumas conjecturas, ela finalmente compreendeu que Ben estava pedindo para comer um pouquinho de sal!

❖ ❖ ❖

Durante toda a infância, mesmo em seus melhores dias, Ben tinha arritmia – batimentos cardíacos irregulares. No começo, ele não sabia como dizer o que estava acontecendo, mas Shawn e Deanne podiam afirmar que havia alguma coisa de estranho com o coração dele, porque Ben ficava cansado, desanimado e fraco, e seu padrão respiratório mudava.

Como não havia cura para cardiomiopatia hipertrófica, Ben tinha de fazer exercícios aparentemente ridículos para aliviar seus sintomas. O médico prescreveu a manobra de Valsalva, em que Ben cobria a boca e o nariz e soprava o mais forte que podia pelo nariz, para fazer a arritmia cessar ao alterar a pressão no seu coração. Em outra técnica recomendada pelo médico, Shawn ou Deanne segurava Ben de cabeça para baixo e aplicava bolsa de água gelada em suas bochechas para regularizar os batimentos cardíacos. Shawn e Deanne logo perceberam que esses exercícios eram mais divertidos para Ben do que eficazes para o seu coração.

◇ ◇ ◇

— Mamãe, o meu coração está pulando! – disse o pequeno Ben, sentado no banco de trás. Deanne encostou imediatamente o carro, desceu correndo, sentou-se no banco de trás e colocou o ouvido no peito de Ben. Os batimentos cardíacos dele estavam irregulares. Olhando para fora, ela viu que tinha estacionado o carro a apenas um quarteirão do consultório do cardiologista e decidiu ir direto para lá. Ben nunca tinha dito antes que seu "coração estava pulando", mas Deanne entendeu que esse era o jeito que tinha de explicar que seus batimentos cardíacos estavam irregulares, e ele conseguia sentir isso.

– Você devia ter ido ao pronto-socorro, Deanne – disse a recepcionista. – O nosso consultório não atende pacientes sem hora marcada.

Porém, como Ben tinha conseguido dizer que estava com arritmia, e como estavam tão perto do consultório médico, pela primeira vez o cardiologista pôde obter um traçado eletrocardiográfico dos batimentos irregulares. Esse eletrocardiograma (ECG) foi fundamental para o diagnóstico complementar de Ben, pois existem diversos tipos de arritmia. Após esse incidente, Ben continuou a usar a expressão "o meu coração está pulando" para dizer que estava com ritmo anormal.

Posteriormente, o cardiologista recomendou que ele usasse um Holter em casa, que iria imitar o ECG obtido no consultório. O aparelho portátil alimentado por bateria monitora continuamente a atividade cardíaca por um período prolongado, em geral de 24 a 48 horas, registrando os sinais elétricos do coração que, depois, são analisados por um cardiologista. O primeiro Holter de Ben ficava dentro de uma caixa preta que media 20 centímetros de comprimento, 6 de largura e 5 de espessura. Ben o carregava numa pequena bolsa preta atada à cintura, de onde saíam os fios com os eletrodos que eram fixados ao seu tórax.

A primeira vez que usou a sua "caixa de polícia", como ele chamava o Holter, Ben ficou excitadíssimo. Ele andava de bicicleta na entrada da garagem falando no aparelho e fingindo que prendia criminosos fugitivos. Mas logo adquiriu aversão pela caixa, quando percebeu o quanto era incômoda. Ela torcia na sua cintura, enganchava em suas roupas e o impedia de participar de atividades corriqueiras, como natação.

O pior de tudo era retirar os eletrodos grudentos depois que a gravação do Holter estava concluída, pois estes eram projetados para *não* se soltarem facilmente de um menininho ativo. Não era fácil remover os adesivos; levava horas para retirar toda a cola da pele. Doía cada vez que um eletrodo era puxado, e às vezes havia dez eletrodos fixados no corpinho dele, cada um com uma cola mais forte do que o Band-Aid mais resistente. Tirar esses adesivos *não* era nada divertido. Deanne tentava de tudo para facilitar a remoção: óleo de bebê, removedor de cola, Tira Grude, mas nada dava certo. Ao longo dos anos, com o avanço da tecnologia a caixa do Holter diminuiu de tamanho e a cola ficou menos irritante, mas ainda assim era um inconveniente doloroso que Ben era obrigado a suportar.

❖ ❖ ❖

Plaft! As crianças derrubaram uma enorme travessa de vidro do balcão da cozinha, que se espatifou no chão. Deanne levou um susto com o barulho, mas Ben pareceu ainda mais perturbado. Ele estava pálido e com os lábios arroxeados. Deanne ajoelhou-se imediatamente e colocou o ouvido no peito do filho. O coração dele estava acelerado. Aos poucos, o ritmo foi voltando ao normal, depois que Ben se sentou e ficou quietinho. Esse acontecimento foi um indicador precoce de que até mesmo situações corriqueiras podiam desencadear uma arritmia.

Quando Ben fez 4 anos, seu novo cardiologista, o dr. Stuart Rowe, lhe deu mais um diagnóstico, o de síndrome do QT longo. Assim como a cardiomiopatia hipertrófica, essa doença se caracteriza por padrões irregulares de batimentos cardíacos que podem levar a desmaios, convulsões e morte súbita. Esses pacientes podem morrer repentinamente durante o sono, ao levar um susto, como o causado por um ruído alto, ou ao fazer exercício físico.

Deanne e Shawn tinham muitas razões para se preocupar com o bem-estar do filho, agora até mesmo quando ele estava dormindo. Desconsolados, eles não sabiam como protegê-lo e mantê-lo seguro como tanto queriam.

✧ ✧ ✧

Alguns meses depois, Ben estava com batimentos irregulares novamente; o médico, então, internou-o no hospital para tentar controlar a arritmia só com medicamentos. Durante mais de 48 horas, os médicos não conseguiram regularizar os batimentos cardíacos de Ben. Eles lhe davam doses mais altas de medicamentos, que o deixavam "apagado" a maior parte do tempo. Mas, quando acordado, Ben estava sempre sorrindo e fazendo brincadeiras com as enfermeiras.

Do mesmo modo que gostava de pregar peças, ele era muito generoso. Ben sempre gostou de presentear, tanto quanto de divertir as pessoas.

✧ ✧ ✧

A generosidade de Ben fluía do fundo do seu coração. Alguns exemplos de quando ele era bem pequeno entraram para a história da família Breedlove.

Quando tinha cerca de 3 anos de idade, Ben gostava muito de nozes-pecãs. Ele deve ter visto os esquilos correndo de lá para cá, recolhendo as nozes que caíam no chão, pois, um dia, foi para a entrada da garagem, de fralda, botas de caubói vermelhas e um martelo em punho. Assim como os esquilos, ele se pôs a quebrar as nozes ao meio e comê-las. Vez ou outra, quando errava a martelada, ele exclamava: "me*da!".

Embora não permitissem o uso de palavrões, Shawn e Deanne tinham de conter o riso toda vez que o ouviam dizer isso. Depois de uma longa manhã de marteladas, a parte que Ben mais gostou foi de dividir suas nozes com os esquilos.

✧ ✧ ✧

— Anda depressa, Ben! Vamos chegar atrasados! – Deanne pegou a bolsa e bateu na porta do quarto do filho. Em seguida, deu uma espiada pela porta entreaberta. Ben estava embrulhando uma bola de futebol com um papel de presente que tinha encontrado e fita durex, um monte de fita durex. Na verdade, tinha mais durex que papel. Quando terminou, ficou olhando atentamente seu trabalho.

– O que você está fazendo, querido? – perguntou Deanne. Ben olhou para a mãe, radiante. – Não posso encontrar meus amigos sem levar um presente! – ele respondeu.

Chegando ao Parque Zilker, Ben correu ao encontro dos amigos, os gêmeos Benjamin e Brendon, e entregou o presente a um deles. Em seguida, deu um passo para trás, cruzou os braços nas costas e ficou olhando, feliz, os olhos deles brilharem com a surpresa. Ben repetiu esse gesto com outros amiguinhos, dando presentes como uma tartaruguinha bebê que ele achou, um enorme trator de brinquedo de cor laranja e uma nota de cinco dólares.

✧　✧　✧

Além de gostar de dar presentes, Ben tinha um grande coração. Quando a mãe de Deanne, que os netos chamavam de "Gee Gee", foi hospitalizada no centro de reabilitação física St. Davis, ela e os filhos a visitavam sempre que possível.

Um dia, enquanto Deanne e Ally conversavam com Gee Gee numa grande sala de estar, que também servia de refeitório para os pacientes, Ben viu alguém que talvez quisesse de um pouco de companhia. Não demorou muito, ele foi para o outro lado da sala e começou a conversar com um senhor idoso, falando animadamente. Deanne e Gee Gee viram Ben sorrindo como sempre; ele estava visivelmente gostando de conversar com aquele homem. O homem, por sua vez, estava sorrindo à sua própria maneira, embora fosse de sorrir pouco. Ele era paraplégico, estava numa cadeira de rodas e não podia falar. Só conseguia mover a cadeira de rodas acionando um comando com a boca. No entanto, seus olhos revelavam que ele estava adorando a conversa. Ben era muito pequeno naquela época, mas tinha a empatia de uma pessoa mais madura que compreendia a adversidade num nível muito mais profundo. Durante toda a sua vida, Ben demonstrou essa compaixão pelas pessoas.

◇　◇　◇

— Mãe, como é que a gente sabe que vai para o céu? – Deanne estava dirigindo quando Ben, com 4 anos de idade, de repente fez essa pergunta. Deanne sorriu; ela adorava responder essas perguntas dos filhos.

— Bom, você simplesmente convida Jesus para entrar na sua vida – respondeu ela, sorrindo. – E você vai viver para sempre com ele no céu.

— Como é que eu *convido* ele? – quis saber Ben.

— Rezando – respondeu ela.

— E como é que eu rezo? – indagou ele.

— Bom, eu rezo assim, meu filho: "Meu Deus, se você existe, venha para a minha vida". Rezar é conversar com Deus e deixar que ele saiba o que se passa no nosso coração.

— Você pode pedir pra mim? – perguntou Ben.

— Quando você estiver pronto, tenho certeza de que Deus gostará muito de ouvir diretamente de você! – encorajou Deanne.

Ben decidiu que ia falar com Deus ali mesmo no carro. Um pouco nervoso, inclinou a cabeça para a frente, olhou a mãe de soslaio e começou a falar de maneira serena, mas em voz alta. Ele falava com um tom de voz normal, conversando com Deus com naturalidade, dizendo que algum dia ele queria morar no céu. Ele perguntou se Deus seria seu amigo pelo resto da vida. Satisfeito com a conversa, Ben ergueu a cabeça, com seus grandes olhos castanhos marejados de lágrimas. Em seguida, deu um suspiro de alívio e pareceu feliz e contente.

Foi uma conversa muito simples, destituída de religião e formalidade, mas foi um momento autêntico e importante na vida de Ben, que o marcou para sempre.

CAPÍTULO 3

NÃO HÁ LUGAR PARA O MEDO

Não há lugar para o medo ao som do seu nome grandioso

— "YOUR GREAT NAME" (JIMMY MCNEAL)

Ben tinha 4 anos de idade quando driblou a morte pela primeira vez. Ally endireitou o corpo embaixo do edredom e espreguiçou. Através da porta aberta, ela podia enxergar o quarto dos pais do outro lado do corredor. Deanne e o pequeno Ben estavam aconchegados sob as cobertas na enorme cama de casal. Shawn tinha acabado de sair para o trabalho, e Ally não entendia por que Ben tinha acordado tão cedo. Curiosa, dirigiu-se sonolenta ao quarto dos pais. – Mamãe, por que Ben já está acordado? – perguntou ela.

– Ele não está se sentindo bem, querida – respondeu Deanne baixinho, inclinando-se sobre o filhinho doente e acariciando-lhe a testa. Na mesma hora, Ally subiu na cama e se aninhou entre eles.

Ben estava diferente; seus lábios estavam pálidos e a pele estava úmida. O sintoma mais claro da sua doença, entretanto, era a excepcional falta de ânimo. Ele estava deitado imóvel na cama, com os olhos fechados e as palmas das mãos viradas para cima, absorvendo subconscientemente a conversa entre a mãe e a irmã. Ben gastava a pouca energia que tinha na respiração. Ele não queria se mexer nem falar, apenas ficar ali deitado, esperando o sono chegar.

Deanne torcia para que ele não estivesse pegando uma virose, o que poderia complicar o seu problema cardíaco. Ela encostou o ouvido no peito de Ben e ouviu o coração dele, um hábito que adquirira nos últimos anos, para verificar se o coração do filho estava batendo "normalmente". Naquela manhã, o comportamento do coração dele estava longe da normalidade.

Deanne ouviu novamente, dessa vez contando atentamente os batimentos cardíacos. Em seguida, pegou o telefone na mesinha de cabeceira e ligou para o dr. Rowe, o cardiologista de Ben. – Alô, preciso falar urgentemente com a enfermeira do dr. Rowe – disse Deanne com educação, porém com firmeza, para a recepcionista. Um momento depois, a enfermeira atendeu ao telefone e Deanne lhe fez um rápido relato da situação. – Alô, aqui é Deanne Breedlove. Meu filho, Ben, é paciente do dr. Rowe, e ele não está bem. A pele está pegajosa; ele está suado, pálido e parece cansado. Acho que tenho de levá-lo ao pronto-socorro, mas o que posso fazer para ajudá-lo neste momento?

Depois de fazer uma série de perguntas de rotina a Deanne, a enfermeira falou calmamente que Ben não estava enfrentando uma situação de emergência, mas que provavelmente ele tinha contraído uma virose. A enfermeira sabia que os medicamentos de Ben diminuíam a sua frequência cardíaca e, desde que o coração dele estivesse com os batimentos regulares, ele estava seguro. Deanne colocou o telefone no gancho e verificou Ben outra vez. Embora os olhos dele estivessem fechados e o corpo parecesse em repouso, Deanne não confiou na avaliação da enfermeira. *Será que devo levá-lo ao pronto-socorro, que é o que eu acho que devo fazer, ou será que essa é uma reação exagerada?*

– Ally, toma conta do Ben pra mim? – pediu Deanne depois de tomar a decisão de levá-lo ao pediatra. – Vou tomar um banho rápido e depois vamos levar Ben ao médico.

– Está bem, mamãe – concordou Ally.

A menina deu uma olhada no irmão por sobre uma montanha de cobertas. Ela podia senti-lo tremer sob o lençol. – Ben, por que você está tremendo? Nem está frio. – Não houve resposta. O que parecia ser um leve tiritar de frio começou a se intensificar até se transformar num violento tremor por todo o corpo de Ben. Em pânico, Ally pulou da cama, abriu a porta do banheiro e gritou para a mãe no chuveiro: – Mãe! Ben não me responde, e ele não para de tremer!

Deanne pulou para fora do chuveiro, enrolou-se numa toalha e correu até Ben. Ela viu que ele estava transpirando abundantemente, que suas pupilas estavam dilatadas e seus olhos estavam fixos à frente, em vez de simplesmente parecerem sonolentos. – Ben. Ben! – Ela o sacudiu de leve, mas ele não respondia. Depois de se vestir em questão de segundos, Deanne pegou seu filhinho no colo, gritou para que Ally a seguisse e saiu correndo descalça pela porta dos fundos, para a garagem.

Agarrando um par de tênis para a mãe, Ally correu atrás deles. Deanne sabia que a ambulância muitas vezes tinha dificuldade de encontrar o bairro afastado onde moravam e se recusou a esperar. Ela teria de levá-lo de carro.

Dirigindo com o pisca-alerta ligado, Deanne testou o limite de velocidade tanto quanto ousaria com seus dois passageiros. Ben estava reclinado no banco do passageiro, com o corpo rígido. Seu rosto pálido estava ficando arroxeado. Sob a faixa do cinto de segurança, o peito dele arquejava com uma respiração curta e ofegante. Seus olhos estavam bem abertos, mas o olhar permanecia fixo, indiferente. Por um instante, Deanne temeu que tivesse cometido um terrível engano ao ir dirigindo até o hospital. Mas ela logo reconsiderou: *A ambulância ainda não estaria nem próxima do nosso bairro; pelo menos estamos perto de conseguir ajuda.* Deanne pisou mais fundo no acelerador.

Depois de dirigir durante dez torturantes minutos em direção à estrada principal, Deanne se recusou a arriscar mais meia hora até o hospital. Agarrando o volante, os olhos se alternando entre Ben e a estrada sinuosa à sua frente, ela se lembrou do que sua vizinha Sheri Miller tinha feito numa emergência semelhante. Certo dia, tarde na noite, o filho dela, Justin, apresentou dificuldade respiratória por causa de uma difteria. Sheri o levou até o posto do corpo de bombeiros que ficava a cerca de dez minutos do bairro. Os bombeiros prestaram os primeiros-socorros a Justin e lhe administraram oxigênio, para que eles pudessem prosseguir com segurança até o hospital. Deanne passava por esse mesmo posto do corpo de bombeiros todos os dias. Ela sabia exatamente onde ficava. Decidiu, então, que ia parar e pedir ajuda, em vez de dirigir até o hospital.

Um minuto depois ela encostou o carro no corpo de bombeiros. Ainda soltando seu cinto de segurança, Ally observou a mãe correr para o banco de passageiros para retirar Ben. Deanne não notou que o pé dele tinha ficado preso no cinto, e não conseguia tirar o filho do carro.

Deanne gritou por socorro e vários bombeiros foram correndo ajudá-la. Eles soltaram Ben do cinto de segurança e o carregaram para dentro do prédio, onde o deitaram sobre um colchonete no chão de concreto e começaram a verificar seus sinais vitais enquanto faziam perguntas sobre a saúde dele.

Ally não conseguia ver Ben no chão, pois sua visão era obstruída por uma parede de bombeiros agachados. Tudo pareceu acontecer em questão de segundos. Os bombeiros foram substituídos por paramédicos, enquanto Ally observava a cena que se desenrolava diante de seus olhos.

Os paramédicos rapidamente ligaram fios a monitores que emitiam sinais sonoros e lhe administraram oxigênio. Com um estetoscópio pressionado contra o peito de Ben, um paramédico constatou que o coração dele estava batendo lentamente, porém de maneira regular. O oxímetro afixado ao dedo de Ben revelou que seu nível de oxigênio era de 98%, considerado adequado. Perplexa com seus achados, a equipe continuou a verificar os sinais vitais de Ben, procurando a causa do seu problema. Por fim, uma análise de sangue mostrou que seus níveis de glicose tinham caído para catorze. Imediatamente, um paramédico tentou injetar uma dose de glicose na veia do braço de Ben, mas descobriu que suas veias tinham colapsado. Enquanto os paramédicos continuavam a cuidar de Ben, Deanne segurava o pé do filho, a única parte dele que ela podia alcançar.

Ally ainda estava lá atrás, observando. Ela era muito jovem e inocente demais para compreender a gravidade da situação. Ela só conhecia o seu próprio medo, o medo *do quê* ela não sabia. Se ao menos Ben pudesse ir para o hospital, pensou a menina, ele iria sarar.

Ally observou um paramédico tentar inserir uma agulha no bracinho fino de Ben, sem sucesso, e depois uma última agulha horrorosa no tornozelo dele. Quando ela estava prestes a desmaiar com a cena, um bombeiro se aproximou dela e colocou um objeto macio e felpudo em seus braços. Ally olhou e viu que era um cachorrinho de pelúcia. A menina ergueu o rosto para o bombeiro e deu um leve sorriso. Ele retribuiu o sorriso com carinho. Antes que pudesse agradecer, Ally sentiu uma mão agarrar o seu braço e virá-la para uma mulher.

— Você não quer ir na frente comigo? – perguntou ela sorridente.

Imediatamente, Ally foi conduzida ao estacionamento e colocada no banco do passageiro de uma gigantesca ambulância. A mulher deu a volta por trás do veículo e sentou-se no banco do motorista. Em seguida, pôs um enorme par de fones de ouvido em Ally, ligou o rádio e acionou a sirene. Ally ouviu o barulho das portas traseiras da ambulância serem fechadas e presumiu que a mãe estava indo atrás com Ben. Reconfortada pela atitude tranquilizadora da paramédica, Ally afivelou o cinto de segurança e relaxou, ouvindo uma banda *mariachi* mexicana em seus fones de ouvido.

Sentada no banco lateral na parte de trás da ambulância, observando atentamente os paramédicos acudirem seu filho, Deanne não tinha certeza de que ele iria conseguir. Fechando os olhos por um momento, ela rezou, fazendo um apelo doloroso e desesperado para que a vida de Ben fosse salva. Em seguida, com o mesmo fervor, rogou para que, se Ben estivesse sendo levado para o céu, Deus preparasse o coraçãozinho dele e o protegesse da dor e do medo. Naquele momento íntimo, só entre Deanne e aquele a quem ela orou, alguma coisa mudou. Ela tinha de deixar que Ben se fosse. Como mãe, tinha trazido Ben ao mundo e dedicado sua vida a cuidar dele e de sua irmã. Mas Ben precisava de mais do que isso. Ele precisava de alguém que pudesse salvá-lo.

Embora para algumas pessoas essa transformação possa parecer sem importância, foi um momento crucial para Deanne. Aquela foi a primeira de muitas orações que ela faria para o coração espiritual de Ben, mesmo antes de pedir que Deus protegesse o coração físico dele. Ali, naquele momento, Deanne decidiu que iria saborear cada minuto da vida do filho. Porém, nada dentro dela queria que ele fosse levado para o céu ainda, e ela suplicou a Deus que confortasse e curasse Ben, que o trouxesse de volta à consciência.

Absorta em suas orações, de repente Deanne foi tirada de seus devaneios por dois paramédicos na parte de trás da ambulância. Ambos estavam suando profusamente em seus esforços para salvar a vida de Ben. Na tentativa de administrar glicose em sua corrente sanguínea, eles estavam prestes a obter um acesso venoso intraósseo na sua tíbia. Nesse tipo de procedimento, a agulha é inserida até a medula óssea, através da dura cortical óssea. Porém, antes que a injeção fosse administrada, o paramédico que estava mais próximo da cabeça de Ben gritou: – Ei! Eu obtive uma resposta!

Aparentemente, ele havia friccionado um pouco de gel de glicose na gengiva de Ben, que foi suficiente para evocar uma pequena resposta, confirmada, segundo ele, por um leve movimento ocular. Embora o paramédico estivesse certo de que tinha visto alguma coisa, Ben ainda parecia em estado comatoso, rígido, pálido, transpirando e com dificuldade respiratória. Apesar da exclamação confiante do paramédico, não parecia que ele conseguiria chegar ao pronto-socorro.

Alguns momentos antes, Deanne estava desesperada, implorando a Deus que salvasse a vida do filho. Portanto, diante do relato esperançoso do paramédico, ela acreditou que estava obtendo uma resposta imediata de Deus.

Mas Ben ainda não estava fora de perigo. Na verdade, Deanne logo receou que tivesse se precipitado ao imaginar que o filho ficaria bem.

Shawn estava no campo, trabalhando num projeto de loteamento. Quando ele e seu colega voltaram para pegar os carros enlameados e tomar a estrada, Shawn recebeu um telefonema do seu assistente.

Assim que desligou o telefone, ele entrou em seu carro. Alarmado e preocupado, foi voando para o pronto-socorro do Hospital Brackenridge. Shawn tinha um telefone celular da empresa, mas, assim como muita gente em 1997, Deanne ainda não possuía celular, e ele não tinha como falar com ela para perguntar o que estava acontecendo. Ele sabia que a esposa não teria ligado no trabalho se não fosse alguma coisa muito grave. Ele apenas rezou e pisou fundo no acelerador, dirigindo o mais rápido que podia.

A ambulância parou em frente à ala de emergência. Logo que Deanne cruzou as portas do hospital atrás da maca, ela foi interceptada por uma enfermeira. A maca desapareceu sob uma cortina branca, deixando-a paralisada do outro lado. Mesmo com o ruído alto dos equipamentos médicos, Deanne podia ouvir as vozes urgentes dos médicos e da equipe de enfermagem. Ela ficou lá durante alguns momentos, hesitante em deixar Ben longe da sua vista. Depois, com relutância, foi para a sala de espera.

Lá, Ally esperou com Deanne, louca para ver Ben são e salvo. Ela não gostava do cheiro de hospital, nem da cortina branca que sempre escondia a verdade sobre seu irmão. Na verdade, ela não gostava de nada dentro das paredes frias e austeras do hospital.

Depois do que pareceu uma eternidade, Shawn chegou ao hospital. Ele foi direto para o pronto-socorro e, assim que entrou, deparou-se com a cena da equipe de resgate ainda tentando reanimar seu filho. O médico debruçou-se sobre o rosto de Ben e começou a dar tapinhas em suas bochechas, falando com ele enfaticamente na esperança de obter uma resposta. Shawn ficou surpreso ao ver os médicos tentando estimular Ben fisicamente, fazê-lo recobrar a consciência, um sinal de que nem a tecnologia avançada nem os medicamentos estavam funcionando. E também desconsolado ao ver que o filho não reagia. O menino tinha sofrido uma crise convulsiva de 45 minutos, e havia pouquíssima esperança de que ele não sofresse dano cerebral ou, pior ainda, de que sobrevivesse. Se Deanne não tivesse parado no posto do corpo de bombeiros no caminho, seu filho poderia estar morto. Agora Shawn estava ao pé da cama, rezando para que os médicos fossem capazes de trazer Ben de volta, ou para que Deus interviesse.

Shawn então foi levado para o outro lado da cortina, onde Deanne e Ally aguardavam a sua chegada. Deanne o abraçou em lágrimas, relatando os acontecimentos daquela manhã, liberando toda tensão e angústia reprimidas a cada palavra. Quando Deanne terminou de contar sua saga repleta de suspense, gritos de alegria irromperam do outro lado da cortina.

CAPÍTULO 4

CHAMANDO TODOS OS ANJOS

Eu preciso de um sinal para saber que você está aqui...
— "CALLING ALL ANGELS" (TRAIN)

— Bem-vindo de volta, Ben! – exclamou alguém.

Os Breedlove ficaram aliviados ao ver uma sorridente enfermeira aparecer e fazer um sinal para que fossem até Ben. Deanne, Shawn e Ally entraram na sala e encontraram Ben sentado sorrindo de orelha a orelha e pedindo uma Fanta laranja, como se nada tivesse acontecido. Em cima de uma mesinha com rodízios à direita, entretanto, havia um lembrete assustador do evento: uma enorme e grotesca seringa que tinha sido usada para injetar glicose na veia jugular de Ben. Só de pensar na agulha furando o pescoço do filho deixava Deanne nauseada, mas, ao mesmo tempo, ela estava grata por ela. A glicose tinha salvado a vida de Ben.

Deanne segurou o rosto do filho, exultante ao vê-lo sentado e sorridente, mas Shawn ficou mais pensativo. Apesar de emocionado com o restabelecimento do filho, parecia que Ben estava com dificuldade de ordenar seus pensamentos. A preocupação de que ele tivesse sofrido algum dano cerebral durante a crise convulsiva ainda o atormentava. Mas, com o tempo, a fala e as habilidades cognitivas de Ben melhoraram. Alguns dias depois,

Shawn e Deanne conversaram com um neurocirurgião pediátrico, que os tranquilizou, afirmando que Ben iria se recuperar totalmente e voltar ao "normal". No entanto, os efeitos desse trauma foram sentidos durante toda a vida de Ben, pois às vezes ele se esquecia do significado de palavras simples, perguntando coisas como: "O que é mesmo um cachorro-quente?" ou "Como é mesmo o nome desse legume? Camargo?" (referindo-se a aspargo).

Naquela manhã, Ben foi liberado do pronto-socorro, assim como das lembranças exasperantes associadas àquele lugar, e transferido para a Unidade de Terapia Intensiva, onde poderia ser monitorado. Shawn e Ally foram para casa pegar pijamas para Deanne e Ben. Quando Deanne seguiu as enfermeiras que levavam Ben para um quarto da UTI, elas passaram por um corredor iluminado apenas pelas janelas de uma das paredes laterais. Aparentemente, o hospital estava passando por algum tipo de reforma, e a eletricidade de algumas áreas do prédio tinha sido desligada. Deanne olhou para o dia sombrio e nublado que parecia refletir seu estado de espírito.

Os sinais vitais de Ben estavam sendo analisados de perto, e ele já estava sendo monitorado por telemetria pela equipe de enfermagem da UTI. Enquanto percorriam o corredor para seu novo quarto, a enfermeira que estava empurrando a maca de Ben recebeu um chamado do rádio do posto de enfermagem. Uma voz ecoou pela estática abafada do rádio.

[Chiado] – Como está o paciente? – [Chiado] A enfermeira que recebeu o sinal pegou o rádio, olhou rapidamente o paciente e respondeu. [Chiado] – Ele está bem. Está alerta e conversando conosco. Por quê? [Chiado].

Durante alguns segundos, o rádio ficou mudo. – Porque sua frequência cardíaca está em pouco mais de trinta – foi a resposta.

Enquanto percorria de maca o corredor mal iluminado, os olhos de Ben se fixaram em algo acima dele. – Veja a luz brilhante! Está vendo, mamãe? – Acima dele pairava uma luz que ele descreveu como "branca como a neve".

– Ben, não estou vendo nenhuma luz... – respondeu Deanne, olhando curiosa para o teto para ver do que ele estava falando. – Todas as luzes do corredor estão apagadas.

Mas, naquele momento, Ben sentia como se nada mais no mundo importasse. Ele só conseguia ver a luz intensa acima dele. Tudo o que ele sentia era uma grande calma. Ele não conseguia tirar os olhos dela, nem deixar de sorrir. Essa luz o acompanhou durante todo o trajeto do corredor.

Deanne, por sua vez, concentrou seus pensamentos unicamente no fato de que Ben tinha acabado de sobreviver a uma situação dificílima. Mais do que tudo, ela estava agradecida por ele ter conseguido. Uma hora antes, estava transtornada, achando que Ben poderia morrer. Agora estava empolgada simplesmente por segurar sua mãozinha quente enquanto eles percorriam o corredor.

Deanne não deu muita atenção quando Ben perguntou sobre a luz que via acima dele. Ela acreditava nele – de que certamente ele tinha visto alguma coisa –; porém, naquele instante Ben não descreveu em detalhes o que via.

Mais tarde naquela noite, depois que Shawn e Ally deixaram o hospital, Deanne ficou no quarto com o filho. Ela se deitou ao lado dele na cama, onde pretendia permanecer toda a noite. Ben queria que ela ficasse o tempo todo abraçada a ele. Foi nessa hora que ele falou sobre a luz que vira no corredor. Ele disse que tinha certeza de que era a luz de um anjo e que tinha se sentido muito bem enquanto ela estava com ele.

Como Ben só tinha 4 anos de idade, Deanne não sabia muito bem o que dizer nem como reagir naquele momento, tampouco o que achar daquela experiência dele. Entretanto, ela ficou impressionada pelo fato de Ben ter sido confortado por Deus, que era o que ela achava que tinha acontecido. Na ambulância, Deanne havia pedido a Deus que salvasse a vida do seu filho e que não o deixasse sentir dor nem medo. Suas orações tinham sido atendidas. Durante toda aquela noite sem dormir, Deanne sentiu-se maravilhada com o modo como Deus tinha poupado a vida de Ben.

Além de não ter sentido dor, ele não se lembrava de nenhum dos acontecimentos daquele dia traumático desde a hora em que foi para a cama dos pais pela manhã até acordar pedindo Fanta laranja no pronto-socorro.

Deanne decidiu não contar a Shawn sobre o "anjo", pois sabia que o marido era muito mais cético a respeito dessas coisas. Ela tinha certeza de que, se quisesse contar ao pai, Ben contaria – o que ele acabou fazendo. Na verdade, Ben falou sobre esse episódio várias vezes durante a sua vida.

Quase quatorze anos depois, no rascunho de uma redação que ele fez para requerer ingresso na faculdade, ele descreveu sua experiência no corredor do hospital da seguinte maneira.

Aos 4 anos de idade, eu tive uma convulsão... A única parte da qual me lembro é de quando estavam me levando por um longo corredor escuro numa maca. As luzes estavam apagadas, e minha mãe estava andando ao meu lado com um passo apressado. Eu estava lá deitado, olhando para o teto, e havia uma luz branca intensa bem acima de mim, exatamente do tamanho da maca. Eu disse para a minha mãe: "Veja a luz brilhante!" – Enquanto eu dizia isso, tudo estava lento e abafado, como nos filmes, quando uma bomba explode ao lado de um soldado no campo de batalha e todo o som some da cabeça dele. Eu estava tão concentrado naquela luz que pairava sobre mim que nem me lembro da minha mãe me responder, dizendo: "Não tem nenhuma luz; todas as luzes do corredor estão apagadas". A luz me acompanhou ao longo de todo o percurso no corredor.

A impressão que eu tinha é de que não precisava me preocupar com nada que estava acontecendo no mundo naquele momento. Eu não conseguia ver nada mais à minha volta, nem mesmo na minha visão periférica, só aquela intensa luz branca sobre mim. Não havia nenhum som; tudo estava calmo. Sempre rezei pedindo a Deus por meu coração, que eu tivesse saúde e que sempre que estivesse com muito medo em relação a alguma coisa com meu coração, que apenas ficasse calmo.

Quando eu estava naquele corredor, não passou pela minha cabeça que fosse um anjo, mas sei que parte de mim sabia que era. Eu sei que Deus queria que eu ficasse calmo naquela situação, que sentisse paz e não me preocupasse com nada que estava acontecendo naquele momento. Hoje, quando me lembro desse episódio, sinto calafrios, porque sei que um anjo estava tomando conta de mim, literalmente. Depois de uma experiência dessas, a gente passa a encarar a vida de outra maneira.

Mesmo naquela maca, num dos piores momentos da sua vida, Ben estava em paz. Daquele dia em diante, ele achou que aquela experiência mudou a sua perspectiva de vida. Para Ben, cada dia era uma dádiva. Até mesmo os dias em que ele estava mais próximo do fim.

CAPÍTULO 5

NÃO SE PREOCUPE

Não se preocupe com nada, pois tudo vai ficar bem.

— "THREE LITTLE BIRDS" (BOB MARLEY)

Depois da convulsão de Ben, Shawn e Deanne queriam que ele tivesse uma vida tranquila e despreocupada com sua família. DDad e Grammy, pais de Shawn, decidiram proporcionar férias generosas para toda a família no Lago Powell, em Utah, naquele verão. A viagem já tinha sido planejada há um ano, mas depois do episódio do pronto-socorro, Shawn e Deanne estavam divididos. Nada parecia melhor do que um pouco de descanso e tranquilidade à beira do lago com a família, mas nada parecia pior do que passar uma semana num lugar remoto que não tinha assistência médica num raio de quilômetros. Por fim, tomando uma decisão baseada na fé, os Breedlove fizeram as malas e partiram para o Lago Powell.

Shawn, Deanne, Ally, Ben, DDad e Grammy se juntaram à tia Kim, aos tios Dave e Rusty, aos primos Amber e Zach e à bisavó, Evelyn. Ben ia fazer 5 anos durante essa viagem, e a família tinha muito o que comemorar.

O Lago Powell logo se tornou o destino preferido da família. O enorme e límpido reservatório na divisa dos estados de Arizona e Utah abrange os afluentes do Grand Canyon. Majestosas esculturas naturais e formações rochosas de arenito elevam-se sobre águas cristalinas que parecem não ter fim em todas as direções. Os Breedlove alugaram um iate de 75 pés por uma semana, completo, com banheira de água quente e escorregador de água no convés superior. Durante o dia a família pescava, explorava cavernas e formações rochosas e saltava de penhascos; no final da tarde, saboreava iscas de peixe fritas. À noite, eles arrastavam colchões, lençóis, cobertores e toalhas de praia para o convés para dormir a céu aberto; morcegos davam rasantes enquanto eles olhavam as estrelas cadentes. O lago era iluminado por tantas estrelas cadentes que parecia impossível que coubessem todas no céu ao mesmo tempo. A viagem representou uma oportunidade para que a família estreitasse ainda mais os laços.

Ao voltar para casa, no entanto, os estresses da vida aguardavam pela família. Desde o primeiro dia de faculdade, toda semana, religiosamente, Shawn fazia um balanço da sua conta bancária. Mas agora, quando começou a abrir a enorme pilha de contas de internações, exames médicos e consultas recentes de Ben, ele ficou perplexo. Ele simplesmente não podia saldar aquelas dívidas. As despesas médicas já atingiam dezenas de milhares de dólares e, como Ben tinha problemas cardíacos, não era aceito por nenhum plano de saúde.

Shawn ficou arrasado. Durante toda a sua vida, ele tinha administrado meticulosamente suas finanças para não acumular dívidas. Agora, pela primeira vez suas finanças estavam fora de controle. Na verdade, a sua *vida* estava fora de controle. Naquele momento, nem planejamento, nem economia nem trabalho incansável poderiam mudar essa situação. Shawn tinha um filho com uma grave cardiopatia. Ele estava com problemas financeiros e um futuro incerto, e a situação estava fora do seu alcance.

Shawn começou a ficar com medo. Olhando fixamente para os fundos insuficientes da sua conta bancária, ele percebeu que não havia nada que pudesse fazer. Ele decidiu, então, que não iria se deixar abater nem ser dominado pela ansiedade.

— Meu Deus — disse Shawn em voz alta —, o senhor vai ter que me ajudar, pois eu não consigo mais. Estou colocando tudo em suas mãos....

— E nunca mais conferiu seu talão de cheques.

Nos meses seguintes, os problemas financeiros que pareciam intransponíveis tornaram-se administráveis. A escola particular de Ben e Ally soube das dificuldades da família e ofereceu uma redução temporária de 50% na mensalidade. Uma família anônima entregou uma soma considerável em sua casa. Por iniciativa própria, alguns médicos e hospitais propuseram reduzir sua dívida. Um hospital chegou a telefonar para Shawn oferecendo uma redução de quase 90% em uma de suas maiores contas.

– Por que vocês estão fazendo isso? – perguntou Shawn, perplexo, para a mulher ao telefone.

– O senhor tem feito pagamentos mensais sistematicamente, e nós reconhecemos isso – respondeu ela. – Se estiver disposto a pagar 1.200 dólares em dinheiro, quitaremos a dívida de 11 mil dólares.

Shawn não conseguia acreditar no que estava ouvindo, mas aceitou a oferta sem pestanejar. Outros credores não foram tão compreensivos, mas Shawn descobriu que os médicos e hospitais estavam dispostos a fazer acordos com ele graças à sua comunicação aberta e ao seu compromisso inabalável de fazer pagamentos mensais. O tremendo estresse das dívidas logo foi aliviado pela graça que sua família recebeu. Shawn acreditava que não estava sozinho, e também que a sua vida – e o bem-estar da sua família – estavam em boas mãos.

Shawn e Deanne já sabiam que teriam de tomar decisões difíceis sobre a criação de Ben. Será que eles seriam superprotetores e forçá-lo a viver em uma bolha? Ou deixariam que ele vivesse a vida dele e fizesse tudo o que quisesse, dentro do bom senso e dos limites médicos? Eles decidiram pelo meio-termo. Essa foi uma decisão consciente que mantiveram durante toda a vida de Ben, embora fosse difícil manter um equilíbrio entre seguir as advertências sobre seus parâmetros de saúde e deixá-lo viver a sua vida naturalmente.

Isso se tornaria particularmente evidente alguns anos mais tarde, quando todos os meninos do bairro e da escola se inscreveram em esportes.

Os portadores de cardiomiopatia hipertrófica não deveriam fazer esforço físico. Quando Ben quis pular nas águas geladas do Lago Austin. *A água fria poderia fazê-lo desmaiar.* Quando ele queria participar de corridas no parquinho. *Esforço físico não era aconselhável.* Ou visitar as casas assombradas no Halloween, também conhecido como Dia das Bruxas, na adolescência. *Sobressaltos poderiam provocar morte súbita.* Ou ficar acordado até tarde da noite quando algum amigo dormia em casa. *A privação do sono causa arritmia.* Ou quando, mais tarde, ele queria andar na montanha-russa na Disney. *Pacientes cardíacos são aconselhados a ficar longe desse tipo de diversão.* E, especialmente, quando ele quis praticar *wakeboard,* halterofilismo e artes marciais, esportes que exigiam uma grande resistência física.

Além disso, Ben tinha de tomar cuidado para não ingerir alimentos que contivessem certos ingredientes, como glutamato monossódico (MSG). Algumas de suas comidas preferidas tinham uma quantidade muito grande de MSG para ele, mas às vezes Ben cedia à tentação, sempre a um alto custo. Ele acabava tendo arritmia durante 24 horas ou mais depois de comer essas coisas!

Apesar de Ben ter dito à família que tinha sido acompanhado por um anjo enquanto estava no hospital, isso não foi o suficiente para tranquilizar o coração de Deanne. Às vezes, quando ela e Shawn estavam assistindo televisão depois de as crianças irem para a cama, aqueles terríveis momentos na ambulância e no pronto-socorro voltavam à sua mente, e ela tremia ao pensar na saúde frágil de Ben. Sentada serenamente ao lado do marido, sem que as crianças precisassem da sua atenção, Deanne começava a chorar. Não era necessário nenhum acontecimento; seus próprios pensamentos e lembranças eram suficientes para que ela se debulhasse em lágrimas. Embora ela tentasse driblar seu medo, ele atacava qualquer área de vulnerabilidade, tentando penetrar furtivamente em seu coração e em sua mente. Ela se perguntava se o corpinho de Ben poderia suportar toda a tensão. *Será que ele vai sobreviver a essa noite com seu coração disparado? Será que terá de passar por procedimentos e cirurgias dolorosas? O que o futuro reserva para ele?*

Uma noite, quando ouviu a esposa chorar baixinho no meio do noticiário, Shawn virou-se para ela com compaixão e disse: – Não vamos nos preocupar com algo que talvez nunca aconteça. Não podemos permitir que uma coisa que não aconteceu roube a alegria e todas as coisas boas que temos com Ben hoje. Vamos agradecer a Deus por cada dia ao lado de Ben e saborear cada minuto que passamos com ele.

O lembrete de Shawn penetrou profundamente no coração de Deanne e ajudou a amenizar seus temores. Essas palavras foram sempre uma fonte de conforto, escondidas com segurança em seu espírito. Ao longo dos anos, elas vinham facilmente à tona sempre que Deanne ou um de seus entes queridos enfrentava um dia difícil.

CAPÍTULO 6

ESTÁ NA ÁGUA

Está na água
Está no lugar de onde você veio

— "RADIOACTIVE" (KINGS OF LEON)

Ben, então com 6 anos de idade, subia e descia nas ondas das águas geladas do Lago Austin, a prancha estendida à frente, cabo e manete na mão. Ele sentiu o cabo esticado, em seguida a pressão da água contra a prancha, e subiu. Um sentimento de êxito tomou conta dele quando a lancha cheia de espectadores irrompeu em gritos e aplausos. Essa era a primeira vez de Ben no *wakeboard,* e ele *amou!*

Ben adorava passear de lancha com a família no Lago Austin, uma joia local que faz parte do Rio Colorado. Shawn também adorava a água, e sentia prazer em ensinar Ally e Ben – e, mais tarde, o irmão mais novo, Jake – a dirigir lanchas e *jet skis*, e a praticar vários esportes aquáticos. Ben gostava especialmente de *wakeboard*, esporte praticado sobre uma prancha em que o atleta é rebocado por uma lancha por meio de um cabo.

O *wakeboard* requer uma combinação de habilidades e técnicas utilizadas no esqui aquático, no *snowboard* e até mesmo no surfe. Assim como no esqui, o verdadeiro barato é "saltar a marola" criada pela lancha. Os mais impetuosos – e os mais atirados – aprendem a fazer manobras radicais, como *whirly-birds* de 360 graus, *S-bends* e *backflips*, conhecidas como "tantrums".

51

Em torno do Lago Austin desenvolveu-se uma verdadeira cultura de *wakeboard*, graças às suas águas calmas, que atraem tanto atletas profissionais como novatos. Austin é o berço dos atletas profissionais de *wakeboard* Billy Garcia, que treinou Ben num verão, e Holland Finley, bem como da Shred Stixx, equipe profissional de *wakesurf*. Chase Hazen, que morava em Austin e também deu aulas a Ben, é considerado um dos melhores atletas de *wakesurf* do mundo.

Por alguma razão, tanto o *wakeboard* como o *wakesurf* – em que o atleta surfa nas marolas formadas pela lancha, porém sem cabo e numa prancha sem botas – não pareciam exigir tanto de Ben fisicamente quanto outros esportes, como se a lancha ou a onda criada por ela fizesse a maior parte do trabalho. Apesar de suas limitações, *wakeboard* e *wakesurf* eram dois esportes nos quais Ben conseguia se destacar.

Todo verão, Deanne e os filhos, junto com os primos Tommy, Shawn e Nikki, viajavam com Gee Gee, mãe de Deanne, para o *Garner State Park*, em Concan, Texas. O parque era um destino popular de férias das pessoas que gostavam de acampar, pescar, fazer caminhada, descer corredeiras em boias feitas de câmaras de pneu ou simplesmente relaxar nas águas geladas do Rio Frio.

Acampar nesse parque fazia parte da história da família desde que Gee Gee fez essa viagem pela primeira vez com os pais, aos 12 anos de idade. Os pontos altos desse passeio anual de verão eram dormir sob as estrelas, subir até a Gruta de Cristal, cozinhar em fogueiras ao ar livre, dançar na área externa ao som da velha vitrola e, acima de tudo, passar muito tempo navegando pelo Rio Frio.

Quando Deanne formou sua própria família, ficou empolgada com a ideia de iniciá-los na tradição do Garner Park. Apesar de não ver a hora de se divertir com a família, ela sempre ficava apreensiva pelo fato de estar no meio do nada, a mais de sessenta quilômetros do hospital mais próximo, caso surgisse uma emergência. Por mais que tentassem afastar essas preocupações, todos estavam sempre de sobreaviso. Eles sabiam que, não importava para onde Ben viajasse, tinha de haver algum hospital nas proximidades.

Durante a viagem, Deanne tentou relaxar e se divertir para o bem da família. Ela achou ótimo quando descobriu, talvez providencialmente, que havia montado a barraca bem ao lado da de Francine, uma enfermeira pediátrica que trabalhava no departamento de cardiologia do hospital infantil de Austin! A presença de Francine ajudou a diminuir algumas das preocupações de Deanne, principalmente em relação a Ben, mas também a ela mesma. Afinal, ela estava grávida e daria à luz em poucas semanas. Durante a viagem, Deanne agradeceu a Deus todas as noites por permitir que eles tivessem essa vizinha especial de acampamento. Anos depois, a enfermeira Francine confortaria Ben novamente quando ele foi internado em Austin, no Brackenridge Hospital.

Ben, por sua vez, passou a semana toda feliz e despreocupado. Depois de uma semana repleta de aventuras e de descer as corredeiras sozinho pela primeira vez, Ben foi apelidado de "Urso Flutuante" na reunião anual da família. Essa cerimônia tradicional de encerramento foi realizada na última noite da viagem, em volta da fogueira, com as crianças com tiaras e coletes improvisados enfeitados com pintura tribal. Na manhã seguinte, Ben comemorou seu sexto aniversário numa mesa de piquenique saboreando seu lanche preferido – nozes-pecãs, enviadas pelo avô.

Quando chegou a hora de fazer as malas e voltar para casa, a família ficou relutante em deixar seu acampamento favorito. O verão seguinte seria ainda mais cheio de aventuras. A gangue do Garner Park teria um novo membro.

No carro, no caminho de volta, Ben olhou desconfiado para a barriga de Deanne.

– Mamãe – falou ele do banco de trás.

– O que foi, Ben? – respondeu ela.

– O que vamos fazer se o bebê for negro?

Deanne tentou conter o riso antes de responder com seriedade.

— Bom, nós vamos amá-lo exatamente do jeito que amamos você e Ally! Mas seu pai não é negro, nem eu; portanto, acho que o bebê não vai ser negro.

Ben olhou para fora da janela, analisando a lógica da mãe. Depois de algum tempo, olhou de novo para a mãe com um grande sorriso. — Acho que seria legal se ele fosse negro!

No mês seguinte, no dia 31 de agosto de 1999, nasceu Jake Harrison. Ele não era negro, mas mesmo assim Ben ficou eufórico com o irmãozinho, e os dois logo de tornaram companheiros inseparáveis.

✦   ✦   ✦

Desde que se casaram, Shawn e Deanne decidiram reconhecer a presença de Deus em suas vidas e agradecê-Lo todos os dias. Shawn foi criado em uma família que tinha fé em Deus, e Deanne encontrou a fé depois que o conheceu. Naturalmente, eles transmitiram seus valores aos filhos.

Quando Ally tinha 8 anos de idade e Ben estava prestes a completar 6, ambos decidiram convidar Deus para entrar em suas vidas e quiseram ser batizados.

Ben tinha pedido para o pai batizá-lo. Com medo de que o batismo não fosse oficial se o pai a batizasse, Ally preferiu ser batizada pelo pastor.

Foi um momento tocante naquela tarde quente de agosto, quando a família se reuniu no quintal de sua casa no Lago Austin para assistir ao batismo de Ally e Ben.

Shawn e o pastor inclinaram delicadamente a cabeça das crianças para trás, imergindo-a rapidamente na água.

Embora a maioria das pessoas acredite que essa seja uma função do pastor, Shawn sabia que não é a pessoa que realiza o batismo que o torna ou não oficial. O pedido de Ben fez Shawn se sentir particularmente amado, valorizado e respeitado pelo filho. Muitos anos depois, ele teve o mesmo privilégio quando Jake, aos 11 anos de idade, quis ser batizado no mesmo local, às margens do Lago Austin.

CAPÍTULO 7

POR BAIXO

A vida é engraçada
Às vezes você está por cima, às vezes está por baixo

— "THE LOVE SONG" (K-OS)

Quando Ben tinha apenas 6 anos, seus médicos em Austin recomendaram que ele fosse levado para o Cook Children's Medical Center, em Fort Worth, para ser submetido a uma ablação cardíaca com um médico renomado, o dr. Paul C. Gillette. A finalidade desse procedimento é lesar ou destruir o tecido miocárdico que desencadeia o ritmo cardíaco anormal. Até aquela altura, nada tinha conseguido diminuir a arritmia de Ben, e os médicos achavam que a ablação poderia ajudar.

A maior parte dos pacientes submetidos à ablação de arritmia cardíaca acorda depois da cirurgia com pequenos curativos no local de inserção do cateter, em geral na parte interna da coxa, e muitos nem precisam levar pontos. Na época, Ben foi um dos mais jovens pacientes a serem submetidos a uma ablação. O sucesso – ou fracasso – do procedimento seria relatado em vários artigos médicos posteriormente.

Shawn e Deanne estavam preparados para uma cirurgia de mais ou menos duas horas, talvez três, mas levou muito mais. Aquelas primeiras duas horas se arrastaram, dobraram e depois quase triplicaram. Durante todo o procedimento, uma enfermeira ligava para a sala de espera para informar a família sobre o andamento da cirurgia. Numa dessas chamadas, ela explicou que os médicos estavam trabalhando há muito tempo dentro do coração de Ben e não queriam prolongar isso muito mais. Como Ben não estava tendo arritmia naquele momento, o dr. Gillette foi forçado a injetar adrenalina no coração dele para provocar uma arritmia, para que pudesse detectar o foco causador e fazer a ablação.

Quando desligou o telefone, Deanne ficou mortificada, pois sabia que Ben estava realmente passando por maus bocados. Tomada por pensamentos perturbadores, foi para o banheiro e chorou sozinha. Como sempre fazia, ela rezou por Ben, pedindo a Deus que o ajudasse naquele momento.

Depois de quase sete horas, a cirurgia terminou. Mas Ben acordou com 39,5 graus de febre, e os médicos não sabiam a causa. No final, a febre cedeu, mas a temperatura elevada, assim como os problemas de saúde de Ben, permaneceram um enigma.

Haviam assegurado a Deanne que um dos aspectos positivos desse procedimento era que Ben acordaria com uma incisão tão pequena na coxa que nem precisaria levar pontos. Mas os médicos e as enfermeiras não mencionaram a parte verdadeiramente dolorosa – a remoção dos curativos compressivos aplicados ao redor de suas coxas durante a cirurgia. Quando chegou a hora de remover os curativos, a enfermeira teve de arrancá-los. Parecia que a pele dele ia sair junto com cada curativo. Durante a remoção, Ben olhou nos olhos de Deanne e gritou: – Não! Para! Mamãe, por favor. *Faz ela parar*. Não, mamãe!

Os gritos do filho partiram o coração de Deanne. Ela não tinha prevenido Ben sobre isso e sentiu como se o tivesse traído. Ela nunca superou o sentimento de saber que ele teria de suportar uma dor para a qual ela não o tinha preparado. Deanne sempre fez questão de fazer várias perguntas aos médicos e explicar todos os detalhes a Ben antes que ele fosse submetido a qualquer procedimento médico.

✦ ✦ ✦

O dr. Gillette foi o primeiro médico a enfatizar que Ben precisava ser submetido a um transplante cardíaco. – A indicação é de transplante – disse ele gentilmente, porém com franqueza. O médico explicou o processo de maneira sucinta. Ben teria de morar e permanecer a uma distância de três horas do centro de transplante escolhido. Outra criança, mais ou menos da idade de Ben, teria de receber o diagnóstico de "morte encefálica", e a família teria de concordar em doar o coração da criança imediatamente após a morte dela. O coração do doador, então, seria retirado e transferido para o corpo de Ben num prazo de quatro horas enquanto o peito dele permanecia aberto, com o coração pronto para ser removido. Nesse tipo de procedimento o tempo é precioso, e não havia garantia de sucesso.

Como Ben era muito pequeno, Shawn e Deanne decidiram não considerar a possibilidade de transplante. Se em algum momento se tornasse necessário, eles pensariam seriamente nessa opção. Mas não antes disso.

O transplante de coração humano, embora ainda seja um procedimento de alto risco, era totalmente desconhecido até o final da década de 1950. Foi nessa época que o dr. Norman Shumway e seu colaborador, o dr. Richard Lower, removeram com sucesso, pela primeira vez, o coração de um cão e o transplantaram em outro cão no Centro Médico da Universidade de Stanford. O cão com o coração transplantado viveu oito dias, provando que esse era um procedimento viável.

Quase quarenta anos depois, Shawn e Deanne estavam se debatendo com a ideia de que o filho deles talvez tivesse de ser submetido à mesma cirurgia. O dr. Gillette afirmou que Ben poderia ter uma vida normal se recebesse um transplante cardíaco. Mas ele ainda era muito pequeno e tinha opções, como medicamentos e implante de um marca-passo, antes que eles analisassem seriamente uma medida tão extrema como um transplante. Eles achavam que, se algum dia essa cirurgia se tornasse uma realidade para Ben, seria muito mais para a frente. Sem falar que já havia um grande número de pacientes aguardando ansiosamente um coração, e que para que a expectativa de cada um deles fosse atendida alguém teria de morrer. Shawn e Deanne tinham muito em que refletir, mas a família tomou a decisão de não considerar essa possibilidade naquele momento. Embora nunca descartassem essa probabilidade, ela parecia bastante remota.

❖ ❖ ❖

A caminho de casa, Ben cabeceou de sono no banco de trás do carro. Deanne sentou-se atrás com ele, deitando-o com cuidado em seu colo para que pudesse ficar de olho no curativo aplicado no local da incisão. Depois da cirurgia, a enfermeira advertiu que a artéria femoral de Ben poderia reabrir, e em poucos minutos ele morreria de hemorragia.

A viagem de Fort Worth para casa foi longa e tensa, e durante todo o trajeto Deanne e Shawn estavam preocupados. O pequeno Ben estava tão cansado por causa da cirurgia que eles se perguntavam se não deviam tê-lo mantido no hospital por mais uma noite. Mas Ben, assim como Ally, estava começando a adquirir aversão por hospitais. Embora não se sentisse bem, ele ficou animado com os "cartões de melhoras" confeccionados pelos coleguinhas do jardim da infância. Ele estava feliz por voltar para casa.

A dicotomia da relação entre pais e filhos parece ainda mais indefinida nessas ocasiões. Os filhos acreditam do fundo do coração que a principal função dos pais é protegê-los. Na verdade, Shawn e Deanne estavam dando o máximo de si para fazer exatamente isso; porém, embora soubessem que o procedimento ablativo tinha sido vital para o bem-estar do filho, não se sentiram muito protetores na viagem de volta para Austin. Em contrapartida, seus corações e mentes estavam repletos de consternação em relação ao futuro de Ben. A constante ameaça de perdê-lo pairava sobre cada decisão que eles tinham de tomar. Eles trocavam olhares de cumplicidade e se perguntavam como poderiam cuidar melhor dele, enquanto zelavam pelo filho fraco e exausto no banco de trás.

CAPÍTULO 8

AVENTURA

Girando dentro da tempestade
Sorrindo, sempre a mil

— "MY LIFE BE LIKE" (GRITS)

Ben e Ally tiraram o papel de seda das sacolas de presente que Shawn e Deanne tinham deixado para eles na sala, tentando adivinhar por que estavam recebendo presentes num dia como outro qualquer e por que estavam sendo filmados. Dentro das sacolas, havia livrinhos vermelhos de autógrafos com diversos personagens da Disney impressos na capa. Ben e Ally olharam interrogativamente para os pais. – Isso significa... – começou Ben, e Shawn fez que sim, sorrindo.

– *Nós vamos para a Disney World!* – gritaram Ben e Ally em uníssono, pulando de alegria.

Shawn e Deanne mantiveram a viagem em absoluto segredo até o último minuto. Depois de muitas conversas tristes, eles haviam encarado a realidade de que o tempo de Ben com eles talvez fosse limitado. Se os dois tinham planos de um dia levar a família para a Disney, estava na hora. Eles tinham medo de que Ben não se recuperasse da ablação a tempo para a viagem. Se tivessem de mudar os planos, as crianças não ficariam desapontadas, uma vez que não sabiam da surpresa.

Com a proteção extra proporcionada pela ablação no tratamento da arritmia de Ben, Shawn e Deanne se sentiam mais confiantes em deixá-lo variar e tentar novas experiências que, para outras crianças, muitas vezes era a coisa mais natural do mundo. Por exemplo, durante a viagem à Disney, Ben pôde comer a primeira barra de chocolate da sua vida – uma barra tamanho família de Three Musketeers [Os Três Mosqueteiros]. O chocolate já tinha sido o máximo, mas Ben queria ir na montanha-russa Space Mountain.

O objetivo dessa atração fantástica é simular uma viagem ao espaço sideral; portanto, o carrinho da montanha-russa tem o formato de um foguete, com compartimentos para três passageiros. Depois de subir uns 50 metros dentro da montanha, de repente os passageiros ficam no escuro, iluminados apenas por "estrelas cadentes" e outros "corpos celestes", num trajeto tortuoso, repleto de curvas fechadas, inclinações radicais e quedas bruscas a uma velocidade de até 45 km por hora, mas parece muito mais rápido no escuro. Como essa "viagem" causa fortes emoções, existem diversos avisos na entrada e até mesmo dentro da atração advertindo os passageiros a não ir na Space Mountain se forem cardíacos, hipertensos, tiverem problemas nas costas ou no pescoço ou outros problemas de saúde que possam ser agravados pelos movimentos bruscos em alta velocidade no escuro.

Para os observadores casuais, sobretudo os frequentadores do parque, Ben parecia perfeitamente saudável. Pode ser que tenham notado seu porte franzino, mas com seu sorriso pueril e seu entusiasmo, todo mundo acharia que era mais uma criança de 6 anos empolgada, ansiosa pela diversão da sua vida.

Deanne e Shawn imaginavam que não seriam eleitos os pais do ano por deixar o filho cardíaco ir na Space Mountain; porém, depois de muita conversa e discussão, o médico de Ben decidiu que ele é que tinha de estabelecer seus próprios limites físicos. Contanto que se sentisse bem, poderia curtir os brinquedos dentro do razoável. O primeiro teste foi essa montanha-russa.

Do lado de fora, com Jake no colo, Deanne observou nervosamente Ben entrar naquela construção que parecia uma nave espacial junto com o avô e Ally. A música surrealista que ecoava dos alto-falantes escondidos ao redor de toda a Space Mountain não ajudava nem um pouco a amenizar o frio na barriga de Deanne. Dominada pela ansiedade e com o estômago revirando, ela sentiu vontade de vomitar. Tinha sido uma decisão difícil deixar que Ben fosse nessa atração, uma opção que acarretava enormes riscos. Se tivesse tido alguma intuição de que ele não deveria ir na montanha-russa, Deanne teria protestado. Agora ela aguardava lá fora, pensando se eles tinham tomado a decisão certa, esperando o tempo todo ver seu rosto aparecer na saída.

Enquanto isso, Ben estava se divertindo pra valer, sentado no banco da frente do foguete, sacudindo no ar, balançando para trás e para a frente no escuro, o tempo todo com os braços erguidos!

Quando ele finalmente saiu da Space Mountain, estava sorrindo de orelha a orelha, e Deanne soube imediatamente que tinha valido a pena. Ela ficou radiante ao ver a satisfação no rosto dele. Depois de escutar o coração do filho e constatar que tudo parecia perfeitamente bem, ela sentiu um grande alívio e ficou feliz pelo fato de Ben estar tendo essa oportunidade de experimentar as coisas divertidas normais da vida. Uma barra de chocolate e um passeio na montanha-russa em um só dia! Mas ela mal teve tempo de comemorar, pois Ben queria ir de novo. E de novo! Ben foi várias vezes na Space Mountain, curtindo a última volta tanto quanto tinha curtido a primeira.

✧ ✧ ✧

À medida que Ben ficava mais velho, a postura da família diante da sua doença também mudava. Eles lidavam da melhor maneira que podiam, dada a tensão inerente entre a decisão de deixar Ben viver a vida como ele queria e a realidade da sua doença cardíaca.

Em geral, eles eram movidos a esperança, confiando que o filho aprenderia a conhecer seus limites e, no final, ficaria bem. A alternativa era entrar em desespero e se deixar consumir pela ansiedade constante. Quando Ally ou Jake faziam perguntas sobre a saúde do irmão, Shawn e Deanne tentavam responder honestamente, sem reter nenhuma informação. Eles faziam o mesmo quando as perguntas partiam do próprio Ben.

Madura para a sua idade desde pequena, Ally aprendeu a ficar atenta à doença de Ben. Ela conseguia avaliar não apenas o comportamento dele, mas também o senso geral de bem-estar. Às vezes, notava que Ben estava pálido ou que seu nível de energia estava baixo naquele dia, e ajudava a chamar a atenção dos pais para esses aspectos.

Durante os primeiros anos de vida, Ben foi assintomático, e fora os *check-ups* cardíacos regulares que tinha de fazer, a cardiomiopatia hipertrófica não o impedia de se divertir.

CAPÍTULO 9

SONHE

Sonhe
Sonhe até seus sonhos se tornarem realidade

— "DREAM ON" (AEROSMITH)

Ben entrou no ensino fundamental, e tanto as professoras quanto os colegas gostavam do seu espírito alegre. No final de cada ano escolar na Regents School – que Ally, Ben e, mais tarde, Jake cursaram –, cada aluno recebia da professora uma pedra especial, chamada "pedra do caráter". Os prêmios eram entregues pela professora durante uma cerimônia realizada em sala de aula. Os alunos se sentavam em círculo e a professora entregava a cada um a sua pedra, um por um. Ao entregar a pedra à criança, a professora geralmente fazia um pequeno discurso, dizia algumas palavras elogiosas sobre ela ou citava um versículo especialmente apropriado da Bíblia.

O objetivo era mostrar aos alunos quais foram os traços de caráter que eles demonstraram de maneira mais consistente ao longo de todo o ano. Alguns exemplos de traços observados eram bondade, amabilidade (que Ally recebia todo ano) e consideração, entre outros. O rosto dos alunos se iluminava quando eles ouviam a opinião da professora sobre eles. Em geral, todas as outras crianças concordavam com a descrição do caráter do colega.

Todos os anos, com exceção de um, a pedra do caráter de Ben denotava alguma versão de alegria! Ele recebia alegria, contentamento, espírito alegre ou algo do gênero. O interessante é que as professoras nunca conversavam nem trocavam ideia entre si sobre essa seleção.

Quando Ben estava na sexta série, pela primeira vez a pedra do caráter dele não estava relacionada com "alegria". Nesse dia, assim que ele entrou no carro, Deanne perguntou: – Que pedra você recebeu?

Ben não estava muito feliz; ele não estava satisfeito como nos outros anos em que recebeu "pedras da alegria". Ele resmungou algo sobre "honestidade".

– Honestidade? Esse é um traço extremamente admirável, Ben – disse Deanne. – Estou muito orgulhosa de você.

– É, é bom – replicou ele –, mas não é verdade. – Ironicamente, a afirmação de Ben era honesta! Ele admitia que nem sempre dizia toda a verdade e, para Ben, até mesmo uma "mentirinha boba" era um problema.

O carinho e a generosidade de Ben em relação aos amigos o ajudaram a fazer amizades profundas e recompensadoras. Não admira, portanto, que ele também tivesse o privilégio de receber orações de muitas pessoas por causa do seu problema cardíaco. Um dos melhores amigos de infância dele, Alex Hayes, foi o primeiro menino da idade deles a começar a rezar pela cura de Ben. Toda noite, desde a pré-escola, Alex rezava pelo coração de Ben. A amizade de Alex, assim como suas orações, foram uma constante durante toda a vida de Ben.

✧ ✧ ✧

Ben sempre gostou de divertir as pessoas, e dava o melhor de si em tudo o que fazia.

Ele estreou no mundo do entretenimento num filme caseiro na sala de casa. No começo, Ben e Ally eram as únicas crianças do bairro, e eles se tornaram grandes amigos. Nos longos dias em que não havia nada para fazer, antes que tivessem idade para ir à escola, Ally inventava uma apresentação grandiosa, criando alguma trama fantástica e arranjando fantasias; ela e Ben eram os astros do espetáculo. Ben sempre participava com grande entusiasmo, desempenhando o seu papel com seriedade.

Quando tinha 7 ou 8 anos, Ben também aprendeu a fazer diversos truques de mágica. Ele praticava bastante, depois reunia a família na sala para apresentar alguns espetáculos. Vestia capa e um grande chapéu preto de mágico e brandia uma vareta enquanto fazia os truques, proporcionando trinta minutos ininterruptos de diversão. Ben levava muito a sério a qualidade dos seus truques, mas sorria e gargalhava durante toda a apresentação. Ele também aprendeu vários truques com cartas, truques muito bons. As pessoas sempre ficavam surpresas ao ver como seus espetáculos de mágica eram refinados.

Mais tarde, Ben levou suas apresentações para o palco. Quando Ally estava cursando o ensino fundamental II, ela ficou interessada em teatro competitivo. Todos os dias, depois das aulas, ela passava horas ensaiando alguma peça, e só voltava para casa depois que escurecia. Os ensaios diligentes culminaram num torneio regional em que várias escolas do Texas encenaram uma peça de um ato. Depois de assistir à peça e ver Ally e seus companheiros de cena receberem prêmios no palco diante de centenas de pessoas, Ben ficou entusiasmado. No ano seguinte, ele acompanhou Ally aos testes. Uma semana depois, entrou para o elenco de *Macbeth* e adorou cada segundo sob os holofotes no papel de segundo criado. Ele levava tanta energia aos ensaios, dentro e fora do palco, que o diretor sempre dizia:
– Ben, eu queria transformar você numa miniatura e mantê-lo num pote de vidro sobre a minha mesa, para que você pudesse nos entreter o dia todo!

Ben levou esse domínio de cena para quase todas as áreas da sua vida. Durante o ensino fundamental II, ele passou por uma fase de resolver cubos mágicos, e sempre mostrava seu desempenho mais rápido na frente de uma plateia. Ele tinha cubos de três, quatro e cinco fileiras, e aprendeu a resolvê-los e a criar padrões com eles encomendando e lendo livros que detalhavam as soluções. Ele conseguia resolver um cubo mágico difícil em menos de um minuto, e estava sempre tentando bater o próprio recorde.

✧ ✧ ✧

Ben tinha 4 anos de idade quando Sheri e Kirk Miller se mudaram para uma casa no Lago Austin, na mesma rua dos Breedlove. Sheri viu brinquedos de criança no quintal dos Breedlove e foi até lá para se apresentar e ao seu filho Justin, um ano mais novo que Ben. Enquanto as crianças brincavam no quintal, Sheri e Deanne ficaram conversando. Esse foi o começo de uma amizade que durou a vida toda.

Quando Ben não estava fazendo alguma apresentação, ele e Justin ficavam inventando todo tipo de geringonça na qual pudessem andar. Eles faziam "charretes" pregando caixas térmicas ou cestos de roupa com fita adesiva em pranchas de *skate* ou cadeiras de escritório, que eram puxadas com uma corda de pular. Eles puxavam um ao outro em câmaras de pneus atrás de um carrinho de golfe – como faziam no lago, mas no jardim – arrastando um ao outro o mais rápido que podiam, segurando firme enquanto as câmaras deslizavam pelo gramado. Jake, mais novo, oferecia-se entusiasmadamente para ser cobaia dos testes das geringonças.

Ben e Justin andavam à caça de todas as espécies de bichos, do tipo geralmente encontrado sob as pedras. Ben adorava todos os bichos que encontrava. Durante quase um mês ele mesmo deu banho em sua cobra de estimação e passou remédio em suas escamas. Ele levava a sério a sua coleção de bichos. A princípio, ele e Justin estavam contentes em colecionar escorpiões. Uma vez, eles pegaram dezessete escorpiões e colocaram no *freezer* da mãe de Justin. Mais tarde, naquele mesmo dia, tiraram o saquinho plástico com os escorpiões do *freezer* para inspecioná-los. Sem medo de ser picados, eles jogaram os bichos congelados num prato descartável. Os escorpiões começaram a descongelar e a sair do prato, caindo da mesa da cozinha! Ben e Justin vasculharam todo o chão em busca dos escorpiões. Quando acharam que tinham recuperado todos, eles os soltaram na natureza, bem longe de casa.

Pouco tempo depois, Justin e Ben desistiram dos escorpiões e começaram a caçar cobra-coral, uma serpente relativamente pequena mas potencialmente mortal, pois seu veneno contém neurotoxinas –, pelo menos até que as mães descobrissem e colocassem um ponto final naquela aventura. Mais tarde, Ben colecionou lagartixas, que vendia para uma loja de répteis por quinze a vinte dólares cada. O especialista na loja de répteis, um homem esdrúxulo cujo apelido era homem-aranha, pediu que Ben achasse um tipo de tarântula marrom encontrada em abundância nas margens do Lago Austin. Ben conseguiu achar várias das tarântulas raras, que vendeu para o dono da loja por uma pequena quantia. Era comum Deanne chegar em casa e encontrar vários animais e insetos em caixas, vidros e gaiolas no balcão da cozinha.

O lado empreendedor de Ben se manifestou cedo. Quando ele tinha 11 anos de idade, além de caçarem tarântulas e lagartixas para vender, Ben e Jake ganhavam dinheiro com uma banca de limonada na entrada da garagem. A maioria dos vizinhos parava e comprava uma limonada quando passava por ali, nem tanto porque estavam com sede, mas porque adoravam ver o entusiasmo de Jake e Ben. Quando perderam o interesse pela limonada, os meninos abriram uma banca de fósseis, ganhando cerca de 35 dólares. Uma vez eles montaram uma "banca de nozes-pecãs", lucrando 25 dólares, embora a maioria dos vizinhos tivesse nogueiras-pecãs no quintal. Quando terminou a estação das nozes, os meninos abriram o que eles simplesmente chamavam de "a banca", em que vendiam todo tipo de coisas – uma espécie de feirinha de objetos usados semipermanente – que rendeu aos dois mais de 75 dólares. Mais tarde, Deanne descobriu que alguns dos itens mais caros vendidos na banca eram objetos de família, então mandou que os meninos fossem atrás de alguns vizinhos e pedissem educadamente para comprá-los de volta. Ben adorava bolar novas ideias para o seu "negócio", e Jake adorava ter um "irmão mais velho" que o incluísse nesse tipo de aventura.

✧ ✧ ✧

Ben sempre teve grandes sonhos acerca do seu futuro. Quando ele tinha 3 anos, Deanne perguntou o que ele queria ser quando crescesse. Ele disse que gostaria de ser caminhoneiro com cabelo estilo moicano cor-de-rosa. Durante anos ele teve essa aspiração, até que reparou que os lixeiros ficavam em pé atrás do caminhão de lixo! Ben adorou a ideia de passear o dia inteiro desse jeito e decidiu que era isso o que ele queria fazer. Em seguida, com seu primeiro Holter veio o sonho de ser policial. Mais tarde, começou a imaginar que seria um grande mágico. E, finalmente, sonhou em ser um astro da NBA, a liga norte-americana de basquete. Ben não se importava com o fato de ser o garoto mais baixo da classe. Ele sonhava em ser um grande atleta.

 Quando tinha 11 anos, Ben ganhou um álbum de figurinhas de basquete do seu primo Zach, e começou a trocá-las com os amigos. Ele implorou para que Deanne e Shawn o deixassem entrar para o time da escola, e como eles ficaram relutantes em lhe dizer que ele não tinha condições físicas para jogar basquete ou que talvez esse esporte fosse extenuante demais para o seu coração, permitiram que ele jogasse. Primeiro, porém, Shawn e Deanne conversaram com seu médico e com o treinador. A princípio, o médico ficou hesitante em deixá-lo jogar, mas o treinador não obrigava Ben a participar do condicionamento físico quando ele não estava disposto. Ben adorava o esporte e era um jogador razoavelmente bom. Apesar de tomar medicamentos que diminuíam a sua frequência cardíaca e o impediam de se manter no mesmo nível dos outros jogadores, Ben estava inflexível em sua ideia de se tornar jogador de basquete profissional. Shawn e Deanne o incentivavam a sonhar alto! Depois de uma temporada, no entanto, Ben percebeu que esse esporte não era para ele. Ele teria de encontrar outra coisa na qual pudesse se destacar.

No ensino fundamental II, assim como muitos meninos dessa idade, seus amigos ficaram totalmente envolvidos com esportes, dos quais, em sua maior parte, Ben não podia participar com segurança. Ele via os companheiros se relacionarem nos campos de futebol americano, nas quadras de basquete, nos campos de beisebol e nos vestiários. Naturalmente, eles fortaleciam a amizade por meio dessas atividades, enquanto Ben só podia ficar ao lado do campo, assistindo, com vontade de jogar, louco para ser incluído, mas sabendo que era perigoso demais para ele. A sensação de isolamento desses colegas era quase imperceptível, mas Ben sabia fazer novos amigos e ir em busca de seus próprios interesses.

Quando terminou a temporada de futebol e os amigos voltaram a ter mais tempo livre, Ben foi convidado para dormir na casa de um deles numa sexta-feira. Ele foi.

Naquela mesma tarde, Ben tinha colocado outro Holter para registrar seu ritmo cardíaco, um exame que se tornara rotina para ele. Quando chegou à casa do amigo naquela tarde, o pai do menino viu o aparelho de Holter e todos os seus fios. Ele disse à esposa que queria que Ben fosse para casa, pois achava que era muita responsabilidade cuidar dele. Ben ouviu a conversa e achou que não seria má ideia ir para casa cedo.

Quando Ben contou sobre o incidente para Deanne, ela insistiu para que ele não ficasse chateado, mas tinha certeza de que ele estava enfrentando problemas maiores de aceitação. Além de sofrer as pressões normais dos colegas adolescentes, Ben estava se sentindo diferente e se perguntando como se encaixaria nesse mundo. Ele não queria receber nenhum tratamento especial por causa do seu problema cardíaco, mas sim ser aceito pelo que ele era. Embora seu sorriso amistoso e seu senso de humor lhe criassem inúmeras oportunidades sociais, Ben preferia a companhia de alguns amigos mais próximos com os quais se sentia à vontade para ser ele mesmo.

Justin Miller foi esse tipo de amigo para Ben. Na verdade, toda a família de Justin o amava e o fazia sentir-se um deles. Eles levavam Ben junto com eles para acampar, para a praia, para praticar bicicross e caçar; eles o levaram até mesmo numa viagem para a Califórnia. Eles acolheram Ben definitivamente no seio da sua família e o ajudaram a se sentir completamente normal. Ele sabia que eles o amavam, e ele também os amava.

SEGUNDA PARTE
A PAIXÃO

CAPÍTULO 10

ENQUANTO NOSSO SANGUE AINDA É JOVEM

> Enquanto nosso sangue ainda é jovem
> Tão jovem, ele corre
>
> — "SWEET DISPOSITION" (THE TEMPER TRAP)

—A cabei de economizar um monte de dinheiro em seguro do carro ao passar para a Geico! – disse Ben, piscando para a câmera. A atuação em vídeos engraçados no verão de 2000 marcou o início do "empreendimento cinematográfico" de Ben e Justin Miller.

O pai de Justin tinha dado aos meninos uma velha câmera de vídeo, e eles saíam pelo bairro afora filmando tudo o que encontravam. Começaram filmando Boomer, o labrador marrom de Justin, arrastando Ally e eles dois pela casa, todos ao mesmo tempo, por um pé de meia.

Eles, então, ficaram criativos. Ben teve a ideia de transformar a filmadora numa espécie de "câmera de capacete", a sua própria precursora da GoPro, prendendo a câmera com fita adesiva no capacete da bicicleta. Eles se filmavam saltando na rampa de bicicleta, dando cambalhota na cama elástica e fazendo todos os tipos de peripécias. Os meninos logo descobriram que o forte deles era a comédia.

Ben e Justin continuaram a fazer seus próprios vídeos durante todo o ensino fundamental II e o ensino médio. Chegaram a carregar alguns vídeos no então recém-criado YouTube. Com um desses vídeos eles ganharam mais notoriedade do que jamais imaginaram. No feriado do Halloween, Ben e Justin estavam tentando bolar alguma coisa para fazer, mas não conseguiam ter nenhuma ideia original. Eles falaram sobre isso a Deanne, uma entusiasta do Halloween, e ela lhes deu uma sugestão: — Quando eu tinha a idade de vocês, minhas amigas e eu enchemos uma calça *jeans* de papel e colocamos um travesseiro dentro de uma camisa, fazendo um tipo de boneco. Depois, jogamos *ketchup* nele todo e o deixamos no meio da rua para assustar as pessoas.

— Nossa, dona Deanne — exclamou Justin. — Que máximo!

— É mesmo! Vamos fazer *isso*! – concordou Ben.

Deanne ficou satisfeita por ter dado uma ideia inofensiva aos meninos para mantê-los ocupados. Mas ela subestimou a incrível criatividade e capacidade artística dos dois para dar mais realidade à brincadeira. Na versão da brincadeira de Deanne, que ela tinha feito quando criança, ela usou o suporte de isopor para a peruca da mãe, em forma de cabeça, que parecia visivelmente falsa. Os meninos foram mais sofisticados. Eles estofaram uma calça *jeans* e uma blusa de moletom com capuz, para que ficasse realmente parecido com uma pessoa de verdade. Depois, prenderam luvas nos punhos para parecer mãos, acrescentaram um par de sapatos e um capacete de ciclista. E, por último, espalharam *ketchup* raleado no boneco para parecer sangue. Eles colocaram o "corpo" de barriga para baixo no meio da rua, perto de uma bicicleta toda retorcida, simulando um acidente.

Em seguida, esconderam-se atrás de uma árvore e ligaram a filmadora, esperando alguma reação dramática. A primeira vítima a passar pela rua simplesmente reduziu a velocidade, riu e tocou em frente. Todos os pais do bairro que passaram pelo local tiveram uma reação semelhante. Mas as mães não acharam nada engraçado. Uma pessoa parou, saiu do carro, olhou o truque, voltou para o carro e seguiu em frente. Mas um jardineiro que descia a rua num caminhão branco pisou no freio e parou. O homem saltou do caminhão e correu para perto do "corpo". Ele se atirou no chão como se estivesse prestes a iniciar manobras de ressuscitação cardiopulmonar no boneco, quando percebeu que era falso. Nesse momento, uma mulher que morava nas redondezas parou o carro. Crente de que o corpo era de uma das crianças do bairro, começou a chorar histericamente.

Nessa mesma hora, o pai de Justin chegou do trabalho. Ao passar pelo local, viu a cena com o caminhão, o carro, o jardineiro, o corpo ensanguentado e a vizinha histérica. Ele correu para ver o que estava acontecendo, e logo percebeu que tinha caído numa pegadinha. A câmera de vídeo ainda estava ligada e gravou o pai de Justin tentando acalmar o jardineiro.

Os meninos foram repreendidos pela brincadeira bizarra, mas era difícil ser muito severo com eles, pois a ideia toda tinha sido de Deanne!

✧ ✧ ✧

Ben e Justin faziam tudo juntos, mas uma de suas atividades preferidas ainda era fazer vídeos engraçados. Deanne tinha comprado fantasias de coelho e gorila, que Ben e Justin de vez em quando usavam para filmar suas brincadeiras. Um dia, eles foram andar de *jet ski* no Lago Austin – fantasiados. As fantasias eram tão pesadas quando ficavam molhadas que os meninos teriam afundado como pedras se tivessem caído na água.

Naquele verão, Ally tinha arrumado um emprego no Ski Shores Cafe, um restaurante à beira do lago. Ela estava servindo um hambúrguer e uma Coca-Cola para um cliente que estava sentado numa das mesas descobertas quando alguém começou a rir e a apontar para o lago. – Olhe aquilo! – exclamou um dos clientes, assim que um grande coelho brando e um gorila passaram de *jet ski*.

Ally olhou e revirou os olhos. – Ai, meu Deus – disse ela, rindo e enterrando o rosto nas mãos. – É o meu *irmão*.

✧ ✧ ✧

Obviamente, quando Ben e Justin ainda estavam dando os primeiros passos, vídeos pouco convencionais semelhantes aos deles estavam bombando no YouTube. Alguns anos antes, Lucas Cruikshank, um garoto de 14 anos que morava em Columbus, Nebraska, criou um personagem fictício conhecido como Fred Figglehorn, um menino de 6 anos hiperativo e de voz estridente que tinha ataques de raiva. As peripécias do personagem eram baseadas nas travessuras dos irmãos mais novos de Lucas. Cruikshank introduziu o personagem "Fred" em outubro de 2006, numa série de vídeos engraçados no YouTube que logo se tornaram virais. A geração de Ben estava assistindo e aprendendo com esses vídeos baratos e sem pretensões intelectuais, mas que bombavam na internet e tinham grande alcance.

O YouTube, fundado em 2005 por Chad Hurley, Steve Chen e Jawed Karim, ex-funcionários do PayPal, fazia um grande sucesso. Em dezembro do mesmo ano, o YouTube tinha mais de 8 milhões de acessos por dia. Em menos de um ano, esse número chegou a mais de 100 milhões. Mais de 65 mil vídeos eram carregados todos os dias e vistos por pessoas do mundo todo. Em outubro de 2006, o Google comprou o YouTube por $1,65 bilhão de dólares! As pessoas claramente estavam assistindo – inclusive Ben e Justin.

CAPÍTULO 11

DIGA O QUE VOCÊ PRECISA DIZER

É melhor falar demais
Do que nunca dizer o que você precisa dizer

— "SAY" (JOHN MAYER)

Durante todo o ensino fundamental II, Ben permaneceu um tanto assintomático, mas às vezes seu coração começava a "pular", o que era particularmente inconveniente quando ele dormia na casa de amigos. Uma vez, ele estava na fazenda de um amigo, que ficava a várias horas de distância da cidade, e no meio da noite seu coração começou a bater de modo irregular. Ben sempre se sentia mais tranquilo quando estava em casa durante esses episódios; portanto, quando os pais do menino ligaram para falar sobre Ben, Shawn e Deanne dirigiram quatro horas até a fazenda para levá-lo para casa. Infelizmente, por mais que quisesse ser uma "criança normal", várias vezes Ben teve de deixar de dormir fora de casa ou de participar de eventos com os amigos por causa do seu problema cardíaco.

Na oitava série, Ben começou a ter insuficiência cardíaca. Os médicos não usaram essa expressão, mas sim um jargão médico indefinido. Mas, de qualquer maneira, era insuficiência cardíaca. Deanne sabia disso porque já havia pesquisado sobre o assunto e começou a notar os sintomas em Ben. A barriga dele estava inchada por causa da ascite, acúmulo de líquido na cavidade abdominal, porque seu coração não estava bombeando com eficácia, causando desconforto e falta de ar.

O cardiologista de Ben explicou a razão da ascite e disse: – Faz parte do processo da sua cardiopatia. – E também reiterou a Ben: – Pode ser que um dia seu coração deixe de funcionar apropriadamente e que tenhamos de trocá-lo por um coração transplantado.

Ben estava sentado, sorrindo para o médico e olhando-o atentamente. Essa foi uma de suas consultas mais sérias até aquele dia. Ele soube que poderia ficar tão cansado que teria de passar grande parte do dia sentado no sofá respirando com o auxílio de um cilindro de oxigênio. Que sua respiração se tornaria superficial e que sua barriga e seus tornozelos poderiam inchar. A insuficiência cardíaca poderia se estabilizar ou piorar, mas nunca se reverter ou melhorar.

Depois que eles voltaram para o carro, o grande autocontrole de Ben alertou Deanne de que ele tinha ficado bastante abalado com as palavras do médico. Ben nunca ficava tão quieto, e ele parecia compenetrado. Os músculos da sua mandíbula estavam se movendo. Ele estava pensando.

Será que devo afastar esses pensamentos da cabeça dele, pensou Deanne com seus botões, *ou respeitar esse momento e esperar que ele me dê alguma dica de que está pronto para conversar?* Ben estava se tornando um rapaz. Deanne sabia que ele ia querer enfrentar a vida à sua própria maneira. Optando por ficar em silêncio e deixar Ben com seus pensamentos, Deanne rezou silenciosamente, pedindo que Deus o confortasse. *Meu Deus, dê-lhe paz e contentamento. Ajude-o a saber que perguntas fazer. Dê-lhe esperança.*

Deanne sempre estimulava Ben a fazer perguntas ao médico. Ela queria que ele estabelecesse um relacionamento direto com seus médicos, para que se sentisse mais no controle, em vez de deixar sempre que o pai e a mãe fizessem todas as perguntas. Mesmo assim, na maioria das consultas Ben ficava quieto, escutando. Depois, ao entrar no carro ele fazia todos os tipos de perguntas à mãe.

Naquele dia, após a consulta os dois ficaram em silêncio enquanto Deanne saía do estacionamento. Depois de mais ou menos um quarteirão, Ben virou-se para a mãe e perguntou sem rodeios: – Mãe, eu vou morrer?

A atitude de Ben não foi tola nem impertinente; ele estava sério.

Deanne demorou um pouquinho para responder. Com o coração apertado, ela disse calmamente: – A resposta é sim, Ben. Todos nós vamos morrer algum dia, e nenhum de nós sabe quando. Eu sou asmática, posso ter uma crise e não me recuperar. Sua doença cardíaca realmente o coloca em risco. Mas só Deus sabe quando vamos morrer. Nós não precisamos viver a vida como se ela fosse uma sentença de morte; temos de *aproveitar* a vida. Acho que você se sai muito bem nesse aspecto.

Ben permaneceu quieto, sério e pensativo.

– Meu filho – disse Deanne, parando num semáforo –, olhe para mim. – Ele se virou e a olhou nos olhos.

– Ben, eu realmente acredito que você vai ter uma vida longa e gratificante – disse Deanne. – Se eu não acreditasse nisso, não lhe diria.

Os olhos dele encheram-se de lágrimas; Ben virou o rosto e olhou pela janela. Ele parecia satisfeito com a resposta da mãe. Mas, na verdade, já estava começando a encarar a própria mortalidade. Como uma espada de Dâmocles suspensa por apenas um fio, o espectro da morte pairava sobre a sua cabeça.

Raras vezes Ben falava abertamente sobre a fragilidade da sua vida, mas a conscientização dessa fragilidade se inseriu nos eventos cotidianos. Mais tarde naquele mesmo dia, ele decidiu esperar a mãe dentro do carro enquanto ela resolvia um problema rapidamente. Deanne deixou o motor ligado, para que ele tivesse acesso ao ar condicionado e ao rádio. Quando entrou apressada no carro, o rádio estava tocando a música "Say" de John Mayer.

Assim que ela entrou, Ben olhou-a com sinceridade e muita emoção e disse: – Mãe, eu te amo.

Percebendo que a letra da música devia tê-lo levado a dizer o que precisava dizer enquanto ainda tinha tempo na Terra, Deanne igualmente sentiu o coração se encher de emoção. – Eu também te amo, Ben – disse ela. – Maior que o universo! – acrescentou, uma expressão que eles usavam desde que Ben tinha começado a falar.

CAPÍTULO 12

COM MEU IRMÃO POR PERTO

Eu disse irmão, você sabe, você sabe
Estamos trilhando uma longa estrada

— "ORANGE SKY" (ALEXI MURDOCH)

— Você acredita em Deus, não acredita?

Mark Kohler virou-se para uma ruiva vistosa de quase 60 anos com o estilo espalhafatoso do sudoeste americano.

— Sim, acredito — respondeu Mark, pego de surpresa pela pergunta.

— Eu sabia. A propósito, adoro seu trabalho. — Sue Raine, a Gee Gee, avó de Ben, tinha ido a Arlington, Texas, para visitar uma amiga, mas parou numa feira de arte local, uma de suas várias aventuras espontâneas. Depois de passar por várias exposições, ela se apaixonou por uma aquarela intitulada *Cowboy Prayer*, de Mark Kohler.

Shawn e Deanne sempre acharam que não tinha sido nenhuma coincidência o fato de Mark e sua esposa, Pam, terem conhecido e feito amizade com a família Breedlove. Artista profissional especializado em aquarelas sobre o sudoeste, Mark ainda não tinha vendido uma única pintura quando ele e Pam montaram um estande na feira de arte de Arlington naquele final de semana. Sue comprou o primeiro quadro de Mark e ficou encantada ao saber que o casal morava em Austin. Ela ficou muito amiga do artista e de sua esposa e os apresentou a todos quando retornaram a Austin.

As duas famílias fizeram uma grande amizade. De todos os presentes que Sue deu à sua família, a conexão que ela fez entre os Breedlove e os Kohler foi um dos melhores.

◇ ◇ ◇

Mark era um tipo peculiar – um artista e amante da natureza que crescera manejando armas e caçando animais selvagens. – Eu fui criado no Texas, onde colocam uma arma na sua mão quando você nasce – brincava ele. Logo que Ben entrou na adolescência, Mark e Pam mudaram-se para uma propriedade de 52 hectares em Sabinal, cidadezinha a oeste de San Antonio. Quando os Breedlove visitavam os Kohler, Mark deixava as crianças fazerem a maior farra. Ele costumava convidar os amigos para caçar, para tentar acabar com os porcos selvagens destrutivos. Quando as crianças Breedlove iam visitá-los, elas se esbaldavam. Se estivesse lamacento, Mark saía com elas de quadriciclo para fazer "zerinhos" no barro. Quando tinham apenas 8 ou 10 anos de idade, ele disse para Ben: – Agora é a sua vez de dirigir.

Com Mark, Ben teve oportunidade de fazer atividades ao ar livre que talvez nunca tivesse feito sozinho ou com o próprio pai. Mark era um professor incrível: preciso, meticuloso, paciente e cuidadoso. Shawn ficava grato a ele por se dispor a ensinar Ben a fazer coisas que ele talvez curtisse, principalmente as atividades das quais ele mesmo não participava regularmente.

Como os homens tendem a julgar uns aos outros com base em força física, capacidade atlética e brincadeiras brutas, Ben não se encaixava nesses critérios. Além do mais, ele não podia testar sua força e resistência por causa da pressão que isso exerceria sobre o seu coração. Mas com a caça e o tiro ao alvo, Ben podia participar de esportes de "homem". Com botas sujas e uma calça *jeans* surrada, ele ia para a mata carregando sua arma e munição na esperança de voltar arrastando um animal. Ele adorava se envolver no conflito milenar do homem *versus* natureza. Ben sempre tinha um sorriso de satisfação nos lábios quando chegava em casa sujo de sangue e terra e com o cheiro da natureza.

❖   ❖   ❖

Alguns anos depois que a sua carreira artística deslanchou, Mark queria acabar com os porcos selvagens da sua propriedade. Ele então ligou para Shawn e disse: – Dê um pulo aqui. Sobraram alguns bons porcos. Eles estão com um tamanho bom, cerca de 45 quilos cada. Traga os meninos e vamos caçá-los.

Animados, Shawn, Ben e Jake foram para Sabinal. Embora os porcos não fossem mansos e pudessem ser perigosos, Mark tinha cuidado com os meninos e exigia que eles tivessem bastante precaução.

O porco selvagem, ou javali, é uma das espécies invasoras mais destrutivas nos Estados Unidos atualmente. Segundo John Morthland, da revista *Smithsonian:* "De 2 a 6 milhões de porcos selvagens estão devastando pelo menos 39 estados... A metade deles está no Texas, causando prejuízos de cerca de 400 milhões de dólares por ano. Eles destroem áreas recreativas, aterrorizam turistas em parques estaduais e nacionais e expulsam outros animais. O estado do Texas permite que os caçadores matem porcos selvagens o ano todo, sem limite... O objetivo não é a erradicação, que poucos acreditam ser possível, mas sim o controle".[1]

Os garotos caçavam porcos selvagens com os cães, em vez de atirar neles. Eles se embrenhavam nas matas à procura dos porcos, e os cães corriam em todas as direções, como na caça à raposa.

Uma vez, os cães encurralaram um porco e Shawn gritou para Mark em meio a todo o barulho e caos: – E agora? Como você vai matar o porco?

– Vou deixar Ben espetá-lo – respondeu Mark, despreocupadamente.

---

[1] John Morthland. "A Plague of Pigs in Texas." Revista *Smithsonian* (janeiro de 2011): http://www.smithsonianmag.com/science-nature/A-Plague-of-Pigs-in-Texas.html#ixzz2Bkc5HbmP.

Shawn olhou para Mark com uma expressão de dúvida.

– Ah, eu não sei se Ben vai conseguir fazer isso.

– Vou sim, pai! – Ben já estava correndo na direção do porco encurralado. Mark pegou sua lança de javali e correu para o local.

Essa lança tem uma lâmina de dois gumes com 32 cm de comprimento e 7,5 cm de largura sobre um cabo de 1,80 metro. Em pé, perpendicular ao chão, a lança era maior que Ben.

O segredo para matar o porco era espetá-lo bem no peito, para que a lâmina penetrasse o coração do animal. Depois que os cães capturaram o porco, Mark o agarrou pelas patas traseiras para que ele não fugisse. Pegando a lança gigante, Ben cravou-a no peito do porco.

Ben sentiu uma sensação tremenda de poder. Ele tinha tomado a decisão numa fração de segundo e golpeado o animal na hora certa, sem hesitação.

Mark mergulhou o polegar no sangue do animal e fez uma marca na testa de Ben, um rito de passagem clássico, indicando o êxito de um caçador de javali em sua primeira caçada. O sangue na testa de Ben comprovava sua coragem e determinação. Ele tinha entrado para o mundo dos caçadores de porcos selvagens, e deixou o sangue em sua testa o dia todo. Ele não ia lavar aquele sangue! Mark também permitiu que Ben fizesse um "chanfro" no cabo da lança com uma faca de caça, uma pequena marca ao lado de outras que Mark tinha feito cada vez que conseguiu abater um porco com ela. Com uma sensação de realização, Ben gravou cuidadosamente a sua marca na lança.

Em seguida, Mark ajudou Ben a limpar o porco, e Ben levou para casa o melhor presunto e o melhor bacon que já tinha comido.

❖   ❖   ❖

Ben gostava de caçar, mas tinha uma atração especial por tiro ao alvo, que praticava com a coleção de armas de Mark. Mark ensinou Ben a manusear uma arma com cuidado, a segurá-la e limpá-la, e Ben era um bom aluno. Ele seguia direitinho as instruções de Mark. A princípio, Ben estava interessado em espingardas de pressão. Depois, passou para uma espingarda calibre 22 e, por fim, para fuzis militares.

Todos os anos, sempre que tinha oportunidade Ben ia visitar Mark e Pam para praticar. Ele adorava a companhia deles, e eles, por sua vez, adoravam recebê-lo em sua casa. Como não tinham filhos, os Kohler tratavam Ben como se fosse filho deles.

Quando Ben estava com 14 anos, Pam e Mark mudaram-se para Yorktown, para uma propriedade de mais de cem hectares. Às vezes ele passava o fim de semana inteiro com o casal, treinando tiro ao alvo com Mark. Ben gostava da companhia dos adultos, e também de bater longos papos com Pam.

De modo geral, Mark e Ben atiravam em alvos de papel, mas como Ben e seus amigos tinham crescido jogando o *video game* "Call of Duty", ele adorava atirar com armas militares, como o fuzil AR-15, a versão moderna do M-16 da guerra do Vietnã.

Naquele outono, Ben viajou para Yorktown; ele queria atirar, mas também queria ajudar os Kohler a colocar a arte de Mark no YouTube. Durante todo o trajeto ele permaneceu quieto, prostrado no banco de trás, o que não era típico dele. Quando chegou na fazenda, ele disse a Mark: — Não acho uma boa ideia eu andar muito hoje. — Ele estava com palpitação e conhecia suas limitações.

— Não tem importância – disse Mark. — Vamos ficar perto da casa. — Assim que os dois saíram, Pam ligou para Deanne para alertá-la sobre Ben.

— Ben conhece muito bem o corpo dele – respondeu Deanne. — Deixe-o fazer o que ele acha que consegue, mas faça com que descanse bastante e beba muita água.

Mark e Ben praticaram tiro ao alvo ao lado do ateliê de Mark, onde havia alguns alvos e silhuetas de metal. Eles atiraram a manhã toda, e Ben experimentou todas as armas de Mark. Mark tinha comprado recentemente alguns alvos fixos de dez centímetros de largura que balançavam para trás e para a frente quando atingidos. Os alvos eram apropriados para armas de pequeno porte. Ben atirou neles com uma pistola, mas depois quis experimentar um AR-15. Mark sabia que os projéteis do fuzil iriam deformar os alvos, mas não conseguiu dizer não a Ben. – Sim, claro, vá em frente – disse Mark. – Manda bala.

Ben fez quase trinta disparos com o AR-15 com mira telescópica e só errou o alvo de 10 cm duas vezes a uma distância de noventa metros. Dizer que Ben estava se tornando um exímio atirador é pouco.

Como Ben estava indisposto, ele e Mark passaram mais tempo do que de costume dentro de casa naquele final de semana. A certa altura, eles se sentaram para assistir a um filme. Mark colocou *Onde os Fracos Não Têm Vez*, um filme sobre um veterano da guerra do Vietnã que encontra 2 milhões de dólares de uma transação malsucedida de drogas no Texas. Sangrento, repleto de palavrões e muita maldade, o filme também aborda temas morais e foi um grande sucesso de bilheteria.

Quando eles estavam sentados no sofá assistindo ao filme, Ben comentou: – Eu não acho que meus pais gostariam que eu visse esse filme.

Com uma piscadinha, Mark disse: – Seus pais não estão aqui, então não conte a eles. – Os dois riram, e Pam fuzilou Mark com o olhar. Ben gostava daquela "ilegalidade" com Mark.

❖ ❖ ❖

Quando eles não estavam atirando, Ben ajudava Pam e Mark a criar um *site* no YouTube para promover o seu negócio de arte. – Vamos fazer um vídeo passo a passo com você pintando um cavalo – sugeriu ele a Mark. – O vídeo vai ter milhares de acessos.

Ben e Mark fizeram alguns vídeos ao ar livre, com Ben caçando enormes aranhas-camelo – as maiores tinham cerca de onze centímetros. Ben jogava pedaços de louva-a-deus na teia e filmava as aranhas capturando-os. Eles carregaram os vídeos no YouTube com o nome de "Best of Outdoors". As pessoas começaram a responder quase de imediato, enviando mensagens a Ben exaltando a sua bravura ou condenando veementemente a sua maldade com os pobres louva-a-deus.

Ben leu várias respostas do YouTube para Pam e Mark, e eles deram boas risadas do projeto, mas decidiram não fazer mais vídeos desse tipo.

CAPÍTULO 13

SORRIA

Ei, eu não tenho nada para fazer hoje, a não ser sorrir

— "THE ONLY LIVING BOY IN NEW YORK" (SIMON E GARFUNKEL)

Ben sorriu quando uma banda *mariachi* mexicana aproximou-se da mesa cantando *"Feliz Cumpleaños"*. A família toda o viu ficar vermelho de tanto rir quando um dos cantores colocou um *sombrero* gigante na sua cabeça e, no final da música, virou um prato cheio de creme *chantilly* no rosto dele. Todo mundo aplaudiu e vibrou, abrindo a noite que precedeu suas férias favoritas no Lago Powell com uma comemoração em família.

Eles passaram a semana seguinte curtindo a maior paz e tranquilidade no lago. Sem telefone, sem TV, sem tarefas domésticas, sem lição de casa – só uma vasta extensão de água azul e rochedos de arenito, com bastante peixe para pescar e muito tempo junto com a família. Alguma coisa naquelas águas plácidas e serenas acalmava a alma de Ben. Ele adorava voltar àquele lugar.

✦ ✦ ✦

Algumas semanas depois de fazer 15 anos, Ben deixou aqueles momentos tranquilos de verão para trás e começou a se preparar para o ano letivo. Ele começou o ensino médio numa nova escola, Westlake. Até então, ele tinha frequentado a Regents School de Austin, uma escola particular de ensino tradicional, e estava animado com a perspectiva de conhecer um ambiente mais diversificado. Ally já tinha feito essa mudança e estava se dando muito bem em Westlake. Ela tinha certeza de que Ben também se adaptaria facilmente. O melhor de tudo, na opinião de Ben, é que ele não tinha mais de usar uniforme. E, é claro, ele convenceu Justin rapidinho a ir junto com ele.

A escola exigia que os alunos obtivessem vários créditos em aulas de educação física. A maioria dos alunos que faziam educação física se inscrevia nessa disciplina porque não queria ou não podia fazer outros esportes – a maioria não podia. Sempre tentando estimular os mais desfavorecidos, Ben observou um colega de classe que tinha necessidades especiais. Os outros zombavam dele, por não ter as habilidades sociais que os meninos "normais" têm. Ben gostava muito dele, porque ele era honesto e sincero. O menino ficava feliz pelo simples fato de estar no vestiário. – E aí, galera! – disse ele animado. – Vocês não acham o máximo a gente poder ficar à vontade, conversar assuntos de homem e falar palavrão no vestiário? – Alguns dos meninos riram dele, mas Ben o achava divertido. Sempre que se cruzavam no corredor ou no pátio da escola, eles se cumprimentavam com um "toca aqui".

Quando Ally tirou carteira de motorista, ela passou a ir todos os dias de carro com Ben para a escola. Na primeira manhã em que foram juntos, Ally estava descendo uma rua num bairro tranquilo, concentrada em não chegar atrasada na escola, quando ouviu uma sirene e viu luzes de advertência pelo espelho retrovisor. Ela parou no acostamento. Com medo de enfrentar o policial, seus olhos se encheram de lágrimas. Como era mais velha, em geral Ally não fazia coisas erradas, ao contrário de Ben.

Depois que o policial voltou para a viatura, Ally retomou a direção, chorando e segurando a multa por excesso de velocidade na mão direita. – Ben – disse ela, soluçando –, o que devo fazer? – Ela, que já não ficava muito à vontade na direção, para dizer o mínimo, agora estava uma pilha de nervos.

– Bom – respondeu ele com calma –, provavelmente você deve largar a multa, para que possa dirigir com as duas mãos, e limpar os olhos com um lenço de papel, para que consiga ver aonde está indo.

– Você está certo – disse Ally muito séria. – Obrigada, Ben.

Ben conteve o riso quando Ally tentou se recompor. Depois de virar na avenida principal, Ally baixou os olhos um momento para colocar a multa no console do carro.

Bam!

– Ai, não! – exclamou ela, começando a chorar novamente. Ela tinha entrado na traseira de um SUV da Mercedes. Ben escondeu um sorriso com a mão quando Ally desceu do carro para falar com o motorista. Por sorte, o Mercedes não tinha sofrido nenhum arranhão, mas o carro deles ficou com um belo amassado.

Apesar do fiasco, aquela manhã marcou a primeira de muitas idas de carro para a escola, que aproximaram ainda mais os dois irmãos. Nas multas de velocidade, nas batidas de carro e até mesmo no primeiro rompimento de namoro, Ben sempre era uma fonte de estímulo para Ally. Ele dizia que ela ainda estava bonita nos dias em que ela não tinha tempo de fazer maquiagem, e que estava sendo dramática ao cantar Taylor Swift a plenos pulmões no final de um dia ruim. O fato de passarem 45 minutos no trânsito todas as manhãs e mais de uma hora todas as tardes fez com que Ben e Ally ficassem mais próximos do que nunca.

E, obviamente, eles se uniram na relação de amor e ódio que ambos tinham com o Acura Legend 1990. O velho sedã branco era dois anos mais velho que Ally, e com o para-choque recém-batido, era a perfeita lata-velha dos adolescentes. Completo, com interior em couro vinho, toca-fitas e um porta-luvas cuja parte interna tinha apodrecido e caído no chão, era uma verdadeira pérola.

Uma vez, começou a sair fumaça do capô e a alavanca do câmbio se soltou enquanto Ally estava dirigindo. Ela tinha perdido o controle da direção e dos freios. Com medo que o carro pegasse fogo, ela e Ben saltaram para fora e ficaram olhando enquanto ele descia a rua até parar. Depois desse incidente, o Acura custava a dar partida, e Ben e Ally passavam muitas tardes tentando fazer o carro pegar no estacionamento da escola.

A maior qualidade do Acura, no entanto, era a buzina. Havia quatro botões no volante, cada um com o desenho de uma corneta. Sempre que queria dar umas boas risadas, Ben gritava: – Disparando! – e começava a apertar os quatro botões o mais rápido que podia, produzindo buzinadas que pareciam de *video game*.

❖ ❖ ❖

Todo ano, a escola pedia que os pais preenchessem um formulário com informações de saúde do filho. Deanne respondia meticulosamente o questionário médico, descrevendo a doença de Ben em letras grandes de forma. Ela também anexava uma cópia do último relatório do cardiologista. Depois, ligava para a enfermeira da escola para saber se eles tinham tudo de que precisavam.

Com o passar dos anos, à medida que foram conhecendo Ben, as enfermeiras adotaram uma atitude proativa e ligavam para Deanne no começo do ano letivo. Elas ligavam também quando havia alguma alteração no estado de saúde ou na medicação de Ben, e registravam a mudança na sua ficha de saúde. Isso acontecia várias vezes por ano.

Durante todo o ensino fundamental, o pessoal da Regents School chegava a tirar Ben da classe antes de alguma simulação de incêndio ou outra situação qualquer que pudesse alarmá-lo, para evitar sobressalto ao seu coração. A Regents também foi a primeira escola na área de Austin a adquirir um desfibrilador externo automático (DEA), mesmo antes que a adoção dessa medida se tornasse popular em escolas, aeroportos e outros locais públicos. Eles estavam sendo bastante proativos ao se preparar para uma emergência.

Shawn e Deanne também tomavam suas próprias precauções. Sempre que se ausentavam da cidade, nem que fosse por uma noite, eles deixavam documentos registrados em cartório nomeando os adultos que ficariam a cargo dos filhos, fornecendo informações e contatos médicos e explicando os problemas de saúde e a medicação de Ben. Se Ben saísse da cidade com qualquer outra pessoa, Deanne telefonava antes para obter todas as informações sobre atendimento médico de emergência, qual era o hospital mais próximo e se ele estava equipado para atender pacientes cardíacos pediátricos. Em seguida, encaminhava todas as informações médicas sobre Ben para as pessoas responsáveis aonde quer que ele estivesse indo. E o mais importante, ela não se esquecia de enviar o DEA da família para o caso de alguma emergência.

Onde eles moravam, não havia necessidade de fornecer nenhuma informação aos pais, uma vez que a família da maioria dos amigos de Ben estava a par do seu problema de saúde. Além disso, Ben sabia se monitorar, portanto não era necessário dar muitas informações aos pais dos amigos. Como Shawn e Deanne sabiam que o filho sempre estava com o celular, eles também ficavam mais tranquilos.

❖ ❖ ❖

No segundo semestre de Ben em Westlake, ele começou a ter arritmia com mais frequência. Por esse motivo, faltou 52 dias de aula dos noventa dias letivos.

Era dificílimo para Ben acompanhar o ritmo da escola. A Westlake é conhecida por seu rigoroso programa acadêmico, e embora Ben fosse um aluno brilhante e altamente capaz, quando tinha arritmia seu nível de energia caía e ele não conseguia sequer manter o equilíbrio físico, quanto mais manter em dia as lições de casa e a média geral acumulada (GPA, "grade point average").

Ben estava sempre pedindo emprestado as anotações de aula dos amigos para tentar ficar em dia com a matéria dada. Quando se sentia suficientemente bem para retomar as aulas – o que podia demorar nove ou dez dias –, ele tinha de chegar mais cedo todas as manhãs, antes das aulas começarem, para fazer todos os testes e provas que tinha perdido. Depois da aula, ele se encontrava com professores ou amigos para ver se havia outros trabalhos que ele não tinha feito e tentar colocá-los em dia – e ele fazia tudo isso enquanto estudava a matéria *atual*! Isso fazia com que alguns dias fossem longos e maçantes, sobretudo logo após períodos de fraqueza e cansaço causados pela arritmia.

Alguns professores eram pacientes e compreensivos e faziam o possível para tentar ajudar Ben. Outros, nem tanto. Depois de algum tempo, a sobrecarga de trabalhos escolares ficou pesada demais e Ben percebeu que era praticamente impossível acompanhar os colegas. Ele achou mais fácil não priorizar os trabalhos escolares. Alguns professores compreendiam seus imensos desafios, mas aqueles que não compreendiam tendiam a atribuir a sua defasagem à preguiça. Nada podia estar mais longe da verdade, mas a sua falta de motivação nessas aulas simplesmente exacerbava o problema. Ele ainda estava passando de ano e mantendo uma boa média, e estava definitivamente a caminho da graduação, mas tinha de trabalhar dobrado para dar conta do recado.

Deanne frequentemente intercedia em favor de Ben com alguns dos professores que eram menos compreensivos. Ela tentava explicar que o filho estava fazendo o melhor que podia e que estava sob grande pressão. Não era fácil, pois ela tinha de tentar transmitir aos professores e à direção da escola informações vitais sobre a doença de Ben e seus efeitos sobre seu desempenho escolar sem parecer superprotetora.

Embora dirigir não afetasse Ben fisicamente, seus pais ficavam preocupados. O médico pediu que o Departamento de Trânsito do Texas emitisse um cartão de deficiente físico para Ben, que ele podia pendurar no espelho retrovisor do carro. Isso lhe dava alguns privilégios na hora de estacionar, mas às vezes ele estava fraco demais para percorrer a distância entre o estacionamento, que era grande e íngreme, e a escola. Às vezes, só a temperatura fria do outono exigia um esforço excessivo do seu coração, e ele quase desmaiava. Com o cartão, Ben podia estacionar em vagas para "deficientes" próximas ao prédio. Mas, quando todas as vagas para deficientes estavam ocupadas, ele parava no estacionamento de visitantes, que também ficava perto dos portões de entrada da escola. Ele pendurava o cartão e ia para a classe.

Os guardas que faziam a segurança do *campus* multaram Ben várias vezes por parar no estacionamento de visitantes. Ele recebeu diversas multas de estacionamento; cada uma custava 40 dólares, um valor alto para um aluno do ensino médio. Era comum Ben guardar multas dentro dos livros que, somadas, chegavam a 120 dólares, até poder ir à secretaria, explicar a situação e ter a multa revogada. A direção da escola sempre revogava as multas, mas o inconveniente era uma fonte de irritação dispensável.

Para piorar a situação, Ben era obrigado a ter aulas de reforço depois da escola para dar conta da lição de casa, assim como chegar uma hora mais cedo para fazer testes e provas. Ben ficava cada vez mais cansado, física e mentalmente, só de tentar manter sua rotina normal. Muitas pessoas não entendiam por que ele não conseguia acompanhar o ritmo.

Ele parecia perfeitamente normal para os colegas que o viam sair do carro estacionado na vaga destinada a deficientes. Alguns o olhavam com desconfiança, como se ele estivesse infringindo as normas. Ele parecia perfeitamente normal quando perguntava ao professor se podia ter mais tempo que os outros alunos para fazer uma prova. Outros simplesmente não entendiam a batalha interna que ele travava constantemente. O fato de conseguir tirar boas notas, porém ser rotulado de "preguiçoso" por alguns professores, o deixava chateado.

Poucas pessoas, fora os familiares e amigos mais chegados, viam os desafios que ele enfrentava. Muitas vezes, Ben tinha uma enorme dificuldade mesmo quando estava sentado em casa, estudando história. Seu coração batia de forma irregular o tempo todo, irritando-o e distraindo-o, impedindo-o de se concentrar na leitura e até mesmo de respirar. Ele fazia o possível para ignorar as interrupções inconvenientes do seu corpo, mas tinha pouca escolha. Ben queria se distinguir, e se distinguia, à medida que suas condições físicas permitiam.

Quando a arritmia o deixava cansado demais para fazer suas obrigações em casa, ele sabia que podia contar com o irmão caçula. Quando Jake fazia o favor de levar o lixo para fora no lugar dele, ou de tirar a cama elástica da frente do aparador de grama, no final do dia Ben sempre lhe dava uma recompensa especial, que eles chamavam de "o item", para agradecer a sua ajuda.

— Está pronto? – gritou Jake certa noite, na expectativa do ritual fraternal. Deitado na parte de baixo do beliche, Jake deu uma espiadinha para fora das cobertas.

— Lá vai! – gritou Ben da parte de cima.

Jake ficou olhando enquanto uma caixinha descia até ele, pendurada numa linha. Ele agarrou a caixa e desamarrou o presente-surpresa. Dentro, havia um reluzente canivete suíço vermelho.

— Obrigado, Ben! – exclamou Jake, adicionando o objeto à coleção de presentes que recebeu em troca de ajuda. Depois disso, Ben dormiu com um sorriso nos lábios, feliz com aquele laço fraterno.

✧ ✧ ✧

Durante todo o primeiro ano do ensino médio, a arritmia continuou.

Para Deanne, era uma situação triste e frustrante. Por um lado, ela sabia melhor do que ninguém o esforço que Ben fazia para se manter academicamente viável; por outro, tinha de tentar apaziguar os professores e fazê-los compreender que ele realmente queria aprender, mas que não conseguia ter o mesmo desempenho de antes. Ele fazia o melhor que podia para acompanhar o ritmo, mas decidiu que não valia a pena ficar só por conta da escola. Ele ainda mantinha uma média B e, apesar de saber que era capaz de tirar A, a diferença na nota custava mais do que ele estava disposto a pagar.

Às vezes, quando Ben faltava à aula, Deanne ficava com pena e o deixava passar tempo demais no YouTube ou jogando *video game*. Quando Shawn percebeu isso, ficou preocupado. Ele não estava chateado com o filho; porém, como um homem de negócios, ele conhecia a natureza competitiva do mundo lá fora. Shawn sabia que um dia Ben teria uma família para sustentar. Um diploma de curso superior poderia ajudá-lo a ter uma renda razoável, e para ser aceito numa boa faculdade ele precisava tirar boas notas no ensino médio.

Shawn e Deanne estavam sempre pensando em como ajudar Ben a enfrentar esse mundo competitivo apesar de suas limitações físicas sem deixá-lo predisposto ao fracasso. Como poderiam motivá-lo para não deixar que ele se tornasse uma vítima e não tentasse?

Depois de levar essas preocupações à psicóloga da escola de Ben, Deanne soube da Seção 504 da Lei de Reabilitação, segundo a qual alunos com necessidades especiais ou impedimentos de saúde podiam solicitar acomodações especiais para ajudá-los a acompanhar as matérias escolares. Graças à Seção 504, Ben podia receber as anotações sobre a matéria dada diretamente do professor, em vez de ter de pedir a outros alunos. Ele podia ter quantos dias precisasse para fazer os trabalhos escolares, e não apenas alguns dias. Podia deixar de fazer qualquer trabalho, contanto que conseguisse passar no teste ou na prova. Isso não resolveu todas as suas dificuldades escolares, mas sem dúvida alguma ajudou.

Fazer ou não faculdade era uma escolha difícil. Obter um diploma de nível superior não era uma das prioridades de Ben. Porém, durante toda a sua vida ele ouviu os pais falarem como se os três filhos fossem fazer faculdade ou algum tipo de curso superior. Isso era ponto pacífico; todo mundo na família presumia que Ally, Ben e Jake prosseguiriam os estudos após o nível médio.

Quando chegou a hora de Ally sair de casa para fazer faculdade, ela ficou desolada de deixar Ben para trás. Desde que se tornaram grandes amigos na infância, eles nunca tinham se separado. Ben sentiu falta de Ally assim que ela foi embora, mas eles trocavam *e-mails* quase diariamente e conversavam pelo telefone quase toda semana. Quando Ally ia para casa nos feriados, era como se nada tivesse mudado e o tempo não tivesse passado. Ben lhe fazia confidências, e ela lhe dava conselhos do ponto de vista feminino. A distância jamais afastaria os dois.

✧ ✧ ✧

À medida que se aproximava a hora de ir para a faculdade, Ben enfrentava novos desafios. Será que ele conseguiria fazer todas as matérias da faculdade faltando a metade do semestre? Sua opção mais provável na época era a Texas State University, em San Marco. A faculdade tinha um bom currículo, era perto de casa e também de um centro médico. Outro fator que o atraía à Texas State era que havia um parque de esqui aquático nas proximidades. Era óbvio que Ben pretendia se divertir enquanto estivesse na faculdade!

A desvantagem da Texas State para Ben era que o pitoresco *campus* ficava no topo de uma colina. Para se locomover pelo *campus* ele teria de subir o morro o dia todo, e Ben não tinha mais condições físicas para isso.

Consequentemente, nem ele nem seus pais tinham traçado um plano para a sua faculdade. Eles ainda estavam analisando as opções. Como Ben adorava fazer vídeos, uma alternativa seria ele ir para Los Angeles e, antes de começar a faculdade, trabalhar durante um ano como estagiário na indústria cinematográfica com seu melhor amigo no ensino médio, Grant Hamill, cujo tio na época escrevia e atuava em *Scrubs*. Ben não sabia como as coisas iriam se encaixar, mas ele sempre falava como se acreditasse que havia um longo e fascinante futuro à sua frente.

CAPÍTULO 14

O *SHOW* CONTINUA

Já está tudo bem, o *show* continua

— "THE SHOW GOES ON" (LUPE FIASCO)

Tanto a família de Ben como os médicos estavam sempre tentando encontrar maneiras de ajudá-lo a atingir o seu objetivo de levar uma vida normal, mas a cardiomiopatia hipertrófica nem sempre cooperava. Logo depois do natal de 2008, o dr. Rowe recomendou que Ben fosse submetido a um cateterismo, procedimento cirúrgico relativamente rotineiro em que os cardiologistas inserem um cateter no coração do paciente para medir suas pressões intracardíacas. O exame determinaria se Ben era candidato a um transplante cardíaco ou se não podia mais ser um receptor de transplante. Quando as pressões intracardíacas ficam elevadas demais, o transplante de coração é insuficiente; nessa altura, o paciente precisa de um transplante cardio*pulmonar*.

Submeter-se a esse procedimento não era exatamente o que Ben queria fazer no feriado. A cirurgia seria realizada na semana de folga entre o Natal e o Ano-Novo, um período que a maioria das pessoas aproveita para descansar e se divertir. Ben, no entanto, passaria o feriado no hospital.

Independentemente da situação desalentadora, Ben entrou no laboratório de cateterismo com um grande sorriso nos lábios e uma atitude do tipo: *Manda ver! Vamos acabar logo com isso que tenho coisa melhor pra fazer.*

Nas cirurgias anteriores, Ben podia permanecer com os pais numa sala de pré-operatório e recebia medicação para ajudá-lo a dormir antes de ser levado de maca para a cirurgia. Pouquíssimas vezes ele viu a sala de cirurgia. Mas o protocolo era diferente para pacientes adolescentes. Dessa vez, pediram que ele fosse andando para a sala de cirurgia, sozinho e sem nenhuma medicação para diminuir a sua ansiedade.

Vestido com a bata hospitalar, Ben se despediu dos pais e cruzou as enormes portas, onde foi orientado a se deitar na mesa de cirurgia. Ao fazer isso, a ansiedade tomou conta dele. Seu coração disparou e ele ficou tonto. A equipe médica podia ver no monitor cardíaco que a frequência cardíaca de Ben tinha aumentado drasticamente, acima de duzentos batimentos por minuto. Os médicos discutiram se deviam ou não ir em frente com a cirurgia, mas logo a ansiedade de Ben foi abrandada pela anestesia.

Durante o procedimento no laboratório de cateterismo, a pressão arterial de Ben caiu perigosamente. Seu coração não estava bombeando sangue suficiente. Os médicos foram forçados a realizar uma cardioversão elétrica para fazer seu ritmo cardíaco voltar ao normal. Eles tinham medido as pressões de um lado do coração e descobriram que ainda estavam numa faixa razoável para transplante, mas quando a pressão de Ben caiu, eles tiveram de abortar o procedimento sem medir as pressões do outro lado do coração.

Deanne aguardava sozinha na antessala quando soube que a pressão arterial de Ben tinha caído drasticamente. Ela ficou muito preocupada. Esse deveria ser um exame relativamente rotineiro. O dr. Johnson, cardiologista que participou da cirurgia, chamou-a imediatamente da sala de cirúrgica e depois foi até Deanne na antessala para dar explicações mais detalhadas. Demonstrando profunda compaixão, o dr. Johnson disse que o coração de Ben era excessivamente sensível e reativo ao procedimento e que, por esse motivo, eles não iriam prosseguir. O médico explicou que o que tinha acontecido era grave, mas garantiu que Ben tinha se recuperado e parecia estar melhor, embora ainda estivesse sob o efeito da anestesia.

Demorou meia hora para que Ben fosse levado para a sala de recuperação e Deanne pudesse vê-lo. Felizmente, ele estava bem. Mas essa ocasião foi um importante lembrete de que, no caso dele, não existia "cirurgia de rotina".

✧ ✧ ✧

Na sexta-feira seguinte, Ally foi à casa de sua melhor amiga, Rachel. Como quase todas as amigas delas estavam viajando naquele feriado, as duas passaram a noite papeando. Mais tarde, elas estavam sentadas na cama de Rachel navegando pelo StumbleUpon no *laptop* quando Rachel viu uma pequenina lágrima escorrendo pelo rosto de Ally.

– O que aconteceu, Ally? – perguntou Rachel, preocupada. Ela ficou surpresa com a mudança repentina no humor de Ally. Minutos antes elas estavam rindo.

Ally olhou para Rachel com os olhos marejados de lágrimas, os lábios tremendo. – Desculpe, Rachel – disse ela, com um nó na garganta. – Eu estava pensando em Ben. Sabe aquela pequena cirurgia que ele fez na semana passada? Ele quase morreu. Era uma cirurgia tão pequena, e ele quase morreu. – Ally repetiu as palavras como se estivesse falando para si mesma. – Quando a mamãe e o Ben chegaram do hospital, eu perguntei o que tinha acontecido. Estava claro que alguma coisa tinha dado errado – com *Ben*. A mamãe não falou muita coisa, a não ser que tiveram de interromper a cirurgia, então eu disse: "Mãe, *eu sei* que tem alguma coisa errada com Ben. Eu sei que essa cirurgia não devia ser complicada". Pedi que ela me contasse o que estava acontecendo com o coração dele... e se ele ia ficar bom. No final, ela acabou dizendo que Ben está começando a ter insuficiência cardíaca. Isso não significa que o coração dele vai falhar agora, mas que está começando a falhar lentamente. Ele teve um grande estirão de crescimento neste ano, e o corpo dele está começando a ficar grande demais para o coração. O coração dele está tendo de trabalhar dobrado agora. O coração está fraco demais para o corpo dele.

Ally fez uma pausa, parecendo absorver a realidade de tudo o que tinha acabado de explicar. Ela olhou para Rachel com medo nos olhos. – Rachel.... acho que Ben vai morrer. – Antes que Ally pudesse respirar, Rachel a abraçou, e as duas começaram a soluçar.

As duas adormeceram de mãos dadas enquanto Rachel rezava pedindo paz e alento em suas vidas.

✦ ✦ ✦

No segundo semestre do primeiro ano no ensino médio, a arritmia de Ben se tornou persistente, e os médicos disseram que era hora de analisar a possibilidade de colocar um marca-passo em seu peito para regular automaticamente os batimentos cardíacos.

Em geral, Ben acatava os planos dos médicos e respeitava a preocupação dos pais, mas não no caso do marca-passo. Pela primeira vez, ele expressou a sua opinião sobre o tratamento médico e ofereceu grande resistência ao implante do marca-passo. Os outros tratamentos foram internos; o marca-passo seria a evidência visível da sua doença. O marca-passo seria concreto, palpável – um lembrete constante para Ben e todas as pessoas próximas a ele de que a sua doença havia passado de um conceito para uma realidade cotidiana. O que antes não era visto, agora seria; o que era uma batalha interna de Ben seria exibido em público. E Ben rejeitou a ideia.

A questão do marca-passo foi muito difícil para Deanne e Shawn, uma vez que pôs em xeque o compromisso que eles tinham assumido de deixar que Ben tomasse o máximo possível das decisões sobre a sua vida. Eles achavam que era importante que o filho se sentisse dono do próprio corpo e que era essencial para a sua dignidade dar a palavra final nessa situação. Era o corpo dele, a vida dele, e se o marca-passo produzisse efeitos adversos, era ele quem iria sofrer. Eles refletiram bastante e se perguntaram: *Será que o deixamos tomar a decisão, sabendo que ele não tem experiência de vida para saber que é importante colocar o marca-passo?* A família discutiu seriamente o assunto, em detalhes, em volta da mesa de jantar, analisando os benefícios e as possíveis desvantagens e consequências dessa decisão.

Esse período de incerteza dos pais aliado à ambivalência de Ben fez com que a decisão fosse sendo adiada de um mês para outro. Enquanto isso, os médicos receitaram outro medicamento, Sotalol, para ajudar a controlar a arritmia, que continuava a prejudicar a sua qualidade de vida. A medicação funcionou durante pouco tempo, dando à família falsas esperanças de que a decisão sobre o marca-passo poderia ser discutível, mas a arritmia provou ser persistente.

Numa das muitas consultas de Ben, o médico lembrou a família da gravidade da fibrilação atrial: – Durante a fibrilação, o coração não consegue bombear o sangue com eficácia, permitindo que ele se acumule no coração e forme coágulos, que podem migrar para o cérebro e provocar um acidente vascular cerebral (AVC).

Ben sabia que corria o risco de ter morte súbita por causa da cardiomiopatia hipertrófica, mas agora soube que corria um risco significativo de sofrer um AVC, que poderia afetar suas funções corporais básicas, como movimento, fala, deglutição, visão, habilidades cognitivas e muito mais. Havia inúmeras razões para controlar a arritmia, mas Ben ainda não gostava da ideia de depender de uma estranha máquina interna.

Várias pessoas, inclusive a tia de Ben, Lois, achava que ele deveria conversar com alguém que realmente tivesse um marca-passo/desfibrilador implantado – e elas sabiam que Matt Nader era a pessoa certa para trocar experiências concretas com Ben. Matt era ex-aluno da Westlake High School – a mesma de Ben – e tinha jogado no time de futebol da escola, no qual era um excelente atacante na linha ofensiva. Matt era jovem, tinha 1,95 m de altura, pesava 136 quilos de puro músculo e era estimado por todos em Westlake.

Numa noite quente e úmida do Texas, em setembro de 2006, almejando uma bolsa de estudos para a faculdade e uma futura carreira na liga profissional de futebol americano, Matt caminhou lentamente até a lateral do campo depois de uma longa campanha ofensiva no segundo tempo de um jogo entre o Westlake e o College Station. Ele desabou no banco de reservas e caiu para trás. Matt não estava respirando e seu coração tinha parado de bater.

Com Matt morrendo no campo de futebol, alguns pais – inclusive o pai dele – que tinham conhecimentos médicos correram das arquibancadas e começaram a realizar manobras de ressuscitação cardiopulmonar (RCP). Do meio da multidão surgiu um cardiologista, que felizmente encontrou um desfibrilador externo automático (DEA) por perto, na lateral do campo. O médico usou o desfibrilador para administrar choques no coração de Matt e restaurar seu ritmo cardíaco, revivendo-o. Logo depois, Matt foi levado às pressas para o hospital, onde foi constatado que ele tinha tido fibrilação ventricular, um evento potencialmente catastrófico. Se não houvesse um desfibrilador à mão, ele teria morrido. Três dias depois desse terrível episódio, os cirurgiões implantaram um desfibrilador em seu peito.

Ironicamente, Matt já tinha aceitado uma bolsa integral de estudos para jogar futebol americano pelo time da Universidade do Texas, o Longhorns; porém, em vista do seu problema saúde, ele não pôde cumprir a sua parte do acordo. A universidade honrou a oferta e criou o cargo de aluno-assistente para que ele pudesse continuar vinculado ao time sem sequer precisar entrar em campo. Matt pôde estudar na Universidade do Texas e ajudar o time. Todo mundo em Austin admirava Matt Nader; ele era conhecido como o garoto que morreu no campo de futebol e foi ressuscitado.

Matt concordou em falar com Ben. Eles se encontraram no Texas Honey Ham, um ponto de encontro local, e embora os dois tivessem muitas coisas em comum por conta dos seus problemas cardíacos, o contraste visual entre eles era flagrante. Matt era enorme, sadio e cheio de energia; Ben era baixo, frágil e não tinha energia. Ele também era pálido, outro efeito da arritmia.

Apesar de suas diferenças, eles tinham um elo em comum, e Matt ficou feliz por ajudar; Ben, por sua vez, ouviu atentamente tudo o que Matt tinha a dizer sobre os prós e contras de ter um desfibrilador implantado no peito – até mesmo as partes assustadoras.

Por exemplo, Matt disse que se sentia tão bem depois que o marca-passo tinha sido implantado que estava convencido de que ainda poderia jogar futebol em nível universitário. Ele tinha voltado a treinar, estava recuperando a sua força e sabia que estava ficando mais veloz e mais forte. No primeiro ano de faculdade, ele estava correndo no limite da sua capacidade durante um treino extraoficial com alguns companheiros do time do Texas quando, de repente, tudo escureceu. Porém, o desfribilador detectou o problema e enviou uma corrente elétrica para o seu coração. Embora essa experiência ao mesmo tempo boa e ruim tenha colocado uma pá de cal nos sonhos de Matt de continuar a sua carreira futebolística, ele tinha sido salvo novamente por um desfibrilador.

– Outro incidente – disse Matt – não tinha sido tão positivo. O desfibrilador é bom, vai salvar a sua vida. Você não tem escolha, cara. Mas vou ser honesto com você: uma vez ele deu defeito e disparou choques inapropriados. Eu estava fazendo exercício quando aconteceu uma coisa estranha. Eu senti um choque, e doeu tanto que eu achei que tinha sido baleado. Olhei em volta para ver se alguém tinha atirado em mim; então senti outro choque e, como tinha começado a chover naquele momento, achei que tinha sido atingido por um raio. Foi aí que percebi que era o meu desfibrilador que estava disparando, e eu não podia pará-lo. Ele disparou umas oito vezes, e doía pra caramba. – Ele disse a Ben que o desfibrilador teve de ser substituído, mas que, ainda assim, valia a pena.

Alguns dias depois, Ben anunciou à sua família que achava que devia ser submetido ao procedimento, que foi marcado para o dia 5 de maio de 2009. O dr. Arnold L. Fenrich, o mais novo médico a entrar para a equipe de Ben, implantou um marca-passo/desfibrilador no peito de Ben.

Ao ser levado para o quarto, depois da operação, o primeiro comentário de Ben foi: – Será que todo mundo que põe um marca-passo se sente assim renovado?

Todos caíram na risada, aliviados por ver que a cirurgia já estava tendo um efeito positivo. Ele se sentia melhor; estava otimista em relação ao futuro e pronto para tocar a vida para a frente.

CAPÍTULO 15

VIVA A SUA VIDA

Pare de olhar para o que você não tem e
Comece a ser grato por aquilo que você tem

— "LIVE YOUR LIFE" (T.I., COM A PARTICIPAÇÃO DE RIHANNA)

Vou dar cem dólares para a primeira pessoa da nossa família que aprender a fazer um *flip* no *wakeboard*! – exclamou Deanne com um grande sorriso.

Ben topou o desafio. Após o implante do marca-passo, ele estava cheio de energia e pronto para gastá-la. Naquele verão, Ben se tornou o primeiro Breedlove a fazer um *flip* no *wakeboard*, e depois disso não parou mais.

Em setembro, já com 16 anos, Ben voltou a praticar *wakeboard* no lago. Ele se sentia melhor do que nunca. Com o auxílio de um cabo de esqui e a cama elástica perto de uma grande árvore no quintal, o namorado de Ally, Cameron Thompson, ensinou-lhe todos os tipos de manobra. Ben praticou saltos simulados na cama elástica que esperava fazer na água; aprendeu até mesmo a fazer um *back roll* – primeiro na cama elástica, depois no *wakeboard*. Isso foi possível porque o marca-passo controlava a frequência cardíaca de Ben e ajudava seu coração a bombear sangue de maneira eficaz; assim, o seu organismo fornecia o oxigênio de que ele precisava para ter energia. Ser capaz de realizar aqueles saltos e *back rolls* difíceis no *wakeboard* foi um grande marco na vida de Ben. Ele estava tão entusiasmado que também ensinou Jake a fazer uma série de saltos complicados na cama elástica. No final do verão, Jake parecia um ginasta olímpico, fazendo giros e dando cambalhotas incríveis.

Naquele verão, Ben tinha tido aulas de *wakeboard* com Billy Garcia e de *wakesurf* com Chase Hazen. Os atletas profissionais adoravam o Lago Austin, e aquela água fria e serena era palco de competições de *wakeboard* e gravação de comerciais. Uma atleta com quem Ben fez amizade foi Holland Finley; eles adoravam ir para o lago juntos.

Ben tinha ganho a sua prancha de presente de aniversário naquele verão. Era uma prancha Liquid Force, equipada com suas botas favoritas, Shane Bonifay, que recebeu esse nome em homenagem a outro atleta profissional de *wakeboard*. Depois de cada treino, Ben guardava a prancha no seu quarto, apoiada contra a parede.

Esses dois esportes eram a sua válvula de escape. Ele relaxava na água, deixando para trás as ansiedades em relação a prazos, horários e obrigações. Podia passar o tempo com os amigos e competir com outros esportistas no mesmo nível. E Ben se destacava, o que aumentava a sua autoconfiança e compensava amplamente as oportunidades perdidas por não poder praticar outros esportes de contato. Deslizando na água sobre a prancha, Ben se sentia livre. Ele conseguia sentir seu corpo funcionando, flexionando-se, movendo-se, estendendo-se. Ele levava o seu corpo ao limite e adorava isso.

Duas semanas antes, Ben tinha machucado o joelho direito praticando *wakeboard*. O joelho estava tão inchado que ele não conseguia esticar a perna. Ele tinha acabado de aposentar as muletas, portanto não devia pegar a prancha tão cedo. Embora se sentisse revitalizado pelo marca-passo, seus novos limites físicos ainda eram incertos.

No entanto, Ben e seu amigo Grant Hamill tiveram a chance de praticar *wakeboard* com Holland Finley no lago, e eles não iam desperdiçar essa oportunidade. Com Grant dirigindo a lancha e Holland "orientando", Ben saltou a onda e aterrissou no lugar errado, fraturando a tíbia direita logo acima da bota. Ele não sentiu a fratura de imediato. Mais tarde, disse que, enquanto estava boiando na água à espera de socorro, conforme as ondas moviam a sua perna ele podia sentir o osso raspando internamente.

Ao ver o acidente, Holland mergulhou imediatamente e puxou Ben para a plataforma da popa. Ela já tinha visto inúmeros acidentes semelhantes e sabia que, apesar da dor de uma perna quebrada, a perna só começava a inchar depois que a bota rígida e justa da prancha era tirada.

Shawn tinha saído, ele estava dirigindo quando recebeu um chamado de Grant. – Sr. Breedlove, estamos nos aproximando do píer e acho que Ben quebrou a perna.

– Tudo bem, Grant. Você já tentou falar com a minha mulher? Ela está em casa.

– Eu liguei, mas ninguém atendeu ao telefone.

– Está certo, estou fazendo o retorno, vou voltar para casa – disse Shawn. – Tente ligar novamente para a minha mulher. – Shawn voltou para casa e foi direto para o píer.

Por volta dessa hora, Deanne por acaso olhou pela janela do seu quarto e viu a lancha flutuando na água perto do píer. *Impressionante! Parece que eles estão se divertindo pra valer essa manhã!*, pensou ela.

Nesse momento, o telefone tocou. – Sra. Breedlove – falou uma voz familiar.

– Sim?

– Sou eu, Grant.

– Oi, Grant! Posso vê-los no píer – disse Deanne, olhando pela janela. – Parece que vocês estão se divertindo. O que foi?

– Sra. Breedlove, sinto dizer, mas acho que Ben quebrou a perna.

Os três ainda estavam na lancha bem atrás da casa dos Breedlove, portanto Deanne levou apenas alguns segundos para chegar ao píer depois do telefonema de Grant. Shawn já tinha chegado, e Ben estava sentado na plataforma da popa, olhando a perna e o tornozelo incharem e ficarem sem cor. Ele estava tremendo, pois a água era muito fria naquela época do ano. Deanne jogou uma toalha sobre ele e chamou uma ambulância. Enquanto esperavam a chegada dos paramédicos, em vez de tentar mover Ben, todos eles se abraçaram na parte de trás da lancha formando uma barreira, para tentar acalmar a sua tremedeira e mantê-lo aquecido. De repente, Ben parou de tremer, virou-se para trás, olhou sério para Deanne e disse: – É brincadeira, a minha perna não está quebrada.

– *O quê?* – exclamou Deanne admirada, sem saber se ficava aliviada ou furiosa. – Ben!

– Não, estou brincando. Está quebrada sim, mãe, e está doendo pra caramba! – Ben voltou a tremer, satisfeito por ter pregado uma peça na mãe e momentaneamente aliviado da dor.

Mais tarde, naquele mesmo dia, Grant visitou Ben no hospital. A perna dele estava engessada e ele estava decepcionado por não poder ir à balada da escola. Para ser solidário com o amigo, Grant também não foi. Em vez disso, ficou fazendo companhia para Ben no hospital. Mas isso não significava que eles não podiam se divertir um pouco. Eles logo convenceram a enfermeira a arranjar uma cadeira de rodas, para que pudessem fazer proezas com ela no corredor. Nem a perna quebrada deixaria Ben de baixo astral por muito tempo.

A cadeira de rodas de Ben atraiu a atenção quando ele voltou para Westlake. Ele adorava ficar empinando a cadeira no corredor. Seus amigos gostavam de ficar assistindo, então Ben dividia a cadeira de rodas com eles, deixando que tentassem fazer manobras nos corredores e no estacionamento da escola. Em pouco tempo, eles destruíram a cadeira de rodas e Ben teve de ganhar uma nova.

Depois de algumas semanas, Ben trocou a cadeira por um par de muletas. Ele esperava ficar livre delas até a festa de comemoração da volta às aulas, mas não deu. Sem problema. Vestido de terno, Ben e um grupo de amigos, inclusive Katelyn Brooks, Alex Faglie e Grant Hamill, foram à festa. Ben não podia dançar por causa do pesado aparelho de gesso; porém, cheio de disposição, foi para a pista de dança e balançou o corpo para a frente e para trás com as muletas.

✧ ✧ ✧

Grant e Ben eram grandes amigos, mas sempre abriam espaço para Alex – uma talentosa dançarina que sonhava em dançar profissionalmente. Ben e Grant sempre assistiam suas apresentações de dança para dar apoio e estimulá-la. Os três estavam sempre juntos, para cima e para baixo. Quando os dois falaram em se mudar para a Califórnia e ver se conseguiam um estágio com o tio de Grant no *set* de filmagens de *Scrubs*, naturalmente eles presumiram que, em algum momento, Alex se juntaria a eles para tentar uma carreira de dançarina em Los Angeles.

Alex e Ben tinham o mesmo senso de humor e sempre brincavam que ela era a versão feminina dele. Eles combinavam muito, tanto nas questões importantes como nas questões triviais.

✧ ✧ ✧

— Mãe, podemos comprar frango frito do Wally's para Alex? – perguntou Ben.

Deanne tinha apanhado Ben na escola para uma consulta no cardiologista no meio da tarde, e eles tinham acabado de entrar no carro para voltar a Westlake. – Meu filho, o Wally's é do outro lado da cidade – respondeu Deanne.

– Eu sei, mãe, mas você não entende. Alex ia ficar *tão* feliz. Literalmente, ela iria ganhar o dia. Ben virou-se para Deanne com um sorriso tão grande que ela não pôde recusar.

– OK, você venceu – disse Deanne, balançando o dedo para Ben. – Mas é melhor que ela fique *realmente* feliz!

Ben e Alex tinham descoberto que um bom frango frito era capaz de fazer qualquer dia ruim parecer bom. Sempre que ela tinha um dia ruim, Ben a levava a uma das lanchonetes favoritas dele, onde os dois falavam sobre suas tensões e preocupações. Quando eles adquiriram mais confiança um no outro, Alex admitiu que não tinha certeza se um dia se tornaria dançarina profissional e disse que uma das coisas que ela tinha mais medo era de que a impedissem de ir em busca do seu sonho. Sentados sempre em sua mesa favorita, onde comiam *nuggets* de frango e tomavam *milk shake*, Ben e Alex se abriam um para o outro. Juntos, eles aprenderam a se livrar de suas ansiedades e a perceber o que realmente importava na vida deles.

CAPÍTULO 16

QUEM DISSE QUE SOMOS RUINS?

Quem disse que somos ruins?
Você disse que somos ruins?

— "WHO SAID WE'RE WACK" (THE LONELY ISLAND)

Pregar peças fazia parte da personalidade de Ben. Ben Breedlove raramente ficava sério; longe disso, ele adorava fazer as pessoas rirem. Estava sempre sorrindo e tramando alguma nova brincadeira para fazer com os amigos.

Algumas semanas antes do Halloween, no segundo ano do ensino médio, Ben encontrou uma máscara de palhaço assustadora que atraiu a sua atenção. Como a maioria das pessoas da família não era *nem um pouco* fã de palhaço, todos achavam um horror o fascínio de Ben por aquela máscara medonha. Apesar dos protestos, Ben adorava a máscara de borracha e sempre a usava no Halloween.

Seu objetivo, obviamente, não era assustar as pessoas, mas sim provocar uma reação. Um dia, por exemplo, Ben colocou a máscara e sentou-se numa cadeira em uma esquina movimentada em Westlake. Algum tempo depois, uma mulher parou o carro ao lado dele e gritou da janela: — Você pode me dizer onde é o posto de gasolina mais próximo? —, como se tudo estivesse perfeitamente normal. Sem tirar a máscara, Ben lhe ensinou o

108

caminho. Nem passou pela cabeça dela que um cara usando uma máscara de palhaço talvez não fosse uma fonte confiável de informação.

Ben recebeu um torpedo de uma amiga que dizia: – Ben! Acabamos de ver você sentado na esquina!" – Mesmo com a máscara, as pessoas o reconheceram!

No Halloween, ele estava voltando da casa de um vizinho. Enquanto dirigia pelo bairro, ele decidiu usar a máscara. Um carro cheio de meninas adolescentes ia à sua frente bem devagar, então Ben acendeu a luz de teto para iluminar melhor a máscara. Quando elas viram que estavam sendo seguidas por um palhaço medonho, começaram a gritar e a se abaixar dentro do carro! Essa era exatamente a reação que ele esperava.

✧ ✧ ✧

Às vezes, Ben, Justin e seus amigos vestiam fantasias de corpo inteiro de gorila e coelho e encenavam "incidentes" pela cidade. Em geral, Ben era o cara que ficava por trás da câmera de vídeo, filmando o evento e a reação das pessoas. Uma vez, ele, Justin e J. P., amigo deles, simularam uma luta entre o coelho e o gorila na frente de um supermercado, rolando no chão desde a porta de entrada até o estacionamento. Ben fingiu ser um inocente espectador chocado com a briga. Na verdade, ele estava próximo da ação para que pudesse filmar tudo com seu telefone.

Os carros buzinavam ao passar, algumas pessoas riam histericamente enquanto outras observavam horrorizadas. Por fim, o gorila – Justin – lutou com o coelho – J. P. – no meio da rua, obstruindo o tráfego e provocando a maior confusão. A luta culminou com o gorila dando um pescoção no coelho e deixando-o no meio do passeio, atrapalhando a passagem dos clientes. Ben, é claro, filmou todo o episódio.

Alex Faglie estava ali perto, numa loja da Kinkos, fazendo cópias de algumas fotos para um trabalho escolar quando recebeu um torpedo de Ben. – Onde você está?

– Na Kinkos – respondeu Alex, e voltou às suas cópias.

Alguns minutos depois, um enorme coelho branco entrou na Kinkos, jogou Alex sobre os ombros e correu para fora, deixando os objetos escolares dela na copiadora.

– O que está acontecendo? – gritou Alex, rindo histericamente, presumindo que, de alguma maneira, Ben estava por trás daquilo. Alex começou a espernear, tentando, em vão, desvencilhar-se do coelho. Este, porém, a ignorou, levando-a embora diante dos clientes perplexos.

Quando chegaram lá fora, Alex viu Ben rindo e filmando o "rapto".

Em outra ocasião, Ben e Justin dirigiram pela cidade vestidos com as fantasias, conversando com qualquer um que parasse para ouvi-los. Vestidos de coelho e gorila, eles passavam por *drive-thrus* de lanchonetes, fazendo seus pedidos como se não tivesse nada fora do comum. Por incrível que pareça, a maioria das pessoas agia como se o que eles estavam fazendo fosse a coisa mais normal do mundo, como se fosse natural um grande coelho branco e um gorila pedirem *tacos*!

Obviamente, Ben estava sempre a fim de comer um *taco*, com ou sem fantasia. Em seu livro de recortes do último ano do ensino médio – que ele nunca teve tempo de terminar – ele expressou seu gosto por esse prato mexicano. *Taco Bell! Por onde começar? Definitivamente esse é o meu restaurante predileto. Todo mundo da minha família me dá cupons do Taco Bell no meu aniversário e em outras datas. Tem só dois meses que as aulas começaram e eu já tenho 60 dólares em cupons! Vou dar uma parada no Taco Bell quase todos os dias depois da escola e, de vez em quando, também para almoçar. Meus amigos acham isso muito esquisito, mas eu não ligo!*

Ben fazia da ida ao Taco Bell um acontecimento, fazendo o pedido, à sua moda, no microfone do *drive thru*:

Quero dois tacos,
Com frango e queijo,
Não quero alface,
Nem tomate!

O senso de humor de Ben não tinha limites. Certo dia, ele e um amigo dirigiam pela cidade quando deram com um Clube da Ferrari. Os proprietários de Ferrari estacionavam seus veículos imaculadamente limpos e reluzentes numa fila longa e organizada, com o capô aberto para exibir os fantásticos motores. Cada um deles ficava ao lado do seu carro, todo sorridente e orgulhoso, pronto para conversar com outros proprietários, admiradores ou aficionados por automóveis.

Ben e seu amigo não conseguiram resistir. Eles dirigiram para o fim da longa fila de lindos carros, onde Ben parou o seu próprio carro de luxo – o Acura Legend de vinte e dois anos de idade, agora ainda mais detonado do que quando Ally o dirigiu pela primeira vez. Ben abriu o capô do carro e fez pose, orgulhosamente, com a mão na cintura e a cabeça ligeiramente inclinada para o lado, na frente do Acura. Vários donos de Ferrari adoraram seu senso de humor e foram conversar com ele, fazendo perguntas sobre seu calhambeque! Um aficionado por carros até tirou a foto de Ben com seu "automóvel antigo".

$$\diamond \quad \diamond \quad \diamond$$

Ben conquistava praticamente todo mundo com seu bom humor, até mesmo algumas das pessoas mais duronas. Seus colegas que jogavam futebol geralmente estavam ocupados demais com treinos e trabalhos escolares para fazer planos; porém, num fim de semana em que o treino tinha sido cancelado, saíram todos juntos. Apesar de estar feliz por ver alguns de seus amigos mais chegados, Ben não tinha muito em comum com a maioria dos outros garotos, e eles não tinham muito o que conversar.

Nessa noite especialmente maçante, estavam todos sentados no sofá reclamando de não ter nada para fazer quando Ben recebeu um torpedo de uma amiga. – Ei! – Ben falou para os garotos –, se vocês quiserem, eu posso convidar umas meninas para virem aqui.

– Ótimo, faça isso – respondeu um dos jogadores de futebol. Cerca de dez minutos depois, um enorme "ônibus de festa" estacionou na entrada.

As portas se abriram e desceram 21 meninas, todas de vestido branco. – *O que é isso!* – gritou o mesmo jogador, olhando incrédulo para Ben. – Cara, você conseguiu trazer *todas* essas meninas?

O que Ben não disse é que ele não sabia que fossem aparecer 21 meninas. Ele tinha convidado a amiga que lhe enviou o torpedo, mas ela não lhe disse que por acaso estava voltando para casa num ônibus de festa com todas as suas melhores amigas. Mesmo assim, Ben ficou satisfeito por levar o crédito. Como quem não quer nada, ele respondeu: – É, consegui.

CAPÍTULO 17

A VIDA CONTINUA

Meu motor funcionou tanto, que eu fui ficando cansado,
Estou me sentindo superaquecido, porque minha vida ainda continua

— "SAD SAD CITY" (GHOSTLAND OBSERVATORY)

Mesmo com o marca-passo, a arritmia acabou voltando, decepcionando Ben e também ameaçando fazer com que o desânimo se abatesse sobre a família. Durante a primavera de 2010, ele teve arritmia por nove dias consecutivos e, consequentemente, teve de faltar outra vez às aulas. O dr. Fenrich decidiu operá-lo e usar o próprio desfibrilador implantado para deflagrar choques em seu coração a fim de restabelecer o ritmo cardíaco normal. Mas tanto os médicos como os familiares de Ben ficaram desanimados ao saber que o marca-passo não era nenhuma panaceia.

De muitas maneiras, Ben sempre foi excepcionalmente maduro para a sua idade. Pode ser que o fato de estar sempre às voltas com uma doença potencialmente mortal tenha feito com que ele adquirisse uma perspectiva mais adulta da vida do que alguns de seus colegas. Talvez fosse por isso que ele raramente ficava obcecado por quem ganhou um jogo importante ou com o quê o mundo estava preocupado. Ou talvez porque Ben tivesse um bom equilíbrio emocional ou espiritual. Seja qual for a razão, ele não agia de maneira impulsiva. Ele lidava com suas emoções com maturidade e de modo apropriado. Ben apenas se divertia bastante para liberar um pouco de energia. Ele gostava de sair com os amigos, escapando temporariamente do mundo dos horários, médicos e remédios.

Às vezes, Ben ia contra o desejo dos pais de protegê-lo, mas sempre de maneira amistosa. Em vez de desobedecê-los abertamente, pedia a opinião deles sobre algumas atividades que queria fazer. Se dormia na casa de algum amigo e tinha esquecido de levar o remédio, perguntava se podia deixar de tomar a dose daquela noite. Ele gostava da proteção de Shawn e Deanne.

Quando ficou mais velho, ele começou a questionar com mais veemência os conselhos e as proibições protetoras. *Por que faria tão mal comer alguns pastéis chineses com molho de soja? Qual é o problema de praticar wakesurf de manhã quando a temperatura da água é de 18 graus? Como é que esse novo tratamento vai me ajudar ou fazer alguma diferença?*

Antes ele tinha uma atitude de aceitação e aquiescência em relação aos protocolos médicos, agora, aos poucos, ele começava a querer ter mais controle do seu próprio destino e a participar das decisões feitas em seu nome.

Shawn e Deanne, por sua vez, estavam sempre tentando manter um equilíbrio entre supervisionar de modo sensato as atividades de Ben e permitir que ele fizesse as atividades potencialmente mais arriscadas e perigosas que adorava.

No final da adolescência, Ben se matriculou numa academia de ginástica, com pleno conhecimento de Shawn. Shawn chegou a ajudá-lo a pagar a mensalidade! Deanne, no entanto, não gostou nem um pouco dessa ideia e deixava isso bem claro todos os dias durante o jantar.

Ben malhava quase todos os dias depois da aula, insistindo em que conhecia o próprio corpo e podia sentir qualquer sinal de estresse. Ele se encontrava com um amigo, Shaddy, um halterofilista que malhava várias vezes por semana na academia. Ben costumava pegar pesado nos exercícios – contra a vontade dos pais.

Deanne e Shawn desconfiavam que às vezes Ben excedia o limite de peso prescrito por seu médico – míseros nove quilos. O médico avisou que fazer exercício com uma quantidade maior de peso exerceria pressão excessiva no coração de Ben, e o ato de levantar pesos poderia até mesmo deslocar o marca-passo no peito de Ben, para longe do coração. Mesmo assim, Ben decidiu testar *todos* esses limites.

A certa altura, ele fez até aulas de jiu-jitsu brasileiro. Embora seus pais tentassem dissuadi-lo de fazer exercícios extenuantes e esportes de contato ou alta velocidade, Ben adorava as técnicas de autodefesa que aprendia, principalmente as que, apesar da sua altura, lhe dariam uma nítida vantagem física. Embora não estivesse planejando entrar em nenhuma briga, o fato de saber como se virar numa situação como essa aumentava a sua autoconfiança e lhe dava uma sensação de realização.

Nenhum pai, em sã consciência, permitiria que um filho nessa situação corresse qualquer risco. Shawn e Deanne sabiam que algumas atividades que Ben fazia eram arriscadas, mas também sabiam que não podiam controlar cada momento da vida dele. Sim, eles queriam mantê-lo seguro, mas também queriam que ele pudesse *viver a sua vida*. Munidos de atualizações frequentes e informações provenientes de discussões com o médico, Shawn, Deanne e Ben tomavam cada decisão individualmente, para tentar determinar qual era a melhor opção com base nos conhecimentos disponíveis.

❖ ❖ ❖

Quando as pressões da vida pesavam sobre ele, Ben se refugiava na música. Ele simplesmente ia para o quarto, deitava-se na cama de olhos fechados e ouvia. Ele adorava todos os tipos de música. Skrillex, Coldplay, Empire of the Sun, Muse, Johnny Cash e Kid Cudi eram alguns de seus artistas favoritos.

Embora Ben controlasse suas emoções em relação aos riscos e perigos que ameaçavam seu coração, mantendo sistematicamente uma atitude estoica nas questões médicas, em outros aspectos ele deixava transparecer seu medo. Por exemplo, ele não gostava de viajar de avião nem de mau tempo – mesmo em terra. Quando voava, ficava ansioso por causa de tudo o que ficou sabendo sobre os ataques terroristas de Onze de Setembro. Ele tinha completado 9 anos um mês antes dessa data fatídica e, assim como muita gente, as imagens e cenas daquele dia ficaram indelevelmente gravadas na sua mente, deixando-o sempre apreensivo durante viagens aéreas. Sempre que a família ia viajar, Ben perguntava se eles poderiam ir de carro, em vez de avião.

Quando havia previsão de tempo ruim, às vezes ele se deixava dominar pelas emoções. Quando Austin estava em alerta de tornado, Ben corria de um lado para outro da casa, tentando olhar pelas janelas e mantendo a família a par de quaisquer mudanças que observava no céu. Ele ligava a TV no canal de meteorologia para que a família pudesse acompanhar os alertas mais atuais. O seu nível de ansiedade permanecia alto até o tempo ruim passar. Ironicamente, quando ele viu um tornado de verdade em Destin, ficou surpreendentemente calmo e adorou a experiência.

CAPÍTULO 18

ORIGINAL

Vamos lá, mostre a eles do que você é capaz

— "FIREWORK" (KATY PERRY)

Durante os primeiros anos de ensino médio, Ben não teve uma namorada firme, mas ele sempre falava abertamente para Deanne sobre seus sonhos de se casar e passar a lua de mel em Veneza, Itália, ou na Grécia, e como ele imaginava a sua família. Sua única preocupação era se seria sensato ter filhos, pois a cardiomiopatia hipertrófica é altamente hereditária. Ele disse que se ele e sua esposa decidissem não ter filhos por causa da sua doença cardíaca, eles iriam adotar um monte de crianças! E, é claro, um dia ele levaria os filhos ao Lago Powell.

Justin Miller, entretanto, começou a namorar uma menina chamada Megan Parken no primeiro ano. Megan tinha um grande número de seguidores no YouTube, onde postava regularmente vídeos sobre maquiagem, roupas, penteados e outros assuntos do interesse das adolescentes. Ela criou seu próprio canal, que no verão de 2010 tinha aproximadamente 70 mil assinantes – assíduos – e o número só aumentava. O canal atraiu anunciantes, e a bem da verdade Megan estava tendo uma renda estável enquanto produzia vídeos divertidos e informativos.

Certa noite, quando Megan estava viajando para Nova York e Ben e Justin estavam na casa de barcos dos Miller, ela postou um vídeo dizendo que seu namorado e o amigo dele estavam em Austin e que talvez fizessem um vídeo para ela e os assinantes do seu canal. Justin e Ben toparam o desafio e fizeram um vídeo bobinho deles mesmos apenas matando o tempo, tomando sorvete e zoando. Aparentemente, a casa de barcos não tinha talheres, mas eles acharam algumas velhas bolachas de água e sal e usaram como colher. Os espectadores de Megan adoraram e começaram a enviar comentários e a fazer perguntas aos jovens.

Megan estimulou Justin e Ben a criarem seu próprio canal, onde poderiam responder perguntas de meninas. Embora já tivessem feito vídeos para o YouTube antes, com a ajuda de Megan eles aprenderam o passo a passo para fazer vídeos de melhor qualidade e como ter êxito no YouTube. No dia 23 de julho de 2010, Justin e Ben lançaram o seu canal no YouTube, o GuyAdvice4Girls, e logo começaram a atrair assinantes. Megan deu uma enorme ajuda ao incentivar os seus espectadores a conhecerem o canal de Ben e Justin. – Lembrem-se, porém – avisou ela –, que tudo o que vocês colocarem lá será um reflexo meu, porque estou direcionando o meu público para vocês.

Ben e Justin fizeram seus primeiros vídeos com a pequena câmera Flip de alta definição de Justin, a mesma que tinham usado para filmar algumas de suas manobras na bicicleta e na prancha de *skate*, assim como suas brincadeiras favoritas. No início, eles levavam de três a quatro horas para fazer um vídeo curto de cinco ou dez minutos, mas logo aprenderam a ser mais produtivos e proficientes. A princípio, Justin e Ben apenas sentavam-se na frente da câmera e conversavam, faziam brincadeiras, davam a sua opinião sobre alguns assuntos e respondiam às perguntas que recebiam do seu público, que em grande parte era do sexo feminino.

Em novembro de 2010, devido a um problema técnico, o Google fechou o GuyAdvice4Girls. Se quisessem continuar, Justin e Ben teriam de criar um novo canal. Nasceu, então, o OurAdvice4You no YouTube. Eles pediram aos antigos assinantes que acessassem o novo canal, e muitos fizeram isso. Eles davam opinião sobre tudo, desde "dez indícios de que um cara gosta de você" até "ótimos presentes de Natal", "como manter um relacionamento" e "a pergunta do dia". As perguntas variavam de engraçadas e descontraídas a tristes ou delicadas.

Nessa época, Justin e Ben estavam recebendo perguntas de garotas do mundo inteiro. Eles decidiram, então, abordar as perguntas feitas com maior frequência. Por exemplo, fizeram um vídeo sobre o tema "O tamanho é importante?", depois que muitas de suas seguidoras perguntaram se os homens realmente se importavam com o tamanho dos seios das garotas. Qualquer que fosse a pergunta, Ben e Justin respondiam com honestidade, mas eram surpreendentemente cuidadosos e sensíveis, e raramente ofendiam alguém. A maioria das jovens curtia bastante as respostas francas dos dois. Além disso, as respostas geralmente contribuíam para aumentar a autoconfiança, e não minar a autoestima de quem fez a pergunta.

Porém, um dos vídeos de Ben no YouTube não teve um retorno tão grande. No vídeo, ele estava sentado numa poltrona recoberta com a pele do primeiro veado que tinha matado. Ben recebeu comentários condenatórios de pessoas do mundo inteiro contrárias à caça e ao uso de armas. Embora as críticas não mudassem a sua opinião, elas o ajudaram a ficar mais atento aos sentimentos das pessoas ao criar seus vídeos.

Chegou uma hora em que Ben e Justin estavam filmando e carregando pelo menos um vídeo por semana. Eles passavam a maior parte do tempo livre produzindo vídeos, mas não se sentiam trabalhando. Os dois adoravam! Eles passaram a usar uma câmera mais sofisticada emprestada pelo pai de Justin, e a qualidade da produção melhorou tremendamente. Depois de depender durante anos da generosidade do sr. Miller, que emprestava seus equipamentos de vídeo, Ben ganhou a sua própria câmera de presente de Natal dos pais no segundo ano do ensino médio. Começou, então, a economizar para comprar tripés, microfones e outros acessórios, que entulhavam o seu quarto e o carro. Megan deu a Ben uma tela verde de fundo usada em gravações de TV e cinema, sobre a qual são projetadas imagens digitalizadas por computador ou de vídeo, como mapas meteorológicos e outras cenas em "locações". Com a tecnologia da tela verde com acabamento fosco, Ben podia aparecer transmitindo do centro de Austin, Nova York, Washington DC ou a torre Eiffel em Paris – tudo sem sair do quarto dele, onde ele filmou e produziu muitos dos seus vídeos posteriores. Ben adorava interagir com o público e começou a vislumbrar possibilidades de trabalhar na indústria cinematográfica, como apresentador ou produtor.

Um dos vídeos preferidos de Justin e Ben era "Asking the City, Part One" [Perguntando à Cidade, Primeira Parte]. Para esse vídeo, Ben e Justin, juntamente com Megan Parken e Devyn Brown como entrevistadoras, foram ao Parque Zilker no centro de Austin num domingo à noite na final do Austin City Limits, um festival de música com três dias de duração em que se apresentavam mais de cem bandas, com artistas tão variados quanto Arcade Fire e Muse até Willie Nelson, Ghostland Observatory, Coldplay, Damian Marley e outros. No encerramento do *show*, Justin e Ben escolheram a esmo algumas pessoas na multidão para fazerem entrevistas com "cidadãos comuns" sobre relacionamentos. Megan e Devyn fizeram o mesmo. À medida que a multidão se dispersava, o grupo entrevistava aleatoriamente adolescentes e adultos jovens. Eles faziam desde perguntas rotineiras e banais, como "Você prefere as loiras ou as morenas?", até perguntas mais sérias, como "Se você traísse seu namorado uma única vez, se sentiria na obrigação de lhe contar?"

Eles passaram mais de três horas filmando e outras tantas fazendo a edição do vídeo naquela mesma noite. Justin fez um trabalho estupendo, adicionando música e efeitos especiais. Até Megan ficou impressionada com a melhora de seus "pupilos".

No final, o canal de Justin e Ben atraiu mais de 60 mil assinantes. Consequentemente, atraiu também a atenção de alguns anunciantes e, em fevereiro de 2011, Ben e Justin receberam o primeiro pagamento pelos anúncios publicitários do OurAdvice4You, cerca de 35 dólares cada. Eles podiam ter feito trabalho de jardinagem no bairro e ganhado mais dinheiro, mas para eles não era uma questão de grana. Eles estavam se divertindo; além disso, estavam aprendendo uma maneira inteiramente nova de alcançar o mundo. Ben estava especialmente fascinado com o potencial do novo meio de comunicação.

Antes do final do primeiro ano de Ben no ensino médio, Shawn lhe perguntou: – Você já resolveu onde vai trabalhar neste verão?

– Trabalhar? Nenhum dos meus amigos precisa trabalhar! – respondeu Ben maliciosamente.

Shawn sorriu. – Talvez não, mas você vai. Você pode ganhar 7 dólares por hora trabalhando para alguém, fazendo coisas que outras pessoas querem que você faça, sem se divertir...

A alusão ao trabalho que Ben tinha arrumado num verão anterior lhe trouxe lembranças ruins. Como um garoto ambicioso de 15 anos, Ben arranjou um emprego como ajudante de garçom no Ski Shores, um restaurante do bairro, antes que pudesse dirigir. Entre outras coisas, ele tinha de carregar caixas pesadas e levar o lixo para fora. Depois de pouco tempo Ben achou que o trabalho era extenuante demais para o seu coração e foi obrigado a pedir demissão. Nem Shawn nem Deanne queriam que Ben se comprometesse com alguém e, depois, descobrisse que não conseguia cumprir suas obrigações por não poder carregar caixas ou até mesmo comparecer todos os dias ao trabalho. Eles sabiam que muitos serviços de verão oferecidos aos adolescentes exigiam alguma forma de esforço físico.

– Ou então você poderia trabalhar para você mesmo – prosseguiu Shawn. – Você poderia aproveitar o seu sucesso no YouTube e atingir um novo patamar.

O interesse de Ben foi imediato.

– Mas você precisa se dedicar ao seu canal em tempo integral – disse o pai. – Seria um trabalho do qual você gosta; pode ser que consiga transformar o seu canal de vídeo numa fonte de renda durante o ano todo, e não apenas no verão. Isso é algo que você poderá incluir no seu currículo para um trabalho futuro ou para se candidatar a uma vaga na faculdade. Além disso, talvez descubra como é que vai querer ganhar a vida mais para a frente.

Shawn podia dizer que Ben tinha comprado a ideia de se dedicar à sua paixão, por isso incluiu também uma dose de realidade. – Você pode fazer o seu horário, mas se decidir trabalhar para si próprio, precisa encarar o seu canal no YouTube como um trabalho, e não apenas como um passatempo. Você precisa se comprometer a trabalhar de seis a oito horas por dia, cinco dias por semana.

Algumas semanas depois, Shawn perguntou qual tinha sido a decisão dele.

Como era de esperar, Ben disse: – Acho que vou trabalhar para mim mesmo.

– Eu sabia – disse Shawn, esboçando um leve sorriso. – Então, mãos à obra.

Foi o que Ben fez. Ele trabalhou duro fazendo vídeos, e curtia bastante os comentários do seu público. À medida que ficava mais criativo, o número de assinantes do seu canal aumentava a cada dia; além da satisfação pessoal, ele começou a ganhar mais por mês. Ben tinha descoberto a sua vocação.

Justin e Ben continuaram a fazer vídeos, às vezes com Megan. O sucesso dela no YouTube tornou o seu canal bastante atraente para os anunciantes. Ela estava indo tão bem que convidou Justin e Ben para irem com ela, Devyn e os pais das duas num cruzeiro pelo Caribe, com tudo pago.

Foi uma das semanas mais divertidas da vida deles. Ben e Justin dividiram um quarto, e Megan e Devyn ficaram com os pais. O cruzeiro parou nas ilhas Cayman, em Jamaica e Cozumel. Eles andaram de *jet ski* na Jamaica e voaram de *parasail* nas ilhas Cayman. Ben e Justin brincaram que esse foi o programa de dois casais mais extravagante que eles já tinham feito!

Porém, Justin e Megan romperam o namoro mais tarde naquele ano e os dois preferiram não aparecer juntos mais na frente da câmera. Ben e Megan continuaram bons amigos, mas ela mantinha o seu canal independente no YouTube separado deles.

Quando a família de Justin se mudou para uma casa mais próxima da escola, ele não conseguiu mais se encontrar com tanta frequência com Ben para fazer os vídeos. Ben, então, convidou outros amigos e continuou a fazer vídeos para o OurAdvice4You. Justin e Ben ainda faziam alguns vídeos juntos, mas Justin sentia que Ben queria fazer mais.

Uma noite, quando eles estavam trabalhando num vídeo, Ben surpreendeu Justin. – Fizemos um monte de vídeos de conselhos sobre relacionamentos – disse Ben ao amigo. – Talvez devêssemos passar para alguma coisa mais profunda, alguma coisa mais significativa.

Justin estava muito satisfeito com os vídeos de conselhos sobre relacionamentos, embora ele e Ben soubessem que não eram nenhuma autoridade no assunto. Mas eles mantinham o seu público interessado. Portanto, o comentário de Ben a respeito de fazer alguma coisa mais profunda pegou Justin totalmente de surpresa. – O que você quer dizer? – perguntou ele.

– Ah, eu não sei; talvez devêssemos falar mais sobre nós mesmos – respondeu Ben.

Mais tarde, Justin percebeu que Ben desejava realmente fazer algo mais do que dar conselhos amorosos. Por esse motivo, não ficou ofendido quando Ben decidiu criar o seu próprio canal, BreedloveTV, que ele lançou no dia 23 de maio de 2011. Em seus vídeos, Ben sentava-se numa escrivaninha com um microfone fixo fajuto e dava opiniões, como no programa *Saturday Night Live*. Ben assistia regularmente ao programa estrelado por seu ídolo, o comediante Andy Samberg.

Ele continuou a produzir os vídeos de conselhos sozinho, dando sugestões sobre temas como: autoconfiança, aparência física, o que as meninas deviam esperar dos garotos, como os garotos deviam tratar as meninas e o que os garotos achavam bonito nas meninas, entre outros assuntos. Em grande parte, seus conselhos eram surpreendentemente maduros, sobretudo considerando-se que Ben não namorava muito, e nunca tinha namorado firme. Mas a câmera o adorava, e o seu respeito pelos sentimentos alheios e o seu otimismo transpareciam em cada vídeo, e as pessoas reagiam positivamente.

Numa abordagem totalmente diferente da empregada no OurAdvice4You, Ben aventurou-se num novo território, tratando de questões mais profundas, inclusive falando sobre sua família e sua fé. Quando Gina Corbet, uma vizinha idosa que morava na sua rua, faleceu, Ben hesitou muito em abordar o tema da morte. Num momento tocante, ele falou sobre o quanto gostava de Gina, algo que nunca tinha dito a ela enquanto ela era viva. Ele terminou o vídeo estimulando as pessoas a dizerem "eu te amo" ou "eu gosto de você" a alguém naquele dia. Apesar de inexperiente na arte do entretenimento, Ben tinha uma maneira natural não apenas de fazer as pessoas sorrirem, mas também de fazê-las pensar.

CAPÍTULO 19

PROCURANDO UMA RAZÃO

E eu agora penso numa razão porque
Você faz meu mundo girar

— "BLACK AND GOLD" (SAM SPARRO)

No primeiro dia das férias de verão de 2011, Ben driblou a morte pela segunda vez.

Ally sentiu a presença de alguém na porta do seu quarto. Abriu os olhos e viu a silhueta de Grant Hamill na soleira.

– Ally... Acho que Ben está tendo uma convulsão. – Grant mantinha a serenidade, mas Ally podia sentir, por sua voz, que ele estava nervoso.

Antes que Grant pudesse explicar alguma coisa, Ally estava a caminho do quarto de Ben. Ao chegar, afastou imediatamente as cobertas do irmão para avaliar a sua condição física.

– Pare, Ally! Estou co-co-congelando. – Ally olhou curiosa para Ben, imaginando como ele podia estar sentindo frio numa manhã de verão do Texas.

Ben havia despertado quase três horas antes de tanto tremer. O frio era paralisante, ele não conseguia sequer se mover alguns centímetros para cutucar Grant e acordá-lo. Agora estava tremendo violentamente, tanto que não conseguia pronunciar uma só palavra sem gaguejar nem parar de bater os dentes. Sua pele não estava com o brilho normal, e os nós dos dedos estavam ficando arroxeados.

– Ele não está tendo uma convulsão, pois está consciente – Ally disse a Grant, tentando manter a calma. – Fique aqui com Ben enquanto vou chamar meus pais.

– Ally, eu estou bem – protestou ele.

– Não, você não está nada bem – respondeu Ally. Ela mantinha a calma, mas a sua mente estava a mil. Ally subiu as escadas correndo até o quarto dos pais e abriu a porta suavemente. – Mãe, pai... Ben está tremendo demais. Ele não está tendo uma convulsão, mas não sei o que há de errado com ele. – Sem dizer uma palavra, eles se levantaram e foram para o quarto do filho. Quando chegaram ao lado da cama de Ben, ficaram atônitos. Nenhum deles conseguia explicar o tremor violento de Ben.

– O que está acontecendo, Ben? – perguntou Shawn. Ele temia que Ben estivesse tendo algum tipo de insuficiência cardíaca.

Deanne também estava confusa. – Ben, o que está acontecendo? – perguntou ela, enquanto puxava a colcha para encostar a orelha no peito dele para escutar o coração.

– Eu estou bem; estou b-b-b-bem – disse ele tremendo e puxando a colcha de volta. – Ponha a colcha de volta, *por favor*!

Deanne encostou a orelha no peito de Ben e ouviu o coração dele batendo normalmente, mas mesmo assim ficou chocada. Ele estava gelado. Ela notou também que os dedos dele estavam arroxeados. Ben puxou os cobertores até o queixo. Em meio a todo o alvoroço, a única coisa que ele queria era sossego e que ninguém o descobrisse.

Shawn ligou para o Serviço Médico de Emergência enquanto Grant ligava para a mãe dele, que era anestesista. Grant acordou a mãe com o telefonema, explicou rapidamente a situação e respondeu a uma série de perguntas para que ela pudesse chegar a uma conclusão.

– Ela falou que a temperatura corporal das pessoas cai muito quando elas estão prestes a ter uma febre muito alta. Ela disse que se ele tiver uma febre muito alta vocês devem levá-lo para o hospital.

126

Sabendo, com base em experiência anterior, que a ambulância ia demorar demais para encontrar a casa deles, Shawn e Deanne levaram Ben para o carro, com Grant e Ally logo atrás. Grant se despediu rapidamente e, com relutância, foi para casa para esperar o diagnóstico. Shawn e os outros foram encontrar a ambulância na estrada principal. Depois de aproximadamente dez minutos de estrada sinuosa, com Ben ainda tremendo embaixo de agasalhos e um saco de dormir, eles ouviram a sirene da ambulância. Shawn encostou o carro e Deanne passou para o banco de trás para ajudar Ben a entrar na ambulância. Shawn e Ally os seguiram até o hospital, rezando o tempo todo para que Ben não piorasse no caminho.

Ben estava bastante chateado por voltar ao hospital. Apesar de não ter reclamado nenhuma vez, a sua tristeza e frustração pareciam quase palpáveis. Por causa da arritmia cardíaca constante, aliada a uma amigdalite, ele já tinha faltado a várias semanas importantíssimas de aulas antes das provas finais. A garganta dele doía tanto que Deanne não conseguia fazer com que ele comesse nem mesmo um Taco Bell. No final da semana, Ben já tinha perdido três quilos. Com 1,70 m de altura e 62 kg, ele não podia se dar ao luxo de perder peso.

Apesar de ser um veterano em recuperar a matéria perdida, Ben realmente tinha desafiado a si mesmo ao recusar a oferta dos professores de fazer os exames finais mais tarde, o que significava que ele faria as provas despreparado *e* cheio de vírus. Porém, Grant, seu melhor amigo, tinha voltado naquela noite de um programa de intercâmbio de um ano na Alemanha, e Ben *não* ia deixar que a reunião de verão deles fosse sabotada por provas de segunda chamada. Ele e seus amigos estavam contando os dias para a volta de Grant, conversando horas a fio pelo Skype, arquitetando brincadeiras e planejando passeios no lago. Até que enfim tinha chegado o primeiro dia das férias de verão, mas em vez de passar o dia no lago, outra ida ao pronto-socorro tinha estragado os planos de Ben.

✦ ✦ ✦

Ao chegar ao pronto-socorro, Ben estava com 39,5 graus de febre. Uma enfermeira aplicou-lhe imediatamente uma medicação para baixar a temperatura. Depois de um rápido exame, o médico do pronto-socorro disse que a febre de Ben era causada por um abscesso na amígdala esquerda. Aparentemente, o que um otorrinolaringologista diagnosticara como amigdalite uma semana antes era, na verdade, um horrível abscesso supurado. Naquela manhã, Ben escapou por um triz de um choque séptico.

Agora Ben estava transpirando através da finíssima bata hospitalar, pensando com seus botões como é que, um pouco antes, tinha implorado por mais cobertores. Ele não tinha tido nem 24 horas para colocar o papo em dia com Grant depois de ele ter ficado um ano inteiro fora, e agora eles estavam mais uma vez restringidos a torpedos – e só com a mão direita, pois o braço esquerdo tinha uma linha intravenosa. Aquele era o primeiro dia de verão, que ele passaria no lugar de que menos gostava na face da Terra, o hospital. Para piorar a situação, a equipe médica do pronto-socorro havia cortado um dos blusões de moletom com capuz que ele mais gostava. Aquele não seria um dia bom. Porém, em vez de mergulhar na sua tristeza, ele usou o braço livre para jogar "Angry Birds" no seu iTouch.

Mais tranquilo ao saber que não era nada relacionado ao problema cardíaco de Ben e que seu abscesso poderia ser tratado facilmente, Shawn se sentiu à vontade para trabalhar um pouco. – Não vou demorar – disse ele –, uma hora no máximo. Duvido que vai acontecer muita coisa nesse prazo. Eles vão levar esse tempo para preparar Ben. – Shawn abraçou a família e prometeu estar de volta assim que resolvesse algumas coisas que tinha deixado de fazer naquela manhã por causa da emergência.

Depois de algum tempo, um enfermeiro abriu a cortina branca de privacidade. – Senhor Breedlove, por favor me acompanhe até a sala de tomografia computadorizada – disse ele com naturalidade. – Uma pessoa da família poderá acompanhá-lo.

Ben obedientemente saiu da cama e seguiu o enfermeiro pelo corredor. Ally acompanhou Ben, entrando calmamente atrás dele e do enfermeiro na sala de tomografia. Diante deles havia uma geringonça sinistra, que parecia do outro mundo, onde Ben seria inserido. O enfermeiro fez sinal para Ally ficar atrás de um painel de controle separado por vidro enquanto Ben tirava seus chinelos forrados de pele de carneiro e andava na ponta dos pés no piso gelado de cerâmica.

Ally prendeu a respiração quando Ben deslizou para dentro do aparelho. Ela ficou admirada com o irmão; como é que ele sempre tinha coragem de passar por tudo o que os hospitais o submetiam? Se estava com dor, ele sofria calado. Se sentia medo, nunca deixava transparecer.

De volta ao pronto-socorro, o médico disse que ele seria submetido a uma pequena cirurgia no andar de cima, para drenar o grave abscesso que estava causando a febre. Quando o médico e as enfermeiras se dispersaram para atender outros pacientes, Ben finalmente começou a se sentir aliviado. Quando ele estava puxando o lençol para se cobrir novamente, seu rosto se contorceu numa careta. – Nossa, estou coçando *inteiro*. – Quando Ben enrolou a manga da bata, havia uma erupção cutânea inflamada subindo por seu braço esquerdo desde o ponto onde a linha intravenosa tinha sido inserida. – Ótimo. E agora? – Ben revirou os olhos, exasperado.

Com o olhar cheio de preocupação, Deanne foi chamar a enfermeira, que voltou e reavaliou o estado de Ben.

– Parece que ele está tendo uma reação alérgica ao contraste usado para a tomografia – observou a enfermeira. – Vamos lhe dar uma dose de Benadryl e a erupção cutânea deverá desaparecer rapidamente.

– Não! – disse Deanne incisivamente. – Ele não pode tomar Benadryl, está na sua lista de medicações proibidas.

– Mas vamos ter de lhe dar – contestou a enfermeira, olhando para Deanne com ar de superioridade, como se quisesse dizer: *"Fazemos isso todos os dias, não me diga como devo fazer o meu trabalho"*.

– Ele ainda não comeu nada – protestou Deanne, apelando para qualquer coisa que pudesse evitar que a enfermeira desse Benadryl a Ben. A enfermeira se fez de surda; ela insistiu para que Ben tomasse dois comprimidos de Benadryl. A preocupação de Deanne se devia principalmente ao fato de Ben ter iniciado uma medicação nova recentemente. Combinada com o

Benadryl que ela sabia que ele não deveria tomar, os resultados poderiam ser desastrosos. Ela tinha a impressão de que a equipe médica não estava prestando atenção aos importantes detalhes da história médica de Ben.

Deanne e Ally olharam com dó para Ben. Eles tinham um longo dia pela frente naquele hospital.

❖ ❖ ❖

Quando o cirurgião otorrinolaringologista chegou, Deanne e Ally acompanharam duas enfermeiras enquanto Ben era levado de maca para a ala cirúrgica. Com um beijo da mãe na testa e um sorriso encorajador de Ally, Ben foi levado para ser preparado para a cirurgia.

Numa sala pequena e sem nada de especial, o anestesista e a enfermeira do centro cirúrgico descreveram brevemente o procedimento para Deanne e Ally. Parecia tudo rotina. A enfermeira sorridente deu a Deanne uma prancheta com um monte de papéis. Deanne folheou as páginas, rubricando aqui e ali. Seus olhos passaram por advertências acerca de lesão cerebral, perda de membros, paralisia e até mesmo morte. Antes de devolver a prancheta para a enfermeira, ela hesitou.

– Bom, quais são *exatamente* as chances de ocorrer qualquer uma dessas emergências mencionadas em letras miúdas? Eu sempre assino esses papéis para poupar tempo, mas acho que devo estar totalmente a par de todas as circunstâncias, uma vez que não estávamos preparados para esse procedimento hoje. – Deanne sabia que estava fazendo perguntas inconvenientes, mas ela levantou a guarda por causa da maneira como eles tinham tratado da questão do Benadryl.

A enfermeira ergueu os olhos da sua própria papelada. – Não há nada com que se preocupar, senhora Breedlove. Como parte do protocolo, temos de mencionar todas as situações de emergência que podem surgir durante qualquer procedimento cirúrgico, mas é altamente improvável que elas ocorram. É muito raro um paciente passar por alguma dessas emergências.

Deanne respondeu com um sorriso duvidoso: – Tudo bem. Eu tinha de perguntar só para ter certeza de que entendi o que estou assinando. – Deanne sempre tinha confiado totalmente na equipe médica que atendeu Ben durante toda a vida dele. Ela sabia que Ben dependia da destreza e da experiência dos médicos, e sentia-se privilegiada por ter acesso a um dos melhores atendimentos médicos do mundo. Embora Ben já tivesse sido muito bem tratado anteriormente naquele mesmo hospital, Deanne intuitivamente se debatia com seus pensamentos e emoções. Tinha alguma coisa errada, mas ela não sabia o quê.

Logo depois que a papelada tinha sido preenchida, o anestesista e a enfermeira deixaram Deanne e Ally sozinhas, fechando a porta atrás de si.

Para Ben, aquilo não era nada. Depois de aguentar bravamente várias cirurgias cardíacas de grande porte e potencialmente fatais, uma pequena operação de garganta era a menor de suas preocupações. Ele permaneceu calmo na mesa cirúrgica, entretido observando a equipe médica se movimentar em câmera lenta enquanto o anestesista administrava o sedativo. Ele só pensava mesmo em voltar ao lago no dia seguinte.

Embora Ben estivesse sendo submetido a uma cirurgia relativamente breve e considerada rotineira, Deanne e Ally ficaram surpresas ao ouvir, depois de apenas dez minutos, uma leve batida na porta.

– Entre – respondeu Deanne.

O cirurgião de Ben entrou cautelosamente na sala e fechou a porta. Deixando de lado o seu comportamento distanciado, ele se aproximou das duas mulheres com o olhar preocupado. Deanne e Ally sentaram-se e olharam para ele atentamente. Com voz baixa, o cirurgião falou com bastante tato: – Não sabemos ao certo o que aconteceu, mas a pressão arterial de Ben caiu. Tivemos de fazer compressões torácicas para trazê-lo de volta. Ele está sendo levado para a UTI nesse momento.

O quê? Deanne olhou para o cirurgião, chocada. Essa era para ser uma cirurgia de *rotina*. Cirurgia de *amígdalas*. O que isso tinha a ver com o coração de Ben? – Por que vocês o estão levando para a UTI? O que aconteceu?

– Não temos certeza. Saberemos mais quando ele chegar lá. – Os olhos de Deanne se encheram de lágrimas; ela podia sentir um nó se formando na garganta enquanto tentava se manter calma. – Hum, hum, tudo bem – foi a única resposta que ela conseguiu dar. Com os olhos marejados, Ally agarrou a mão da mãe e prendeu a respiração para conter as lágrimas.

O cirurgião saiu rapidamente do quarto, e Deanne desabou. – Seu pai nunca está aqui quando essas coisas acontecem! – lamentou ela, entre lágrimas. Com Shawn no trabalho durante o dia, Deanne estava acostumada a enfrentar essas situações corajosamente sozinha, sem a grande força emocional do marido. – Sempre achamos que as coisas vão ficar bem, e então algo acontece. – Ally abraçou a mãe para confortá-la, sem saber o que dizer.

Depois de alguns minutos, elas ouviram outra batida leve na porta. Um homem com traços suaves e olhos gentis entrou e se aproximou delas.

– Olá, eu sou o capelão do hospital – disse ele calmamente. – Posso fazer alguma coisa por vocês? Posso orar com vocês? – O capelão olhou preocupado para Deanne.

Deanne lançou um olhar incisivo, contundente para Ally.

Ally retribuiu o olhar, desnorteada. Por mais que apreciasse as boas intenções do capelão, ela desconfiava de qualquer comportamento fora do normal; um comportamento anormal significava circunstâncias anormais.

Isso despertou também a imaginação de Deanne. Em todas as hospitalizações de Ben, algumas naquele mesmo hospital, ela nunca recebeu a visita de um capelão. Por que agora? Deanne olhou para o capelão, tentando interpretar a expressão dele.

– Pode sim, eu quero rezar – respondeu ela. – Mas há alguma *razão* específica pela qual precisamos rezar? O senhor sabe o que aconteceu? – perguntou ela ao capelão, sem realmente esperar uma resposta médica. – O médico que acabou de sair daqui não conseguiu explicar. O meu filho vai ficar bom, não vai? – perguntou ela, a voz revelando o seu medo.

O capelão desviou o olhar, procurando as palavras. – Vou ver se encontro o médico para você. – Depois de fazer uma oração, o capelão se levantou e saiu. Deanne e Ally ficaram sentadas sem pronunciar uma palavra.

Depois do que pareceu uma eternidade, o cirurgião reapareceu na porta da sala de espera. – Ben foi estabilizado – disse ele. – Mas vamos mantê-lo na UTI para monitorar seus sinais vitais. Ele vai precisar passar a noite na UTI.

O incômodo de ter de passar a noite no hospital nem passou pela cabeça de Deanne. Ela sucumbiu às suas emoções novamente, mas agora chorava lágrimas de alívio. Ally sentiu que podia respirar novamente. – Posso vê-lo? – perguntou Deanne.

– Uma enfermeira vai acompanhá-la até a UTI daqui a pouco – respondeu ele. Baixando a cabeça num gesto que parecia um misto de piedade e constrangimento no olhar – Deanne não sabia ao certo –, o médico saiu do quarto.

Quando Shawn voltou, encontrou a esposa e a filha visivelmente abaladas. Deanne lhe contou que a cirurgia de amígdalas tinha sido suspensa. – Ben está estável; ele está melhor agora – disse ela, mas em seguida caiu no choro. – Mas ele teve uma parada cardíaca e tiveram de fazer compressão torácica. Ele está na UTI.

Shawn ficou chocado com a notícia. Quando ele saiu, o plano era uma cirurgia rápida de rotina. Agora seu filho estava novamente em situação de risco.

Depois de algum tempo, eles foram informados de que o filho estava bem, mas ainda estava inconsciente por causa da anestesia. Enquanto as duas esperavam, Shawn foi apanhar Jake na escola e buscar algumas coisas para Ben e Deanne passarem a noite.

❖ ❖ ❖

Quando finalmente tiveram permissão para ver Ben, Deanne e Ally desceram ansiosamente três andares e atravessaram o corredor da UTI. Ao chegar ao quarto do filho, Deanne abriu a porta hesitantemente. Ele estava inconsciente em meio a um emaranhado de tubos. A luz fluorescente acentuava a sua pele pálida e o cabelo encharcado de suor. Uma sonda endotraqueal saía dos lábios entreabertos.

Deanne e Ally puseram as bolsas no chão e sentaram-se nas cadeiras de visitantes, puxando-as para perto da cabeceira da cama para que pudessem segurar as mãos dele. Elas estavam sofrendo por Ben. Tentando bloquear toda a atividade à sua volta, Deanne falou palavras carinhosas e reconfortantes, sem saber se ele podia sentir a presença delas. Uma equipe de enfermeiras andava de um lado para o outro do quarto, observando monitores, preenchendo formulários e trocando bolsas de soro intravenoso. Num dia em que Ben esperava fazer um rápido vídeo pela manhã e passar a tarde toda de calção de banho e colete salva-vidas, ele estava atravancado com três linhas intravenosas nos braços, um cateter na artéria femoral na virilha, uma grossa sonda endotraqueal e um ventilador para auxiliar a respiração.

Deanne chamou a enfermeira que estava mais próxima de Ben. – Por favor, por que ele ainda não acordou? – Ela se lembrou de que após as cirurgias anteriores, a recuperação tinha levado muito menos tempo. Nessa altura, Ben já estaria conversando.

A enfermeira parou abruptamente antes de regular o soro de Ben. Ela fez uma pausa, refletindo por alguns instantes, e retomou seu trabalho. – Bem, senhora Breedlove, o seu filho acabou de passar por um evento bastante estressante. Nós conseguimos estabilizá-lo, mas seu organismo ainda vai precisar de algum tempo para se recuperar antes que possamos despertá-lo. Não queremos que ele acorde antes que os medicamentos façam efeito, nem que fique alarmado com a sonda endotraqueal ao acordar e tenha uma arritmia. Precisamos mantê-lo o mais calmo possível. A nossa esperança é que ele consiga respirar sozinho depois que removermos a sonda.

Deanne analisou a resposta da enfermeira durante um momento, e a sua expressão ficava mais séria à medida que ela tentava ler nas entrelinhas. – E se ele não começar a respirar sozinho?

A enfermeira fez outra pausa, depois se ocupou com os tubos novamente. – Vamos esperar que ele consiga.

As palavras dela podiam ser tudo, menos reconfortantes. Enquanto Deanne permanecia sentada em silêncio, esperando uma explicação dos médicos, a sua mente estava repleta de perguntas. *Por que Ben tinha tido uma parada cardíaca? Será que tinha sido a combinação da febre alta, as semanas sem que a doença fosse diagnosticada e o Benadryl aliados à anestesia? Será que tinha sido demais para o organismo de Ben? Essa era para ser uma cirurgia de rotina. E agora talvez ele não despertasse?* Nem o cirurgião, nem o anestesista, nem a enfermeira, nem o diretor da UTI pediátrica, nem nenhum dos cardiologistas conseguiam dar uma resposta satisfatória às perguntas de Deanne. Um por um, os membros da equipe médica saíram do quarto, deixando a família sozinha com suas preocupações.

Quatro horas, dois copos de *café latte* gelado e sete telefonemas depois, a enfermeira com quem Deanne tinha conversado antes falou: – Tudo bem, meninas, acho que finalmente vamos tentar acordá-lo. – Todas as enfermeiras, o diretor da UTI pediátrica, um cardiologista e o fisioterapeuta respiratório observaram atentamente enquanto a enfermeira retirava cuidadosamente a sonda da garganta de Ben.

Um engasgo, uma respiração entrecortada e, em seguida, palavras: – Gente, preciso voltar ao trabalho!

Ally e Deanne deram risadas com as palavras inoportunas de Ben, mas sobretudo de alegria por vê-lo vivo e respirando. Deanne olhou o filho com afeto. – Você não precisa se preocupar com isso agora, meu bem. Confie em mim; você terá tempo de sobra para trabalhar depois que voltar para casa.

Ben olhou para ela, perplexo. – Há quanto tempo estou aqui?

– Desde hoje de manhã. E vai ficar aqui esta noite.

Ben logo ficou empertigado. – O quê? Ah, não, eu *não* vou passar a noite aqui. Tenho que voltar ao trabalho!

Deanne sorriu ao ver que a personalidade determinada de Ben estava de volta. – Você tem de ficar, querido – disse ela. – Você poderá retomar o trabalho quando chegar em casa.

Mais tarde, Ben descobriu a sorte que teve de poder passar mais uma noite no hospital. Aparentemente, ele tinha mesmo trabalho a fazer, muito mais do que ele pensava.

✧ ✧ ✧

A viagem anual dos Breedlove para Destin, na Flórida, tinha sido marcada para o dia 4 de junho, apenas quatro dias depois que Ben saiu da UTI. Ele chegou em casa com o abscesso drenado, mas não removido. A solução simples teria sido extrair as amígdalas, mas os médicos acharam que a amigdalectomia era arriscada demais. Eles lhe deram alta e receitaram mais antibióticos.

Uma família mais receosa poderia concluir que deveria esquecer as férias por algum tempo, mas o coração dos Breedlove disse vamos! Eles fizeram uma votação em família, inclusive com a participação de Ben, e decidiram que queriam ir para Destin. Por que não? Eles iriam relaxar, dormir, comer e relaxar mais um pouco. Haveria socorro médico durante todo o percurso, se houvesse necessidade. Deanne planejou tudo com antecedência, verificando a localização dos hospitais e se eles tinham ou não condições de tratar a doença de Ben.

Confiantes, eles pegaram a estrada bem cedo na manhã de 4 de junho. Fizeram a viagem de treze horas para Destin sem nenhum evento, chegaram no apartamento que alugaram na praia e foram até a sacada para sentir o cheiro do mar. Era muito bom estar de volta a um lugar familiar onde eles podiam aproveitar alguns dias sem pilhas de correspondência, sem afazeres de casa nem mensagens de trabalho no telefone. Seria apenas a família na praia naquela semana.

Ben passou a semana respirando o ar salgado, curtindo o sol e comendo muita pata de caranguejo. Ele chegou a fazer alguns vídeos para o OurAdvice-4You da sacada do apartamento, com a vista maravilhosa do oceano ao fundo.

A família decidiu voar de *parasail* em paraquedas para duas pessoas. Jake foi com Shawn, e Ben foi com Deanne. Ally preferiu permanecer segura em terra firme. Depois que foram puxados pela lancha e começaram a subir em direção ao céu azul sem nuvens, Ben e Deanne ficaram deslumbrados com a paz e a beleza lá em cima, onde não podiam ouvir o barulho da multidão embaixo. Quando eles subiram ainda mais, muitas coisas se dissolveram completamente -- o som das ondas, as vozes das pessoas, o som das músicas de rádio, os gritos das gaivotas e até mesmo o intenso medo de altura de Deanne. Deanne e Ben flutuavam confortavelmente na brisa quente; parecia quase *celestial*. Eles podiam identificar formas na água do mar e ver a curva do horizonte a distância. Os dois permaneceram calados, envoltos por uma grande paz e quietude. Foi tão especial que, quando eles aterrissaram, Ben sugeriu que repetissem essa experiência no ano seguinte.

— Vamos fazer dessa uma tradição anual! – disse Ben, enquanto ele e Deanne levantavam as mãos e faziam um "toca aqui!".

CAPÍTULO 20

SENTINDO-SE BEM

É um novo amanhecer
É um novo dia

— "FEELING GOOD" (MUSE)

Algumas semanas depois de voltar da revigorante viagem a Destin, Ben estava no sexto ciclo de antibióticos para a inflamação das amígdalas e se sentia melhor. Porém, quando chegou a hora do tão aguardado cruzeiro para o Alasca com o avô DDad, em julho de 2011, com amigdalite ou sem amigdalite Ben não ia deixar de ir nessa viagem. Essa era a mais recente de uma vida inteira de aventuras e viagens que reuniram Ben e DDad.

Desde pequeno, Ben sempre foi muito apegado ao avô. Como a bisavó de DDad era, em parte, índia cheroqui, ele registrou Ben na tribo cheroqui de Oklahoma antes que ele completasse 1 ano de idade. Segundo o certificado de grau de sangue indígena de Ben, ele era 1/128 cheroqui. Para DDad isso era suficiente.

Ben era cheroqui e DDad estava orgulhoso.

Quando Ben tinha 5 anos de idade, DDad e Grammy levaram a família a Tahlequah, Oklahoma, em uma festa indígena, para que os netos ficassem mais familiarizados com essa parte da herança deles. Cerca de cem índios, usando trajes cobertos de penas e contas, dançavam em volta de um grande círculo. Embora tivesse a metade da altura deles e não estivesse usando as vestes indígenas, Ben não conseguiu deixar de se juntar a eles. Num ritmo perfeito, ele dançou com os cheroquis ao som das batidas de tambor.

Mais tarde naquele mesmo ano, Ben e Ally correram para fora de casa para ver o enorme *trailer* de DDad embicando na garagem. Depois de fazer uma manobra difícil e colocar o veículo na posição *park*, DDad desceu do banco do motorista e entrou em ação imediatamente. Entregou um *walkie-talkie* a Ben, então com 5 anos de idade, deu-lhe instruções detalhadas e voltou para o *trailer*, para estacionar o veículo corretamente.

Ben levava muito a sério a sua responsabilidade, dando apoio e fornecendo as direções exatas ao avô pelo *walkie-talkie*. A posição do veículo estava quase perfeita e DDad ainda estava bastante concentrado no que estava fazendo quando a vozinha de Ben ecoou pelo microfone.

[*Chiado*] – DDad?
[*Chiado*]
– O que foi, Ben? [*Chiado*]
[*Chiado*] – DDad, eu te amo. [*Chiado*]

Durante um longo momento, DDad não conseguiu responder de tanta emoção. Finalmente, ele disse com a voz embargada: – Eu também te amo, Ben.

DDad e Grammy moravam a quase mil quilômetros ao oeste, em Las Cruces, Novo México, e Ben adorava visitá-los. Ele gostava especialmente quando o avô lhe ensinava a jogar pôquer, e logo aprendeu que não era a sorte que selava o destino de uma pessoa numa mesa de baralho, mas sim probabilidade e estratégia.

Quando Grammy faleceu, depois de uma batalha de trinta meses contra o câncer, Ben perguntou se podia falar de cabeça uma passagem da Sagrada Escritura no enterro dela, o que ele fez. O fato de Ben prestar essa homenagem à avó foi muito importante para DDad.

Depois de algum tempo, DDad conheceu Corine, com quem se casou. Ben tinha apenas 9 anos quando a viu pela primeira vez no Novo México. Entrando na cozinha, ele chegou perto de Corine e disse: – Desculpe, mas preciso saber como devo te chamar.

– Ora, Ben – respondeu Corine –, meus melhores amigos sempre me chamam de Corine.

Ben fez que sim. – Está certo. – Desse momento em diante ele sempre a chamou pelo nome.

No Natal de 2010, a família Breedlove inteira comemorou os feriados na casa de tia Kim e tio Dave, em Pueblo West, Colorado. Deanne tinha incentivado os filhos a escreverem cartas para Corine e DDad como presente, dizendo o quanto eles eram importantes em suas vidas. A carta de Ben para Corine revela tanto sobre ele como sobre Corine

Depois que a vovó morreu e eu soube que DDad tinha encontrado outra pessoa que o fazia feliz e que ele amava, uma mulher verdadeiramente admirável e que revela o que ele tem de melhor, eu fiquei inseguro em relação a esse acréscimo repentino na nossa vida, alguém que eu não conhecia, que nunca tinha visto. Uma parte de mim, secretamente empolgada por dentro, porém incerta acerca do resultado, ficou honrada e agradecida por finalmente te conhecer. Eu percebi na hora o quanto você é maravilhosa e terna, e também todo o amor que tem no seu coração para ser capaz de aceitar a nova família e transmitir tanto amor para mim e para todo mundo, mas principalmente para DDad. Você o ajudou a atravessar alguns dos períodos mais difíceis da vida dele, e acho que ninguém mais teria feito isso com tanto empenho e amor como você.

Depois que passei mais tempo com você, eu aprendi a conhecer você melhor e também aprendi mais sobre a vida. Fico realmente fascinado e encantado com a sua determinação em me dizer para fazer as coisas de que gosto e que me fazem feliz. Tenho muita sorte de ter alguém que me estimula como você, que me faz sentir bem comigo mesmo e também me faz ver como o meu futuro será importante.

Fico feliz em dizer que estou honrado por ter tido a chance de conhecer você, e eu não trocaria isso por nada. Eu te amo!

Ben

✧ ✧ ✧

Ben adorava viajar com DDad. Além das viagens em família para o Lago Powell, DDad, Ben, Jake e Shawn fizeram várias "viagens de homens". Eles foram ao festival de balões de Albuquerque, famoso no mundo todo, e subiram de teleférico até o pico das Montanhas Sandia, apesar dos ventos fortes. Como Ben gostava de mágica, DDad organizou uma viagem para Nova York para eles assistirem o espetáculo de mágica de Steve Cohen nas Torres Waldorf. DDad comprou assentos na primeira fila para que eles não perdessem nenhum truque. Juntos, eles praticaram esqui aquático em Austin e andaram em veículos todo-terreno nas montanhas do Colorado.

Mas o cruzeiro no Alasca, no verão de 2010, foi a melhor de todas as viagens que Ben e Jake fizeram com DDad e Corine. Deanne fez questão de que Ben levasse as orientações médicas e todas as informações relativas ao seu histórico médico. Além disso, Ben entrou em contato com o médico e com os enfermeiros a bordo como tinha sido instruído, para que eles ficassem cientes da sua doença.

Além de desfrutar a magnífica paisagem ao redor do Parque Nacional de Glacier Bay e os suntuosos jantares a bordo do navio, Ben, Jake e DDad foram de hidroavião para um lago na montanha onde os salmões nadam contra a correnteza para desovar e morrer. Os três ficaram admirados observando os ursos tentarem "pescar salmões". Corine se juntou a eles numa viagem de observação de baleias e numa excursão em que eles foram visitar Iditarod, campo de treinamento de cães de trenó. Ben e Jake viram como seria se os trenós puxados por cães fossem o principal meio de transporte.

No seu livro de recortes do último ano do ensino médio, Ben escreveu:

> Eu costumava viajar muito com meus avós, mas depois que a minha avó morreu, meu avô parou de viajar. No entanto, naquele verão eu fui para o Alasca com o vovô, sua esposa, Corine, e meu irmão Jake. Eu curti muito, e tive muita sorte de poder passar algum tempo com ele (meu avô) novamente. Fizemos muita coisa legal na viagem. Fomos de hidroavião para esse lugar remoto onde vimos ursos. Fizemos também um passeio para observar as baleias e andamos de trenó puxado por cães.

Surpreendentemente, a febre e a dor de garganta recorrentes de Ben desapareceram durante a viagem ao Alasca. Seja porque a medicação finalmente fez efeito ou por outro fator qualquer, as orações da família foram ouvidas e a dor de garganta nunca mais incomodou Ben.

Na viagem de volta, Ben, Jake, Corine e DDad passaram pelos pontos de inspeção de segurança no aeroporto. Por causa do marca-passo, Ben teve de ser submetido a uma revista manual. Todos os membros do grupo passaram pela segurança e estavam reunindo seus pertences e recolocando os cintos e sapatos. Corine viu que Ben ainda estava na fila, aguardando pacientemente que o pessoal da segurança o liberasse.

Corine e Jake estavam sentados num banco calçando os sapatos quando ela disse a Jake: – Vocês dois são muito unidos, não? Vocês são ótimos irmãos. Jake, você se preocupa com Ben?

A resposta imediata e firme de Jake foi: – Não vai acontecer nada com Ben.

Corine entendeu que aquela era uma maneira de Jake dizer: *"Fim de papo. Não faça mais perguntas"*. Esse era o seu mecanismo para lidar com a situação, e talvez até mesmo a sua forma de expressar satisfação e fé mais profundas. Ele encarava da seguinte maneira: "*Hoje está tudo bem. Não vamos nos preocupar com amanhã nem com depois de amanhã*".

Na verdade, raramente Jake fazia perguntas sobre a saúde de Ben. Ele enfrentava tudo com serenidade. Quando Deanne ou Shawn lhe perguntavam se ele tinha alguma dúvida ou preocupação em relação à doença de Ben, ele respondia que não com segurança.

Ele adorava o irmão, e não passava pela cabeça dele perder seu mentor tão cedo.

Ben recebeu um bônus extra no último dia da viagem ao Alasca, que caiu no seu décimo oitavo aniversário, quando topou com vários atletas profissionais de *wakeboard* no aeroporto de Seattle. Eles tiraram uma foto junto com ele, e para Ben isso era melhor do que qualquer presente de aniversário. Ele tinha um grande carinho por todas as fotos tiradas durante a viagem, mas a que ele mais exibiu ao chegar em casa foi a sua foto com os atletas de *wakeboard*.

CAPÍTULO 21

ISTO NÃO É O FIM

As lembranças na minha cabeça
São tão reais quanto o tempo que passamos juntos

— "THIS IS NOT THE END" (THE BRAVERY)

Grant segurou os sacos de lixo recheados de travesseiros enquanto Ben passava a última volta de fita adesiva em volta deles. Não fazia muito tempo que Grant tinha chegado da Alemanha e os dois já estavam aprontando novamente.

— Eu não acho que seja uma boa ideia, meninos — advertiu Deanne, olhando com descrença enquanto eles armavam a sua grande brincadeira. — Se acontecer alguma coisa, eu não vou livrar a cara de vocês.

— Não se preocupe, mãe — garantiu Ben. — Vai ser engraçado. — Deanne não tinha certeza de que fingir enterrar um cadáver num bosque ao lado de uma avenida movimentada pudesse ser divertido. Mesmo assim, Ben e Grant colocaram o "saco com o corpo" no porta-malas do SUV de Grant e prosseguiram animados.

Os dois tinham certeza de que as pessoas teriam senso de humor depois que vissem que tudo não passava de uma "pegadinha". Eles filmaram cada detalhe enquanto preparavam meticulosamente o "saco de defunto", enchendo os sacos brancos de lixo com travesseiros e passando estrategicamente fita *silver tape* em volta deles. Quando eles arrastaram o saco até o carro e o colocaram no porta-malas, realmente parecia que estavam carregando algum tipo de carga clandestina.

De bermuda e blusão de moletom com capuz – em plena luz do dia no quente verão do Texas – os dois pegaram uma pá e a câmera de vídeo de Ben. Depois de encontrar o local perfeito ao longo da City Park Road, eles estacionaram o carro perto de um bosque, onde podiam ver os veículos descendo o morro e fazendo a curva. Em seguida, puseram a câmera num tripé e a posicionaram estrategicamente atrás de uma placa de trânsito, de onde podiam registrar a imagem dos carros reduzindo a velocidade para fazer a curva.

Em seguida, eles esperaram. Quando o primeiro motorista se aproximou, Ben e Grant arrastaram o "corpo" para fora do porta-malas, junto com a pá, com o capuz do blusão puxado sobre a cabeça. Fingindo dificuldade com o peso do corpo, os dois pareciam bandidos. As pessoas que passavam certamente tinham a impressão de que eles pretendiam enterrar um cadáver. Alguns motoristas que passavam diminuíam a velocidade e olhavam estarrecidos, enquanto outros davam a volta várias vezes para olhar de novo. Ninguém parou para verificar se era uma cena real de crime. Talvez os vizinhos estivessem com medo, ou, o que era mais provável, tivessem reconhecido o *modus operandi* de Grant e Ben.

Cada vez que viam um carro descendo o morro, Grant e Ben tiravam o saco do porta-malas e o arrastavam em direção ao bosque, levando junto a pá. Embora o capuz escondesse suas expressões faciais, eles não conseguiam conter o riso enquanto faziam o máximo para parecer criminosos.

Uma mulher passou várias vezes de carro pelo local, e eles perceberam que ela tinha mordido a isca. Depois que ela passou, Grant a viu conversando no celular.

– Ela passou várias vezes, provavelmente já chamou a polícia – disse Ben, meio sério.

Durante uma breve pausa no fluxo de veículos, Ben sentou-se na traseira do SUV enquanto Grant, entediado, atirava pedras no bosque com a pá. Quando o próximo carro finalmente virou na curva, eles correram para

145

o carro. Fingindo estar fazendo um esforço enorme para tirar o saco do porta-malas, eles começaram a recriar a cena do crime – mas logo pararam. De repente, uma viatura policial com a sirene e as luzes de alerta ligadas parou atrás do SUV de Grant, levantando uma nuvem de poeira.

Ben e Grant sabiam que a câmera de vídeo estava no ponto perfeito para captar a imagem da viatura policial parando. A câmera continuou filmando quando o policial saiu do carro, tirou a arma do coldre e deixou-a engatilhada ao lado do corpo. Analisando rapidamente a situação, ele apontou a arma para Ben e Grant e gritou: – Larguem isso!

Ben e Grant soltaram o "corpo" e levantaram os braços. – É só uma pegadinha! – falaram os dois ao mesmo tempo. – Não tem nada dentro do saco! É uma brincadeira.

O policial não queria se arriscar. Com a arma apontada para Ben e Grant, ele fez um gesto de cabeça na direção do saco que estava no chão. – Abram – mandou ele.

Ben e Grant caminharam devagar até o saco de lixo enrolado com fita adesiva e o abriram nervosamente, deixando os travesseiros caírem no chão. O guarda olhou para eles e baixou a arma. Em seguida, falou no rádio: – São só dois garotos pregando uma peça idiota.

– Tudo bem, levantem-se – disse ele rispidamente. Em seguida, repreendeu-os pela idiotice que eles tinham feito. De repente, ele perguntou: – Vocês estão filmando isso? Ele deve ter percebido que esse era o tipo de coisa que alguém faria exatamente para filmar a reação das pessoas.

Ben e Grant trocaram olhares, tentando reprimir um grande sorriso de culpa. – Sim, senhor – respondeu Ben, tentando desesperadamente encarar a situação com seriedade. O policial olhou para trás com desaprovação.

– Nós vamos entregar a câmera; vamos entregar o filme, qualquer coisa que o senhor quiser – Grant falou num impulso. – Pode levar!

– *O quê?* – Ben olhou incrédulo para Grant, decepcionado por ele ter se dado por vencido tão prontamente. – *Essa não, cara!* – Ben resmungou baixinho. – Ele *não* vai levar a minha câmera.

146

O policial não confiscou a câmera nem o filme, mas passou um sermão em Ben e Grant, lembrando-os de todos os possíveis acidentes que poderiam ter ocorrido e falando para eles serem mais inteligentes em suas opções de divertimento.

Em seguida, veio o telefonema para os pais.

Assim que ouviu a voz séria de homem ao telefone, Deanne soube que a brincadeira não tinha acabado bem. O policial disse: – Senhora Breedlove, aqui é o policial Stone.

– Oh, sinto muito – Deanne o interrompeu, revirando os olhos e sentindo-se bastante envergonhada. – Vou passar o telefone para o meu marido. – Cobrindo a boca com a mão para esconder seu sorriso de culpa, ela passou o telefone para Shawn, claramente se esquivando do problema.

Rindo da "travessura" de Deanne, Shawn olhou para ela como se estivesse dizendo "Você me deve uma", e atendeu ao telefone.

– Os garotos não estão encrencados – disse o policial Stone –, pois eles não estavam infringindo a lei, mas eu gostaria que o senhor soubesse que o que eles fizeram foi muito sério. Além de perturbar os motoristas que passavam, eu poderia ter atirado neles sem saber o que estava acontecendo. Ou então alguém que estivesse passando poderia ter decidido agir por conta própria e ter feito alguma estupidez para deter os garotos. Essa não foi uma boa ideia.

Shawn ouviu pacientemente o sermão do policial, compreendendo suas preocupações, mas achando a situação risivelmente previsível. Quando o policial finalmente fez uma pausa, Shawn perguntou: – Então, seu guarda, o senhor precisa de mais alguma coisa de mim? – Ele não tinha a intenção de ser desrespeitoso. O que ele queria era ter certeza de que não teria de tirar o filho da cadeia naquele dia.

O policial confirmou novamente que a lei não tinha sido infringida e desejou um bom dia a Shawn. Ben e Grant tinham se safado daquela vez.

Mais tarde, até Grant deu o braço a torcer: – Provavelmente essa não foi uma boa ideia... mas ainda bem que fizemos!

147

É claro que o policial estava certo. Mas Ben e Grant conseguiram filmar tudo e, antes de postarem o vídeo no YouTube, assistiram várias vezes e deram boas risadas da brincadeira.

✦ ✦ ✦

Assim como a maioria dos garotos da idade deles, depois de fazer vídeos a atividade predileta de Ben e Grant era ficar rodando de carro, contando piadas e rindo até bolarem alguma coisa para fazer. Como Grant se recorda: – Quando estávamos no carro, nós ríamos *o tempo todo*. Nós não éramos tão engraçados, mas ficávamos tirando sarro com a cara do outro. – Uma noite, quando os dois estavam passeando de carro, Ben teve uma ideia: eles deviam encontrar um "apito para chamar coiote". Coiotes eram relativamente comuns nos arredores de Austin, mas o apito de coiote não era exatamente um gênero de primeira necessidade para a maioria das famílias.

Já era tarde da noite quando os dois percorreram várias lojas procurando um apito para comprar; era mais de meia-noite quando encontraram um numa loja que ficava aberta a noite toda. Eles leram as instruções e aprenderam a produzir o som. Em algumas partes do Texas, a lei permite que se atire num coiote se ele estiver num bairro, portanto Ben pegou um rifle em casa.

– O que você vai fazer com isso? – perguntou Grant.

– Se eu vir um coiote, vou atirar nele! – respondeu Ben.

– Ah, vai nessa, cara. – Grant riu.

Os dois ficaram chamando coiotes durante horas no bosque perto do lago. Eles até viram um, mas Ben errou o tiro.

✦ ✦ ✦

Um dia, enquanto eles estavam dando uma volta de carro, Grant mostrou uma música que tinha baixado no celular. – Escuta isso – disse ele. – Eu acordo com essa música todas as manhãs. – Grant tocou "Mr. Rager", música e vídeo do *rapper* favorito dos dois, Kid Cudi.

Ben gostou muito e ficou intrigado com algumas letras que se referiam ao céu. Ele ficou pensando se Kid Cudi acreditava em Deus. No entanto, no mesmo CD, o *rapper* incluiu músicas com letras que muita gente considerava ofensivas. Com uma mentalidade aberta e grande capacidade de enxergar o que as pessoas tinham de bom, Ben se identificou com alguma coisa que estava por trás da música de Kid Cudi. Ele detectava mágoa e dor nas letras de Cudi, mas também esperança. Consequentemente, os dois costumavam rodar por Austin ouvindo as músicas de Kid Cudi.

Grant e Ben faziam todos os tipos de planos que, pelas regras do bom senso, não seriam aconselháveis a um garoto com um problema cardíaco. Por exemplo, eles planejavam saltar de paraquedas. Sem contar para ninguém, Ben tinha comprado dois cupons de salto de paraquedas para Grant como presente de formatura. Ele sabia que paraquedismo não era uma "atividade aprovada" para ele e que seus pais jamais o deixariam saltar, mas isso era algo que ele sempre quis fazer.

✦   ✦   ✦

Ben e Grant aprontavam desde que ficaram amigos. Um dia, quando Ben estava no segundo ano do ensino médio, ele estava atravessando o íngreme estacionamento dos veteranos em Westlake na hora do almoço quando sentiu que estava ficando sem energia e tonto. Num instante, ele foi tomado por uma onda de fadiga. Seu rosto ficou pálido e os lábios ficaram arroxeados quando o coração começou a bater forte no peito.

– Estou ficando muito cansado – disse ele sem fôlego. – Você pode carregar a minha mochila só um pouquinho?

Allen Cho, amigo de Ben, estava muito ocupado brincando com os colegas para notar a súbita queda de energia de Ben. Ele não percebeu que Ben estava tendo um problema cardíaco, achou que ele estava brincando. – Você quer que eu carregue a sua mochila? Nem a pau! – respondeu ele.

A mochila escorregou do ombro de Ben e caiu no chão. Ele não se abaixou para pegá-la.

– Ben, temos de ir – chamou Grant. – Vamos ter problema. Thunder vai nos pegar!

Os veteranos de Westlake tinham permissão para almoçar fora do *campus*; entretanto, sempre que um aluno de outro ano tentava sair de fininho, eles eram inevitavelmente pegos pela vigilante do *campus*, Thunder. Thunder era conhecida e amada por todos os alunos de Westlake, mas não tinha medo de pegar os encrenqueiros, e Grant sabia muito bem disso.

– Acho que vou desmaiar – disse Ben calmamente, e desabou no estacionamento.

Grant não sabia se Ben estava ou não de gozação. Os garotos e Alex Faglie brincavam tanto que era difícil saber quando um deles estava falando sério. Por esse motivo, eles bolaram um código – *abacaxi* – que diriam quando estivessem falando a verdade ou quando alguma coisa realmente estivesse errada. Eles tinham até mesmo feito um pacto de que a pena de quem transgredisse o código *abacaxi* era a morte. Às vezes, no entanto, para se esquivar das regras sem ser penalizado, um deles dizia "abacaxi" enquanto estava pregando uma peça.

Grant olhou para o amigo no chão e perguntou: – Ben, você está brincando?

Não houve resposta.

– Ben, abacaxi? – perguntou Grant, preocupado.

– Abacaxi – Ben tentou dizer com a voz entrecortada.

Grant ainda não estava convencido, pois Ben não tinha realmente *dito abacaxi*.

Iker Uranga, outro amigo que se juntara a eles e viu o que aconteceu, ligou para o serviço médico de emergência. Ele estava tentando descrever o quadro de Ben para o operador do serviço de emergência enquanto Ben recuperava e perdia a consciência. – Alguém desmaiou no estacionamento... Ei, espere. Ben, você está melhor? Espere, sim, estamos no estacionamento; espere; parece que ele está melhor... não, não está. – Iker não conseguiu dizer ao operador que eles estavam no estacionamento da Westlake High School.

– Iker, fale para eles virem! – gritou Grant. – Mesmo que Ben esteja melhor, fale para eles virem.

Enquanto Ben ainda estava no chão, um veterano passou de carro, abaixou o vidro e gritou: – Ei, vocês precisam de ajuda?

– Precisamos sim – gritou Grant. – Esse garoto desmaiou.

O veterano olhou para Ben esparramado no chão do estacionamento. – Oh, tenho de ir almoçar... Eu esperava que vocês dissessem que não precisavam de nada. Desculpe. – E foi embora.

Grant ligou para Ally. – Ally, Ben acabou de desmaiar no estacionamento dos veteranos – disse ele. A primeira coisa que passou pela cabeça dela é que era uma brincadeira, mas Grant logo disse que estava falando sério. Ally tinha acabado de cruzar a entrada principal da escola, do lado oposto do prédio; porém, quando recebeu o telefonema de Grant, deixou cair a pesada mochila de livros e correu para o local em que Ben tinha estacionado o carro naquela manhã. Ela viu o grupo reunido ao redor do irmão no chão e correu até eles. Ela sabia que sempre que Ben desmaiava poderia estar correndo risco de vida, mas ficou aliviada ao ver que, embora seus lábios estivessem arroxeados, ele tinha acordado; seus olhos estavam abertos e ele estava consciente.

Depois de alguns minutos, Ben estava começando a recuperar suas forças quando a equipe do serviço de emergência apareceu, assim como Thunder. De alguma maneira, o operador do serviço de emergência tinha interpretado as vagas instruções de Iker e os encontrou.

– Estou melhor, gente – disse Ben, enquanto se sentava no chão. – Não preciso ir para o hospital, sério. Eu estou melhor.

Os paramédicos não deixariam por isso mesmo; eles verificaram seus sinais vitais e o mantiveram na ambulância até Deanne chegar e levá-lo para casa. Ele estava bem, mas naquele dia não conseguiu almoçar.

CAPÍTULO 22

AINDA TEMOS UM AO OUTRO

Agora que está chovendo mais do que nunca
Sei que ainda temos um ao outro

— "UMBRELLA" (RIHANNA, COM A PARTICIPAÇÃO DE JAY-Z)

Ben não era a única pessoa na família Breedlove a ser afetada por sua doença. Na verdade, todos os familiares e parentes mais próximos – de Shawn, Deanne, Ally e Jake até DDad e Corine, passando pelos tios e primos – conviviam com a cardiomiopatia hipertrófica (CMH) de Ben e ajustavam a vida deles a essa situação, mesmo que isso significasse alterar as atividades diárias, modificar hábitos alimentares ou mudar a programação de viagens. Eles queriam ficar perto dele, ajudá-lo de todas as formas que pudessem e simplesmente estar com ele. Todas as pessoas da família percebiam quando a saúde de Ben estava se deteriorando e sabiam que a companhia dele era um luxo que talvez não durasse para sempre.

Ally e Jake conviviam com a tensão constante que a CMH causava no cotidiano, mas nunca se queixavam. Eles não se sentiam preteridos ou negligenciados. Tampouco expressaram alguma vez qualquer outra coisa que não fosse preocupação e amor pelo irmão quando grande parte da atenção dos pais, por necessidade, tinha de girar em torno de Ben. Em vez de se concentrarem no que não podiam fazer por causa da doença de Ben, Ally e Jake procuravam maneiras de ajudar como podiam. Embora Ally estivesse na faculdade durante todo o ensino médio de Ben, ela rezava constantemente para o irmão, e muitas vezes convidava as amigas a se juntar a ela em suas orações.

Jake estava presente no dia a dia da vida de Ben quando seu quadro começou a piorar, e procurava ajudar o irmão sempre que podia. Ele carregava as malas de Ben nas viagens, fazia as tarefas domésticas dele se ele estivesse num dia difícil ou simplesmente precisasse de uma mãozinha.

Quando a doença piorou, Ben tinha dificuldade de subir as escadas de casa. Parte das suas obrigações era esvaziar os cestos de lixo e levar a lixeira para fora nas manhãs de terça-feira; porém, quando Ben não conseguia nem mesmo subir para esvaziar os cestos de lixo, Jake se oferecia para ajudar.

Para Jake, o irmão era um herói. Para ele, Ben era mais esperto, mais forte e mais inteligente do que todo mundo. Ele parecia ter todas as respostas. Muitas das frases de Jake começavam com: "Ben falou..." Era Ben que tinha ensinado Jake a andar de bicicleta; era Ben que levava o último vídeo do YouTube para ele assistir e que o ensinou a praticar *wakeboard* puxando-o atrás do *jet ski*, e não da lancha. Ben estimulava Jake em todos os sentidos. Os dois se amavam e se apoiavam.

A doença do filho aproximou ainda mais Shawn e Deanne, pois eles tinham de tomar difíceis decisões emocionais, físicas, espirituais e éticas com frequência. Não havia folga. A doença de Ben não desaparecia simplesmente porque a família saía de férias. A cardiomiopatia hipertrófica estava sempre lá, influenciando cada aspecto da vida deles. Não era uma situação esporádica; era dia após dia, mês após mês, ano após ano.

O casamento deles foi fortalecido pelo desejo em comum de ajudar o filho. Eles sempre rezavam juntos por Ben; comemoravam vitórias de saúde. Todo ano, no aniversário dele, depois da comemoração, Shawn e Deanne rezavam juntos antes de pegar no sono, agradecendo a Deus por mais um ano ao lado do filho querido. Obviamente eles amavam todos os filhos, mas consideravam cada ano a mais com Ben uma resposta às suas orações.

CAPÍTULO 23

MOSTRE-ME O QUE ESTOU PROCURANDO

Não me deixe ficar confuso

— "SHOW ME WHAT I'M LOOKING FOR" (CAROLINA LIAR)

— Eu estou gostando de uma menina.

— Ah! — Ally deu uma gargalhada diante dessa declaração simples do irmão, mas ela sabia que ele estava falando sério. Ben sempre teve *um monte* de admiradoras. Graças à sua fama entre os fãs do YouTube, ele recebia comentários ardorosos e era reconhecido como uma celebridade local. As garotas o identificavam de longe no cinema ou no IHOP, um de seus restaurantes preferidos, e pediam para tirar foto com ele. Ally até já tinha se acostumado a responder à pergunta: "Você é irmã de Ben Breedlove?". Ele encarava com tranquilidade essa atenção das pessoas. Ben havia saído com várias garotas, mas sempre tinha preferido ficar só na amizade. Ele nunca tinha tido uma *namorada* firme.

Ally tinha acabado de chegar da faculdade para visitar a família e estava louca para colocar o papo em dia com o irmão. Ao voltar à escola no outono de 2011 para iniciar o último ano do ensino médio, Ben teve de enfrentar os desafios de sempre. Mas parecia haver um lado alegre que aliviava a carga sobre o seu coração emocional, se não sobre o seu coração físico. Curiosíssima, mas tentando parecer desinteressada, Ally perguntou displicentemente: – Qual é o nome dela?

– Madeline – respondeu Ben.

– Madeline do quê?

– Nick. – Ben, assim como a maioria dos adolescentes, era perito em dar respostas monossilábicas.

– Á-hã. Onde você a conheceu? – perguntou Ally tentando jogar verde.

– No espanhol.

Ally ficou pensando numa maneira de fazer Ben dar mais detalhes. – Como ela é?

– Gente fina.

– Á-hã! – Ally desistiu por algum tempo. – Que bom.

– É – respondeu Ben.

Na verdade, Ben ficou interessado por Madeline desde que a viu pela primeira vez na aula de espanhol. Ela era morena, tinha cabelos compridos, olhos azuis-esverdeados e, para a sorte de Ben, seria sua *compañera* (colega, em espanhol) durante todo o ano.

Apesar de se sentarem lado a lado desde o início do semestre, eles só se conheceram oficialmente mais de um mês depois, quando foram designados para o seu primeiro trabalho em grupo. Nascido e criado no Texas, Ben estava devidamente imerso na cultura hispânica dos dois lados da fronteira mexicana. No entanto, embora fosse bastante inteligente, ele ainda tinha dificuldade para traduzir o cardápio dos restaurantes mexicanos. Apesar de ter de dar duro, ele estava empolgadíssimo com a ideia de fazer um trabalho de espanhol com Madeline. Como bônus extra, ele pegou o número de telefone dela.

Depois da aula, Ben se encontrava com Grant Hamill, como sempre. Mas naquele dia ele estava exultante.

– Cara, acabei de conhecer a maior gata de Westlake!

Assim como Ally, Grant ficou intrigado, pois Ben nunca tinha dito algo assim antes. Ele não conseguia se conter, mas estava apreensivo em relação às notas que eles receberam pela apresentação do trabalho. Madeline sempre tirava A, mas com Ben como seu *compañero* tinha tirado B. Ele esperava que isso não arruinasse suas chances.

Mais tarde naquela noite, Madeline recebeu o primeiro torpedo de Ben, com o seguinte pedido de desculpas: "Desculpe, acho que tiramos uma nota ruim". Felizmente para Ben, Madeline não deu a mínima.

Apesar de não conhecer os sentimentos de Ben em relação a ela, Madeline ficou impressionada com a personalidade dele. Ela o achava bonito e já conhecia alguns dos vídeos do YouTube que ele tinha filmado com Megan Parken. Ela também tinha ouvido falar que Ben tinha um problema cardíaco, mas isso não mudou a opinião que ela tinha sobre ele. O que realmente a impressionou foi o grande coração de Ben. Madeline sempre o via batendo papo com alunos que tinham necessidades especiais, e admirava essa sua delicadeza. E, obviamente, seu sorriso. Ben estava sempre sorrindo.

Madeline morava do outro lado do lago e, para a alegria de Ben, havia manifestado interesse por *wakeboard* e *wakesurf*. – Só pratiquei algumas vezes – admitiu ela –, mas adorei. Espero conseguir ficar em pé no verão que vem. – *Uau*, pensou Ben. *Além de linda, ela gosta de esportes aquáticos.* Ele tinha certeza de que havia encontrado a garota dos seus sonhos.

– Não se preocupe. Você vai ficar muito boa nisso – disse Ben para incentivá-la, como sempre costumava fazer.

Depois da experiência de fazer o trabalho de espanhol, eles começaram a estudar juntos na livraria Barnes & Nobles depois da aula. Bom, pelo menos eles tinham planejado estudar. Mas quando se encontravam, eles conversavam durante horas sobre esportes aquáticos, filmes e músicas. À medida que a amizade dos dois se aprofundou e eles começaram a confiar mais um no outro, passaram a falar sobre outros aspectos da vida deles.

Ben falou sobre seu problema cardíaco e Madeline, por sua vez, lhe confidenciou sobre um conflito que a magoava profundamente.

— As pessoas não sabem quem eu sou realmente – disse Ben. – Elas não conhecem a minha verdadeira história. Não conhecem a verdade. Só ouviram falar e acham que me conhecem. Com você não é diferente. Não se preocupe em ser simpática com todo mundo. Você é uma boa pessoa; apenas seja atenciosa com os outros e honesta consigo mesma. – Embora não dissesse isso naquele momento, Madeline sabia que estava diante de uma pessoa exatamente com aquelas qualidades.

— Você está certo – disse Madeline. – Tenho tendência a me preocupar demais.

Ben sorriu. – Eu entendo, mas não esqueente demais: curta a vida.

— E aí, cara, tudo bem? – Num fim de semana em que estava em casa, Ally parou na porta do quarto de Ben só para bater papo.

— Eu estou assistindo a algumas entrevistas do Kid Cudi – respondeu ele, digitando no *laptop*. – Venha assistir. – Ben parecia especialmente fascinado pelos vídeos e interessado em compartilhá-los. Ally sentou-se na cama ao lado dele.

— É divertido – começou Ben. – Kid Cudi fala sobre Deus e o céu em algumas músicas. Eu sei que tem um monte de coisas ruins em suas músicas, mas acho que ele acredita em Deus.

— É mesmo? – Ally estava realmente interessada no que Ben estava falando, mas ainda mais intrigada por sua curiosidade em relação à espiritualidade de Kid Cudi. Ben acompanhava as notícias sobre seus artistas preferidos na mídia, mas não era comum ele pesquisar sobre um deles com tal profundidade.

— Assim como em "Mr. Rager", Kid Cudi fala que existem muitas coisas ruins na vida – respondeu Ben –, mas ele gosta de pensar que um dia as pessoas não terão mais de lidar com isso. Para mim, parece o paraíso. E eu sei que Kid Cudi disse numa entrevista que ele acha que o pai dele está no céu. O pai dele morreu de câncer quando ele era muito pequeno.

— Uau, isso é realmente muito interessante — comentou Ally.

— É — concordou Ben. — Eu acho que ele deve acreditar mesmo em Deus. Espero que sim.

Durante o último ano do ensino médio, Ben frequentou regularmente o grupo Young Life[2] junto com um de seus melhores amigos, Justin Martinez, e outros colegas da escola. O grupo era liderado por Andrew Hayslip, um jovem que havia terminado o curso superior e que se ofereceu para ser líder do Young Life. Ele reunia as pessoas na casa dele, principalmente para falar sobre a vida e sobre questões religiosas. Ben também frequentava a igreja com sua família, a Austin Stone Community Church, onde curtia as músicas de Aaron Ivey. De vez em quando Ben convidava os amigos para ir com ele, mas nunca ficava ofendido quando alguém recusava o convite.

Quando o assunto era fazer amizades, Ben ultrapassava todos os limites. Ele não julgava; pelo contrário, aceitava todo mundo incondicionalmente e procurava ver o que cada um tinha de melhor. Ben não era ingênuo, ele sabia que alguns de seus amigos usavam drogas ou estavam metidos em outros tipos de encrenca, mas preferia se concentrar no lado bom das pessoas e sabia valorizar esses relacionamentos. Ele sabia que qualquer um podia tomar decisões erradas, e preferia incentivar em vez de julgar.

Andrew Hayslip sabia que a fé de Ben iria transparecer por intermédio das suas ações e o aconselhou a ser apenas um bom amigo. — Não se preocupe — disse-lhe Andrew —, você vai encontrar uma maneira.

---

[2] Organização cristã que no Brasil se chama Alvo da Mocidade. (N.T.)

CAPÍTULO 24

DEIXANDO-SE LEVAR

Quando a vida traz problemas
Você pode lutar ou correr

— "COASTIN'" (ZION I)

À medida que se aproximava o feriado de Ação de Graças, os dias ficavam mais festivos, e Ben ficava cada vez mais infeliz. Havia uma tensão quase palpável em cada gesto dele.

— Deanne — disse Shawn com uma voz melancólica —, precisamos fazer alguma coisa a respeito de Ben.

— Nós estamos fazendo tudo o que está ao nosso alcance. — Deanne estava frustrada. Ela sabia que Shawn estava bastante preocupado com o filho, mas muitas vezes sentia como se ele estivesse jogando toda a responsabilidade sobre ela. Deanne também reconhecia que, por mais consultas que marcasse com os médicos e por mais pesquisas que realizasse, ela não podia fazer nada para mudar a doença de Ben.

— Precisamos encontrar alguma coisa que funcione — prosseguiu Shawn. — Isso não é nada bom. Não podemos deixar a arritmia dele continuar desse jeito.

— Eu sei — respondeu Deanne.

Alguns anos antes, Shawn e Deanne haviam levado Ben a um nutricionista, o dr. Glen R. Luepnitz, em busca de um tratamento alternativo. Ben achou o nutricionista amável e atencioso, ao contrário do jeito seco de alguns de seus médicos. O dr. Luepnitz receitou uma série de suplementos que deveriam melhorar a qualidade de vida de Ben, e tanto Ben como seus pais pareciam contentes com o novo tratamento.

Depois de algumas semanas tomando mais de vinte comprimidos por dia, Ben ficou cansado da nova rotina. Ele tinha de tomar os suplementos em vários horários do dia, e alguns eram difíceis de engolir de tão grandes. Às vezes ele ficava com enjoo por causa da grande quantidade de água que tinha de tomar para ingerir todos. Começou, então, a pular doses; no final, ele ficava dias inteiros sem tomar.

Shawn insistia para que Ben tomasse todos os suplementos, sem pular nenhum. Ele acreditava que o filho melhoraria muito se mantivesse uma rotina sistemática de dieta mais nutritiva, para compensar a sua tendência a comer *fast-food*.

Deanne, por outro lado, compreendia o cansaço de Ben e não se importava que ele deixasse de tomar os comprimidos de vez em quando. Ao contrário do Atenolol, eles eram apenas suplementos para a sua saúde, e não uma necessidade. Embora tivessem melhorado o bem-estar geral de Ben, nada parecia melhorar o seu coração debilitado.

Ben havia tentado vários medicamentos, e nenhum deles tinha abrandado a sua arritmia. O medicamento inicial o deixava tão fraco que ele mal conseguia cumprir a metade do horário escolar. Muitas vezes Ben sentia que ia desmaiar ao percorrer a distância entre a vaga para deficientes do estacionamento e a entrada da escola. Ele ficava exausto só de ficar em pé no elevador da escola para ir até o segundo andar, sentia tontura ao tentar se concentrar na aula. Ele simplesmente não se sentia bem.

A finalidade do remédio de Ben era relaxar o seu músculo cardíaco, mas o deixava de tal maneira sem energia que ele sentia fraqueza só de ir do seu quarto até a cozinha – que ficava a apenas seis metros de distância. A náusea o deixava sem apetite. Ele já era magro o suficiente, sobretudo depois de um estirão de crescimento recente que o deixou com quase 1,75 m sem adicionar um grama de peso.

160

Os médicos continuavam a dizer: – Se conseguirmos fazer o seu organismo se aclimatar a esse remédio, achamos que será bom para você; ele poderá ajudar a abrandar a sua arritmia.

Porém, nada mudou, e Ben começou a reclamar. – Não está funcionando – dizia ele. – Não vou tomar mais esse remédio.

Às vezes ele enviava um torpedo para Deanne da escola, dizendo: "Eu não me sinto bem. Esse remédio é horrível. Você pode ligar para o médico e falar isso para ele?"

Shawn e Deanne compreendiam a frustração de Ben e tentavam ser seu defensor junto aos médicos, pressionando-os a encontrar outro tratamento que desse melhor resultado. Eles reconheciam os esforços dos médicos e sabiam que a intenção deles era evitar o uso de medicamentos mais potentes, cujos efeitos colaterais eram ainda mais negativos. Além de um possível dano hepático, os medicamentos mais agressivos afetariam a aparência de Ben, dando à sua pele uma coloração azulada.

Além disso, a principal preocupação dos médicos era controlar seu ritmo cardíaco. A arritmia frequente não era uma situação segura, e a qualquer momento podia ser catastrófica. Eles sabiam que precisavam encontrar algo que funcionasse, e o tempo não estava a favor deles. Os médicos discutiram duas alternativas com os Breedlove. Na primeira opção, com Ben sob anestesia, eles usariam o seu próprio desfibrilador para deflagrar choques no coração e restabelecer o ritmo normal dos batimentos cardíacos. Mas essa era uma cirurgia, e como ele teve uma parada cardíaca durante uma cirurgia simples de amígdalas, eles estavam relutantes em colocá-lo sob anestesia novamente.

A segunda opção também era uma cirurgia que faria com que o coração de Ben ficasse totalmente dependente do marca-passo; o coração dele nunca mais voltaria a funcionar sozinho. Essa era uma decisão "sem volta", e os médicos falaram com tanta seriedade ao explicar essa possibilidade que Deanne e Shawn se recusaram a levá-la em consideração até que não houvesse alternativa.

Ben *implorou* para que a mãe fizesse os médicos suspenderem a medicação. Ele não aguentava mais. Nessa altura, ele preferia o desconforto da arritmia aos horríveis efeitos colaterais do medicamento. Odiando assistir ao sofrimento do filho, Deanne concordou. – Vamos ver com o médico se conseguimos outra coisa para você – falou ela. Porém, mesmo depois de tentar vários outros medicamentos, nada ajudou Ben a se sentir melhor. Para seu desespero, os médicos o pressionaram a tentar a prescrição inicial mais uma vez, para ver se o organismo dele conseguia se aclimatar ao medicamento durante os feriados.

Portanto, Ben continuava a tomar o remédio de manhã e à noite, e continuava péssimo.

DDad e Corine foram passar o feriado com eles. Mas em vez de procurar a companhia deles, como costumava fazer, Ben se isolou em seu quarto durante a maior parte do tempo. A atmosfera familiar não era a mesma sem o seu senso de humor e suas brincadeiras imprevisíveis que todos tanto gostavam. Um pouco sem jeito com a falta de consideração do filho, Deanne fez de tudo para que Ben saísse do isolamento, mas ele estava mal.

Ele saía do quarto ictérico, com ar de doente e olheiras. Ficava sentado no canto da sala, apático, sem pronunciar uma palavra. Quando alguém lhe fazia uma pergunta, ele respondia de modo lacônico.

Toda a família sentia a sua agitação crescente e respeitava o seu direito de ficar irritado. Quem poderia culpá-lo? Todos sentiam a sua frustração e tentavam se colocar no lugar dele, e cada um tentava encorajá-lo à sua própria maneira; mas, na verdade, havia muito pouco que eles podiam fazer.

Corine estava preocupada. Tendo sido diretora de uma escola de enfermagem quando jovem, ela sabia que o semblante de Ben revelava mais do que apenas os efeitos de um medicamento ruim. No final do feriado, antes de ir embora Corine lhe disse com conhecimento de causa: – Ben, deve ser horrível se sentir tão mal assim.

– E é – foi a resposta dele.

❖ ❖ ❖

No final da tarde de domingo, após o dia de Ação de Graças, Ally foi ao culto religioso na Austin Stone Community Church com Cameron, seu namorado. Os dois entraram no ginásio da Austin High School, onde os cultos eram celebrados, e sentaram-se quando as luzes diminuíram e a banda começou a tocar. Movida pela vibrante voz de Aaron Ivey, um dos líderes religiosos favoritos de Ben, Ally fechou os olhos e deixou seus pensamentos divagarem. Quando Aaron cantou a letra de "Your Great Name", as palavras calaram fundo no coração dela.

> *Todos os fracos encontram forças ao som do seu*
> *nome grandioso...*
>   *Os doentes são curados e os mortos são*
> *ressuscitados ao som do seu nome grandioso...*

No final do culto, Ally sentiu grossas lágrimas escorrerem por seu rosto. Antes que as luzes se acendessem, ela puxou Cameron pela mão e o arrastou para o carro.

Quando eles entraram no jipe, Cameron deu a partida, ligou o aquecedor e pegou a mão de Ally. – Ally, o que está acontecendo? – perguntou ele, confuso.

Ally respirou fundo. – Não sei, Cameron – respondeu ela. – Aquela letra mexeu comigo. Por alguma razão, eu sinto... eu sinto... – Ela começou a chorar antes de conseguir terminar a frase. – Ben vai morrer.

Cameron a abraçou, sentindo a imensa dor dentro dela quando ela enterrou o rosto em seu ombro. Depois de alguns minutos, ela endireitou o corpo e deu um grande suspiro. – Eu não quero dizer algum dia – retomou ela, enxugando os olhos com a manga da blusa. – Eu sinto... – Ally fez uma pausa, baixando a voz até virar um sussurro. – Eu sinto que vai ser em breve.

Cameron hesitou, desviando o olhar para manter a serenidade. – Eu não acho – sussurrou ele.

– Talvez eu precise pensar assim – disse ela. – Eu não sei, Cameron. Talvez Deus esteja preparando o meu coração.

Os dois permaneceram em silêncio e contemplativos durante todo o percurso de volta para a casa de Cameron. Ao chegarem, Ally olhou para as estrelas, pensativa.

– Cameron – disse ela finalmente.

– Sim? – respondeu ele.

– Você acha que podemos passar um bom tempo com Ben nos feriados do Natal? Eu sei que saímos bastante com ele, mas o que eu quero dizer é se podemos convidá-lo para fazer coisas com a gente.

– Claro que podemos – respondeu Cameron.

Ally e Ben sempre gostaram de ficar juntos, mas agora ela sentia uma urgência de aproveitar ao máximo o tempo que eles tinham. A parte mais difícil foi dar mais atenção a Ben sem fazê-lo sentir que estava morrendo. Ele a conhecia muito bem; além disso, ele podia sentir quando estava recebendo atenção especial da sua família. Muitas vezes, Ally deixava de lhe dizer alguma coisa que pudesse soar excessivamente sentimental ou se refreava quando queria desesperadamente abraçá-lo. E, no final, ela não se arrependia. Ela sabia que o que ele mais queria era ter uma vida normal, e o que Ally mais queria era que ele simplesmente vivesse.

❖ ❖ ❖

A volta às aulas após o feriado de Ação de Graças foi bastante estressante para Ben. Ele já estava muito atrasado em relação à classe e teria de trabalhar com afinco na semana seguinte para compensar, e também de começar a estudar para as provas finais que seriam realizadas dali a apenas duas semanas. Ben se esforçou, mas não conseguiu aguentar uma semana. Ele faltou a mais aulas, ficou ainda mais atrasado e ainda mais desanimado. As aulas de revisão para as provas finais da maioria das matérias iriam começar na segunda-feira seguinte, dia 5 de dezembro. Mas Ben ainda não conseguia ir para a escola. Ele ficava na cama até as três horas da tarde e não tinha muito apetite. Deanne e Shawn estavam permanentemente em contato com os médicos, que acreditavam que, se o novo medicamento surtisse efeito, poderia controlar as crises de arritmia de Ben, e ele não se sentiria tão fraco.

E se não funcionasse...

TERCEIRA PARTE

O PROPÓSITO

CAPÍTULO 25

NÃO ME FALHE AGORA

A única coisa que eu peço é que meus pés não me falhem agora

— "JESUS WALKS" (KANYE WEST)

Madeline Nick estava começando a ficar preocupada. Já fazia quase uma semana que Ben não ia à escola. Na segunda-feira, 5 de dezembro, dia de revisão da matéria, ele ainda estava ausente. Madeline pensou nele o dia todo, e estava pensando nele naquela noite, enquanto fazia a lição de casa, quando recebeu um torpedo dele perguntando se a professora, a sra. Albright, tinha revisto a matéria de espanhol naquele dia. Os dois ficaram trocando mensagens durante algum tempo, e Madeline perguntou por que ele estava faltando às aulas.

— Eu não tenho me sentido bem – respondeu ele. Madeline falou algumas palavras de estímulo e Ben, como sempre fazia quando eles trocavam mensagens à noite, desejou-lhe boa noite. Ela também lhe desejou boa noite e recostou-se na cadeira, mais uma vez impressionada com a atenção e a delicadeza de Ben.

Na manhã seguinte, quando viu Ben na aula de espanhol, Madeline notou que ele parecia mais cansado que o normal. Vestido com um casaco preto de náilon com o zíper puxado até em cima, ele parecia apático e

167

letárgico quando a sra. Albright lhe pediu que fosse até a sua mesa pegar algumas tarefas de casa.

Como a próxima aula de Madeline era na direção contrária, eles não saíram juntos. Isso era normal, pois depois da aula de espanhol muitas vezes Ben se encontrava com Grant a caminho da aula de cinema.

Ben caminhou lentamente pelo corredor apinhado, sem prestar atenção no mar de rostos à sua volta, enquanto alunos e professores se dirigiam apressados aos seus destinos. Quando chegou perto do átrio, uma área ampla onde os alunos se encontravam para um rápido bate-papo entre uma aula e outra, ele sentiu que estava ficando cada vez mais vagaroso. Ele conhecia muito bem essa sensação de fraqueza; já tinha sentido isso muitas vezes antes. Ele precisava ir para algum lugar onde pudesse descansar – logo. Havia vários bancos alinhados dos dois lados do átrio; ele se dirigiu para um deles e se sentou. Por alguns momentos, Ben ficou lá sentado, sozinho, o coração disparado e a consciência se esvaindo.

Naquela terça-feira, como fazia todos os dias após o período da manhã, Grant estava procurando Ben. Ele o procurou em todos os lugares, mas não o encontrou. De repente, viu-o de relance andando pelo corredor; porém, naquele momento alguém cumprimentou Grant e ele virou a cabeça. Quando olhou de novo, não viu mais Ben. Pensando que o amigo devia estar pregando uma peça, foi ver se ele estava no pátio externo; mas como não conseguiu achá-lo, voltou ao átrio. Chegando lá, Grant viu uma multidão reunida ao lado de um banco e correu para ver o que estava acontecendo. Para seu desespero, viu Ben estirado no chão.

A enfermeira da Westlake High School, Holly Hubbell, era enfermeira de pronto-socorro e unidade de terapia intensiva desde 1978. Antes de se mudar para Austin, ela tinha trabalhado durante muitos anos na Califórnia. No último ano de Ben no ensino médio, ela já estava em Westlake havia mais de seis anos. Holly estava acostumada a atender emergências em sala de aula – de sangramento nasal até convulsão –, e já tinha sido chamada para prestar socorro a Ben em novembro de 2008, quando ele sentiu que ia desmaiar em plena sala de aula. Naquela época, ele estava no primeiro ano. Aquela foi a primeira de muitas situações de emergência em que Holly acudiu Ben. Ela sabia da doença dele, mas ele não era um frequentador assíduo da enfermaria. Ben não era o tipo de aluno que fingia estar doente para ir à enfermaria simplesmente para matar aula; se ia, era porque realmente precisava.

Quando atendeu Ben pela primeira vez na sala de aula, a enfermeira Holly viu que ele estava com dificuldade para respirar, o rosto tinha uma cor azul-acinzentada e os lábios estavam roxos. Ela o transferiu para a enfermaria da escola, administrou-lhe oxigênio e observou de perto seus sinais vitais; a pressão arterial estava muito baixa. O oxigênio reviveu Ben, e ele parecia estar melhor; então, Holly chamou Deanne, e não uma ambulância.

Quando foi buscar o filho na escola, Deanne percebeu imediatamente que o coração dele estava disparado. Holly ajudou Ben a se sentar numa cadeira de rodas e o levou até o carro. Ele foi para casa e, depois de algum repouso, seu estado melhorou. Mais tarde, Deanne enviou um lindo buquê de flores para Holly em agradecimento.

Aquele foi o primeiro de vários incidentes com Ben que Holly Hubble atendeu. Nunca era uma rotina para Holly, mas tanto ela como Deanne aprenderam a lidar com a situação. Quando Ben tinha algum problema, Holly ligava para a casa dos Breedlove, e Deanne corria para apanhá-lo na escola e levá-lo ao médico – mais uma vez.

Quando andava pela escola, que tinha mais de 2.600 alunos, geralmente Holly ficava de olho em Ben. Ela sabia que seu quadro clínico estava se deteriorando e chegou a comentar com sua colega Marisa Garcia: – Infelizmente, acho que ainda vamos encontrá-lo caído no banheiro algum dia. – Em novembro de 2010, diante da gravidade da doença, Deanne pediu que Holly colocasse uma observação no arquivo de Ben para que, em caso de qualquer emergência cardíaca, a escola ligasse primeiro para o serviço médico de emergência, caso ele não reagisse, antes mesmo de entrar em contato com os pais. As duas sabiam que, se ele tivesse outro incidente, o tempo seria um elemento essencial.

❖ ❖ ❖

Com a proximidade da semana de provas e o entusiasmo em relação aos feriados de Natal, o clima na escola era de grande atividade. Porém, o dia 6 de dezembro, uma terça-feira, começou como uma manhã tranquila típica de Westlake para Holly e Marisa. Elas estavam na enfermaria, que ficava próxima ao átrio, quando entrou um aluno gritando: – Tem um menino caído no chão do átrio, e ele está roxo!

Holly e Marisa largaram tudo e correram para o átrio. O sino para a próxima aula estava prestes a tocar; portanto, embora o átrio ainda estivesse cheio, o grande número de alunos já tinha começado a diminuir. Porém havia um grupo de pessoas olhando para o chão perto de um dos bancos, e Holly e Marisa rumaram direto para lá. Enquanto corriam, viram Thunder em disparada na direção delas. Em geral, quando havia uma emergência médica Thunder ia chamar a enfermeira Hubbell: – Enfermeira Holly, enfermeira Holly! – Mas, naquele dia, Thunder passou direto por Holly com uma expressão de terror, gritando num rádio: – Alguém pegue o desfibrilador! – Ela correu para a enfermaria, pegou o desfibrilador e levou para Holly e Marisa. O anúncio de Thunder no rádio alertou a direção da escola que havia uma emergência em curso, então a diretora, Linda Rawlings, e o coordenador, Steve Ramsey, também foram para o átrio.

Posteriormente, uma câmera de segurança da escola confirmou que Holly e Marisa chegaram até o círculo que se formou ao redor de Ben em 45 segundos. Holly abriu caminho entre os alunos, olhou para o chão e viu alguém familiar. – Oh, meu Deus, é Ben! – gritou ela. Ao ver que ele estava roxo, ela pensou: *ele está morto*. No entanto, instrutora com certificação em ressuscitação cardiopulmonar (RCP), Holly não perdeu tempo. Ela inclinou a cabeça de Ben para trás e soprou ar duas vezes na boca dele; logo em seguida, passou a fazer compressões torácicas. – Peguem o oxigênio – gritou para qualquer um que respondesse –, está na enfermaria.

Thunder correu até o grupo que estava carregando o desfibrilador. O guarda do *campus*, St. Clair, viu a comoção e se juntou às enfermeiras no chão. – Eu posso ajudar com as compressões – disse ele. – Você monitora isso – e fez um sinal na direção do desfibrilador. O guarda começou a fazer compressões no peito de Ben.

Holly agarrou o desfibrilador e colocou na posição correta; porém, quando estava prestes a administrar um choque em Ben, o aparelho exibiu uma mensagem: "Choque não indicado". Holly sabia o que isso queria dizer: que o paciente estava em assistolia, ou seja, ausência total de atividade elétrica ou mecânica do coração, representada por uma linha reta no monitor. Para que o paciente possa receber o choque, o desfibrilador tem de conseguir detectar algum movimento do músculo cardíaco. Portanto, Holly sabia que só havia duas alternativas: ou havia pouquíssima ou nenhuma fibrilação no coração de Ben ou ele estava morto. De qualquer maneira, ela e St. Clair continuaram a realizar manobras de RCP. Passou-se mais um minuto.

Linda Rawlings, a diretora da escola, chegou ao local e começou a transmitir os comentários de Holly sobre as condições de Ben e as compressões que estavam sendo feitas para o operador do serviço médico de emergência e a equipe que estava a caminho.

Nesse exato momento, o corpo de Ben pareceu fazer um leve movimento. – Pare com a RCP! – gritou alguém. – Ele está se mexendo!

Mas Holly sabia que não devia parar. Ela já tinha visto movimentos reflexos muitas vezes antes para interpretar um movimento corporal como sinal de vida. Ela gritou: – Continuem! – Eles continuaram a fazer compressões. Alguém trouxe o oxigênio e Holly segurou a máscara sobre a boca e o nariz de Ben e administrou-lhe oxigênio.

– Afastem-se! – alguém gritou para os alunos que estavam olhando. – Vão para a classe. – De algum lugar, Holly ouviu um anúncio: "Professores, a ordem é ficar em seus lugares. Fiquem onde estiverem. Alunos, vão imediatamente para suas salas e permaneçam lá até segunda ordem". Durante todo o tempo, o guarda St. Clair e Marisa continuavam as manobras de RCP.

A equipe do serviço de emergência chegou, e Holly resumiu rapidamente a situação para os paramédicos. – Este aluno tem problema cardíaco – disse ela. – Nós o encontramos em parada cardíaca e estamos fazendo RCP há vários minutos, mas ele não reagiu. – Holly, Marisa e St. Clair se afastaram, abrindo espaço para os paramédicos. Ben estava desfalecido há quase três minutos.

Um paramédico cortou rapidamente o casaco e a camiseta de Ben para que pudesse posicionar melhor o desfibrilador no peito dele. Com o próprio coração disparado, Holly sentou-se num banco próximo. Eles tinham feito o melhor que podiam, mas ela achava que tinham perdido Ben.

✧ ✧ ✧

Grant estava lá perto, preocupado com o amigo e sem querer sair do lado dele. Ele ouviu o coordenador dizendo que queria o telefone dos Breedlove, então tirou o telefone do bolso e disse: – Eu tenho bem aqui – e apertou enviar. Shawn atendeu, e em seu nervosismo Grant foi direto ao assunto: – Eu não sei o que está acontecendo – disse Grant a Shawn –, mas Ben simplesmente desmaiou.

CAPÍTULO 26

MUNDO LOUCO

Os sonhos nos quais estou morrendo são os melhores que já tive

— "MAD WORLD" (GARY JULES)

No dia 6 de dezembro de 2011, Ben driblou a morte pela terceira vez. Ele acordou no chão duro do átrio de Westlake, com um amontoado indistinto de rostos sobre ele. Ao recuperar os sentidos, Ben percebeu que não conseguia se mexer nem falar. À medida que as imagens foram ficando mais nítidas, ele distinguiu a presença de dois paramédicos debruçados sobre ele. No seu peito nu, Ben podia sentir duas pás de um desfibrilador. Um dos paramédicos pressionou dois dedos contra a sua veia jugular e colocou a outra mão sob suas narinas.

– Ele não está respirando...e não tem pulso.

Enquanto permanecia num estranho estado de semiconsciência, Ben mal podia acreditar no que estava ouvindo. Ele escutou seus últimos batimentos cardíacos ressoarem com um inquietante som abafado que pareceu ecoar dentro do seu peito, e depois o silêncio. É isso, pensou ele. *Estou morrendo.*

De alguma maneira, Ben viu o paramédico que tinha tomado seu pulso colocar as mãos sobre as pás de desfibrilação posicionadas em seu peito. Virando-se para o assistente, que manuseava apreensivamente o desfibrilador, ele gritou: – Vai!

Naquele instante, a única coisa que Ben podia fazer era prever a dor intensa que iria castigar o seu corpo. Ele queria desesperadamente preparar o corpo para o solavanco que iria sentir, mas seus músculos não obedeceram. Ele estava indefeso e paralisado no chão duro, prestes a sentir a dor da morte. Então... tudo escureceu.

Branco. Imaculadamente branco. Ele não conseguia ver nenhuma parede, apenas o branco mais branco que ele conseguia descrever e que parecia engolfar tudo ao seu redor em todas as direções. Naquela brancura, Ben ouviu o silêncio mais profundo de toda a sua vida.

Extasiado, Ben foi tomado de uma consciência que ia além de toda a compreensão. Era a mesma sensação que ele tinha sentido na presença da luz intensa durante a convulsão que tivera aos 4 anos de idade. Era a paz absoluta.

Diante dele havia um espelho de corpo inteiro. Ben olhou no espelho e viu que estava elegantemente trajado com um terno preto. Havia uma mão sobre o seu ombro. Seus olhos acompanharam o reflexo da mão até chegar ao rosto do seu dono. Atrás dele, também elegantemente vestido, estava o seu *rapper* favorito, Kid Cudi. *O quê?* Ben tentava entender como é que ele poderia estar olhando para uma celebridade. *Kid Cudi*, logo ele! Então Ben se lembrou: *eu estou morto.*

Maravilhado com suas imagens vistosas, ele pensou consigo mesmo: *Caramba, a gente parece estar muito bem!*

Vendo a sua imagem, Ben se sentiu mais confiante do que já tinha se sentido em toda a sua vida. Ele não conseguia parar de sorrir, e olha que ele estava com um sorriso *enorme*. Havia algo de diferente. Ben olhou mais atentamente no espelho. Ele não estava olhando apenas o seu reflexo... estava olhando toda a sua vida. Por um espaço de tempo que Ben nunca conseguiu precisar, ele ficou diante do espelho observando toda a sua vida, vendo cada momento que tinha vivido passar diante dos seus olhos em tempo real. No entanto, durou apenas um instante. Naquele momento incompreensível, Ben se sentiu orgulhoso de si mesmo, de toda a sua vida, de tudo o que tinha feito. Era a *melhor* sensação que já tinha sentido, e Ben soube que estava pronto para algo mais importante.

Kid Cudi afastou Ben do espelho e o guiou para uma enorme mesa de vidro. Quando eles estavam diante da mesa, começou a tocar uma música; Ben ouviu "Mr. Rager", a música de Kid Cudi que ele conhecia tão bem ressoou por toda a sala e dentro do seu coração.

Quando vai acabar a fantasia?
Quando vai começar o céu?[3]

Enquanto a música tocava, Kid Cudi perguntou a Ben: – Você está pronto?
– Estou – respondeu ele. Ele estava pronto.
Então Kid Cudi lhe disse: – Agora vá!
Ben pensou realmente que estava indo para o céu.

Em vez disso, Ben acordou no chão frio do átrio do colégio. Com o som de pés se arrastando e o rangido familiar das rodas de uma maca que vinha na sua direção, ele foi trazido de volta ao mundo.

Quando respirou pela primeira vez, ele sentiu uma dor excruciante no peito à medida que seus pulmões se expandiam contra a caixa torácica. Ben conhecia essa sensação. *Eles devem ter machucado minhas costelas durante a RCP*, ele pensou, tomando fôlego novamente.

– Temos um batimento cardíaco! – Ben ouviu alguém gritar. Relutante, ele abriu os olhos. Acima dele, duas figuras borradas ganharam foco. Eram os dois paramédicos que tinham tentado trazê-lo dos mortos. A expressão do rosto deles era de imenso alívio. O que tinha tomado seu pulso olhou para ele maravilhado.

---

[3] "Mr. Rager", com letra de Emile Haynie, Scott Mescudi, © Sony/TV Music Publishing, LLC.

– Uau! Que sorrisão, hein? – exclamou o paramédico. – Aposto que você está feliz por estar de volta, cara!

De volta? Essa era a última coisa em que ele pensaria. *De volta?* Se pelo menos o paramédico soubesse onde ele tinha *realmente* estado. Ben não queria sair nunca mais daquele lugar. Seu sorriso se desfez com o sonho. Ben preferia nunca ter acordado.

Ele continuou deitado no chão durante mais alguns momentos, observando a equipe de paramédicos e o pessoal da Westlake se acalmar e tomar fôlego.

– Onde está o meu telefone? – perguntou Ben. Essas foram suas primeiras palavras depois de voltar da sala de espera do céu. As pessoas em volta sorriram. A enfermeira Holly chorou de alegria. Ela já tinha visto pessoas mortas antes e sabia o quanto era raro que alguém na situação de Ben voltasse.

– Se ele está procurando o telefone, deve estar bem – disse alguém alegremente.

Ben permaneceu imóvel enquanto os paramédicos ergueram seu corpo para uma maca e começaram a empurrá-lo pelo corredor iluminado com lâmpadas fluorescentes. A luz forte machucava os seus olhos, e o zunido da eletricidade ressoava em seus ouvidos. Seu corpo parecia estar pesadamente prostrado sobre a maca. A enfermeira Holly debruçou-se sobre Ben e sussurrou: – Eu rezei por você o tempo todo.

Ben sorriu debilmente para a enfermeira. – Obrigado.

Quando eles se aproximaram das portas de saída que davam para a área de embarque e desembarque onde a ambulância os esperava, uma pessoa que caminhava ao lado da maca chamou a atenção de Ben. – Guarda St. Clair, eu queria falar com o senhor sobre as multas que o senhor tem me dado – disse Ben com um sorriso matreiro. – Olha, de manhã quando eu chego na escola todas as vagas de deficientes estão ocupadas. É por isso que tenho parado nas vagas de visitantes. E o senhor sabe que eu não posso andar desde o estacionamento dos veteranos. – Ben deu outro sorriso maroto para St. Clair, esperando a reação dele.

St. Clair olhou para Ben, incrédulo. – Não vamos nos preocupar com isso agora – disse ele. – Está certo? Preocupe-se apenas em ir para o hospital.

Mesmo depois de encarar a morte e estar dilacerado por aquilo que a sua alma agora ansiava, Ben continuava alegre. Ele estava destinado a ser assim por toda a eternidade.

CAPÍTULO 27

NÃO ME DEIXE CAIR

Há apenas um momento
Eu estava tão alto

— "DON'T LET ME FALL" (B.O.B)

Durante a maior parte da vida de Ben, Deanne Breedlove acordava todas as manhãs imaginando se ele tinha sobrevivido àquela noite. Bastante apreensiva, ela entrava no quarto do filho antes do amanhecer, rezando para que ele ainda estivesse respirando. Só depois que via seu peito subindo e descendo, num movimento rítmico, é que ela conseguia respirar aliviada junto com ele. Depois, ela verificava se o filho estava se sentindo suficientemente bem para ir à aula naquele dia. Todos os dias era a mesma rotina. *Será que ele está vivo? Será que tem força suficiente para sair da cama hoje?* Felizmente, na maioria dos dias Ben já tinha se levantado e estava tomando banho para ir à escola antes mesmo de Deanne ir ao seu quarto.

Aquela manhã de terça-feira, 6 de dezembro, foi um desses dias. Deanne ficou surpresa, pois Ben tinha se sentido muito mal nas semanas anteriores. Porém, ficou aliviada por ele achar que tinha condições de ir à escola, embora mesmo depois do banho não parecesse ter voltado ao normal – pelo menos para ela. Para Deanne, ele parecia cansado. Enquanto tomava rapidamente o café da manhã, Ben disse que estava com palpitação

178

– sinal de que precisava ficar em casa –, mas que podia ir à escola. Ele disse que só assistiria às aulas de revisão da matéria e voltaria para casa.

– Você tem certeza de que está bem para ir à escola hoje? – Deanne lhe perguntou várias vezes naquela manhã.

– Estou bem, mãe. Mesmo.

– Então prometa que voltará para casa logo depois das aulas de revisão.

Com um sorriso malicioso que era a sua marca registrada, Ben respondeu: – Está bem, mãe, eu prometo. – Os dois se abraçaram e ele saiu.

Com Ben na escola, Deanne tinha o dia livre para fazer o que quisesse. Ela planejava fazer algumas compras inadiáveis de Natal naquela manhã. Há mais de dez dias não saía de casa; portanto, uma escapada para fazer coisas na rua seria uma mudança bem-vinda. Ela saiu de casa logo depois que Ben e Jake foram para a escola.

Por volta das nove da manhã, ela ligou para Shawn em casa. Quando ele atendeu ao telefone, não disse nem oi. Em vez disso, num tom sério, ele perguntou sem rodeios: – Onde você está?

– Fazendo compras – respondeu Deanne.

– Grant Hamill acabou de ligar. Ele disse que estavam socorrendo Ben na escola e que deveríamos ir para lá.

Deanne não precisava de mais detalhes. Ela tomou imediatamente a direção da escola, que ficava a cerca de trinta minutos de distância. No caminho, telefonou para a secretaria da escola. A ligação foi transferida para a vice-diretora, que estava bastante nervosa e não tinha muitas informações para lhe dar. Ela foi gentil, mas não sabia o que dizer. Deanne podia sentir que ela estava tentando encontrar as palavras. Ela disse que Ben tinha desmaiado, tinha sido submetido à RCP e finalmente reagido, e que seria levado de ambulância para o hospital. Ela também perguntou se Deanne tinha preferência por algum hospital, pois a ambulância ainda não tinha deixado a escola.

– Leve-o para o Dell Children's Medical Center – disse Deanne. – Eles conhecem Ben. – Deanne deu algumas breves instruções à vice-diretora e virou o carro na direção do hospital. Nesse exato momento a enfermeira

Holly entrou no escritório e a vice-diretora lhe passou o telefone. – Sim, ele teve uma parada cardíaca, mas está acordado, conversando e tem frequência cardíaca – informou ela. – Estou a caminho – Deanne respondeu e desligou.

Com a mão na buzina e a visão embaçada pelas lágrimas, Deanne rezou em voz alta enquanto abria caminho pelas ruas movimentadas. "Por favor, ajude Ben", rezou ela, "deixe que ele sobreviva. Por favor, não deixe que ele morra! Não assim, não agora! Deixe-me abraçá-lo e dizer que eu o amo." Foi uma oração profunda e desesperada, como a que ela tinha feito quando ele estava inconsciente na ambulância aos 4 anos de idade.

Deanne chegou ao pronto-socorro antes de Ben e foi conduzida à sala de exames, para onde ele seria levado quando a ambulância chegasse. Quando viu os paramédicos entrando com Ben no pronto-socorro, ela ficou chocada com a aparência dele. Ele estava sendo transportado numa maca junto com vários suportes de administração intravenosa. Ela tinha visto Ben tantas vezes antes em vários hospitais, mas nunca daquele jeito. Ele estava azul. Os lobos das suas orelhas estavam roxos, quase pretos na verdade.

Ben estava falando, mas parecia grogue e desorientado. Quando viu Deanne, ele a reconheceu, mas tinha uma expressão confusa no rosto, como se não entendesse onde estava e o que estava acontecendo.

– Mãe? O que você está fazendo aqui? – perguntou ele.

Deanne agarrou a mão dele e tentou abraçá-lo, passando o outro braço em volta das linhas intravenosas. Ele estava gelado. As enfermeiras cobriram Ben com vários cobertores recém-aquecidos, e ele ainda queria mais. Deanne ficou aliviada por poder conversar com ele e abraçá-lo, embora ele ainda estivesse preso pelas correias da maca da ambulância. Ele sorriu e disse: – Não se preocupe, mãe, eu estou bem. – Ele não tinha ideia de como a sua pele estava azul!

– Você se lembra do que aconteceu na escola?

– Não...

– Você desmaiou, e a enfermeira Holly teve de fazer RCP.

Ben não se lembrava disso. Ele conseguia se lembrar do guarda St. Clair, e tinha esperança de que suas multas de estacionamento fossem revogadas.

180

❖ ❖ ❖

Na escola, o coordenador procurou Grant Hamill e pediu para conversar com ele fora da classe. – Ben foi embora – disse ele a Grant.

– O quê? – A princípio, Grant achou que ele queria dizer que Ben tinha morrido, e o próprio coração dele quase parou.

– Ele foi para o hospital; se você quiser ir vê-lo, pode ir.

Grant não perdeu tempo. Foi imediatamente para o hospital, onde encontrou Ben ainda no pronto-socorro. Àquela altura, Ben já estava quase com a sua cor normal, e o seu senso de humor estava definitivamente de volta. Ben ergueu o punho para Grant quando o viu, e os dois baterem os punhos. Sem nem mesmo dizer oi, Ben lhe perguntou: – Você filmou tudo?

– Não! Não, eu *não* filmei – respondeu Grant, animado ao ver que o amigo estava bem. – Vá se cuidar. Eu vou esperar aqui.

Pouco tempo depois Shawn chegou, e Grant tinha dado um jeito de obter permissão para visitar o amigo. Os dois se juntaram a Deanne na cabeceira de Ben. Agora que estava de volta ao seu padrão usual pós-incidente, Ben refletia sobre a experiência pela qual tinha passado enquanto permaneceu inconsciente e tecnicamente morto por mais de três minutos. Ele falou abertamente e com entusiasmo sobre a sua visão ou sonho – ele não sabia ao certo como chamá-la – com Grant e os pais. Todos ouviram atentamente, intrigados mas, na verdade, sem saber o que responder. Grant estava particularmente atordoado, pois não tinha um "contexto de fé" para processar o relato de Ben. De vez em quando os dois discutiam suas crenças, mais especificamente a fé de Ben em Deus e a decisão de Grant de não acreditar. Mas esse foi o máximo a que eles chegaram. Porém, Grant podia afirmar, pela expressão do amigo, que ele estava sendo totalmente honesto. Dessa vez, não havia necessidade de confirmar com *abacaxi*.

Shawn ficou fascinado e intrigado. Ele sabia que a tendência de Ben era ser cético e não acreditar facilmente em histórias semelhantes de experiência de quase morte. Deanne, por sua vez, estava convencida de que Ben tinha tido algum tipo de experiência celestial. Ela já tinha ouvido falar, e também lido vários relatos, sobre experiência de quase morte e sobre o que alguns especialistas chamam de episódios de "vida após a vida", em que a pessoa vê uma luz intensa aparentemente na fronteira do céu. Ela não tinha problema em acreditar que Ben tinha realmente tocado as margens do céu, e o fato de ter escapado das garras da morte significava que ele estava vivo por algum propósito muito especial.

Não demorou muito, Holly Hubble e Diane Carter, vice-diretora de Westlake, chegaram ao hospital, assim como o pai de Grant. – Ben – disse Diane –, você vai ficar contente em saber que todas as suas multas de estacionamento foram revogadas. – A atmosfera era quase festiva, pois todos sabiam quando olhavam para Ben que estavam olhando para um milagre vivo e respirando.

CAPÍTULO 28

QUANDO VAI ACABAR A FANTASIA?

Quando vai acabar a fantasia?

— "MR. RAGER" (KID CUDI)

Depois de passar um dia e meio no hospital em observação, Ben estava louco para voltar à escola e ficar com os amigos. Vestindo um pijama cirúrgico que ganhou de um médico ao receber alta, ele queria ir à aula na quinta-feira de manhã. Deanne preferia que Ben ficasse em casa e continuasse descansando. Ela não queria que ele ficasse longe dos seus olhos, por isso decidiu perguntar aos médicos. Surpreendentemente, eles disseram que, se Ben se sentisse disposto, poderia ir. Deanne lembrou ao filho de que as notas escolares não eram prioridade naquele momento e que ele não precisava tentar assistir às aulas de revisão da matéria. Mas ele queria muito ir.

Ben parecia satisfeito com o fato de a mãe deixar que ele mesmo tomasse essa decisão. Deanne queria desesperadamente que Ben tivesse essa liberdade e também que ficasse num ambiente normal, mas insistiu para que as pessoas certas fossem informadas de que ele estaria na escola naquele dia, por isso avisou a diretora, a vice-diretora e a enfermeira da escola. Ben e Deanne conversaram longamente com a enfermeira Holly no escritório dela, antes que Deanne se sentisse suficientemente à vontade para liberar Ben nos corredores.

A enfermeira Holly, Deanne e Ben concordaram que seria prudente Ben "pegar leve" nos primeiros dias: usar o elevador, em vez das escadas, e ter sempre um amigo com ele, até mesmo no banheiro. Se não quisesse ficar até o final do horário escolar, Ben poderia ir para casa. Holly disse que ele podia ir à enfermaria simplesmente para descansar num dos sofás, se necessário.

Ben estava empolgado com a ideia de voltar à vida normal – a sua vida – fora do hospital. Ele adorava os amigos e gostava de estar na escola com todos os outros garotos. Além disso, queria exibir o pijama cirúrgico que tinha ganhado!

No meio do dia, o telefone de casa tocou. Era Ben pedindo que Deanne fosse buscá-lo na escola. Ele tinha despendido toda a sua energia. Ben estava contente por ter conseguido ficar na escola durante meio período. Esse foi o último dia em que ele se sentou em sua carteira, pois nunca mais voltou à escola.

✧ ✧ ✧

Embora não se sentisse em condições de ir à escola na sexta-feira, Ben conseguiu convencer os pais a deixá-lo sair rapidamente para comprar um novo carregador para o telefone celular. Quando ele descia a Westlake Drive, um carro que vinha em sentido contrário invadiu a sua pista. Na tentativa de evitar uma colisão, Ben desviou-se um pouco para a direita, raspando a lateral de um belo Jaguar XJL Ultimate novinho.

Do lado do motorista do Jaguar surgiu um homem corpulento vestido de terno, todo cheio de anéis e com uma corrente de ouro no pescoço. Ben instintivamente enfiou a mão no bolso para pegar a carteira de habilitação quando percebeu que estava vestido com o pijama cirúrgico. *Putz, só faltava essa,* pensou ele.

– Desculpe, senhor – disse Ben. – Vou ter de pedir para a minha mãe trazer minha carteira de habilitação.

O homem estava furioso. – O que você acha que está fazendo? Adolescentes! Você estava enviando um torpedo, não estava?

– Não, não estava. Eu...

– É inacreditável! – interrompeu o homem, que continuou a descarregar a sua raiva. Ben tentou apaziguá-lo, mas não adiantou.

Gesticulando exageradamente, o motorista começou a xingar e a falar palavrões enquanto Ben ligava para a mãe. – Mãe, a minha carteira ficou na sua bolsa desde aquele dia no hospital?

– Ficou sim – respondeu Deanne.

– Vou precisar dela – disse Ben. – Acabei de bater o carro. Você pode trazer pra mim, por favor?

– Você está bem, meu filho? Está machucado? – A primeira preocupação de Deanne foi com Ben. Mesmo que não estivesse machucado, o estresse de ter se envolvido num acidente poderia ser demais para ele.

Ben lhe garantiu que estava tudo bem, mas disse que a polícia ainda não tinha chegado e que o outro motorista estava gritando com ele, falando um monte de palavrões.

– Saia de perto dele – aconselhou Deanne –, simplesmente ignore-o. Estou indo.

Quando Deanne chegou ao local do acidente, Ben e o outro motorista ainda estavam em pé ao lado de seus carros. Um guarda estava parando na frente deles.

Deanne foi ver como estavam as coisas. Ben explicou que o outro motorista tinha estacionado do lado direito da pista em que ele estava. Ele estava prestes a passar por ele quando veio outro carro rapidamente na direção contrária. Ben decidiu que teria de se espremer entre os dois carros: o parado ao lado da pista e o que se aproximava. Ao tentar fazer isso, errou o cálculo e bateu na lateral do carro que estava parado.

Ben se desculpou várias vezes, mas o dono do Jaguar estava furioso. A esposa dele colocou a cabeça para fora do carro e também começou a fazer comentários irônicos.

Depois de apenas alguns dias longe daquela experiência de paz no quarto branco, Ben achava que aquele lugar não era nada pacífico. Suas desculpas estavam sendo ignoradas, e ele sentia que estava ficando tenso. Quando Deanne chegou, Ben lhe disse que a única coisa que ele queria fazer era dar um soco naquele sujeito, mas que sabia que não podia fazer isso. Ele tinha sido acusado de ser um daqueles adolescentes irresponsáveis e sem educação e de enviar mensagens de texto ou falar ao telefone ao volante, e ele não tinha feito nada disso.

O quarto branco pacífico estava chamando Ben de volta.

✧ ✧ ✧

Deanne achou que a visão de Ben era uma história fantástica e pediu que ele a contasse para algumas de suas amigas depois que recebeu alta do hospital. Às vezes ele ficava um pouco sem jeito ou constrangido de falar sobre isso, mas sempre atendia ao pedido dela. Ally iria passar o fim de semana em casa, e Deanne mal podia esperar que Ben também lhe contasse a sua experiência. Mais tarde, Ben disse à sua família que essa visão foi tão forte e tão real que ele sabia que estava acordado. Na verdade, ele evitava se referir a ela como sonho ou visão, pois sabia que tinha realmente estado lá, a um passo do céu.

✧ ✧ ✧

O desmaio de Ben no átrio da escola fez com que Madeline Nick ficasse mais consciente dos próprios sentimentos. Naquela manhã, quando um aluno invadiu a sua classe e disse que Ben tinha desmaiado, ela ficou preocupadíssima. Madeline percebeu que a sua queda por Ben estava se transformando em algo maior, que ela se importava com ele. Quando soube que ele estava melhor, queria que ele soubesse como ela se sentia em relação a ele. Mais tarde, naquele mesmo dia, ela lhe enviou o seguinte torpedo: "Espero que você esteja bem no hospital", e disse que gostava muito dele.

Ben respondeu a mensagem: "Ei, muito obrigado. Vamos ver como ficam as coisas".

Ben não foi à escola durante todo o mês de dezembro, exceto aquele meio período logo depois de ter saído do hospital. No dia 13 de dezembro, uma terça-feira, ele estava se sentindo enclausurado. Depois de descansar o dia inteiro, Ben se sentiu forte o bastante naquela tarde para ir com Madeline ao Barton Creek Resort & Spa, um dos melhores clubes de campo de Austin, onde ficaram conversando por horas. Ele disse que queria lhe falar sobre a experiência pela qual tinha passado na semana anterior quando desmaiou no átrio, e deu a entender que acreditava em anjos.

Ben e Madeline ficaram algum tempo curtindo a companhia um do outro. Os dois riram dos caras que diziam que, para eles, a mulher perfeita era aquela que fazia um ótimo sanduíche para eles.

Mais tarde, às 21h46, Madeline enviou o seguinte torpedo para Ben: "Você é o tipo de cara para o qual eu faria sanduíches".

Ele respondeu: "Hahaha, eu não acredito que você falou isso. Eu queria poder capturar essa tela. Tá bom. Eu quero um sanduíche".

✧ ✧ ✧

Depois da batida de carro, Ben muitas vezes ficava acabrunhado. Deanne, Shawn e Jake estavam radiantes por ter Ben de volta, e seu telefone era bombardeado por mensagens sinceras dos amigos de Westlake; até alunos de outras escolas de Austin, depois que ficaram sabendo do incidente, trocaram um monte de mensagens com ele pelo Xbox LIVE. Mesmo assim, ele continuava abatido.

Ben ficava agradecido por essas tentativas de levantar o seu ânimo; de verdade. E quando não conseguia fingir que estava de bom humor, ele se escondia por trás do humor literal. Em casa, no entanto, Ben achava que a família não estava tão receptiva à volta do seu lado brincalhão como ele tinha previsto.

Certa noite, ele estava na cozinha enquanto Deanne estava lavando a louça. De repente, como quem não quer nada, ela perguntou se ele tinha estudado para as provas finais. Automaticamente, para aliviar um pouco outro dia puxado, Ben brincou: – Fala sério, mãe. Eu acabei de morrer na semana passada; mesmo assim ainda tenho de estudar?

Deanne estava tirando a louça da máquina nesse momento. Ela ergueu os olhos e disse sorrindo: – Tem, é claro que tem.

Ao ouvir sem querer a conversa enquanto mexia na despensa, Shawn riu da tentativa meio desajeitada de Ben de fugir dos estudos.

Deanne sabia que Ben estava tentando fazer pouco caso da situação. Colocando um prato no balcão, ela passou os braços em volta dele. – Ben, eu sei que você está brincando – admitiu ela, ainda abraçada a ele. – Mas... – A voz sumiu quando suas palavras foram sufocadas pelo nó que se formou em sua garganta. A realidade da afirmação de Ben calou fundo em Deanne. Ela sabia que, na verdade, o filho *tinha* morrido na semana anterior. O pensamento de perder – de que ela tivesse perdido – o filho era grave demais para ser objeto de humor.

Seus olhos se encheram de lágrimas. – Eu apenas não quero te perder – disse ela finalmente, soluçando.

– Uau, mãe! – respondeu Ben, desconcertado. – Você está mesmo chateada. Não se preocupe tanto! – disse ele com um grande sorriso.

– Ben – interrompeu Shawn –, a sua mãe tem razão em se sentir assim. Você tem de deixá-la mostrar que o ama, sobretudo depois de um episódio tão sério.

– E, Ben... – acrescentou Shawn, agora também abraçando o filho –, eu quero que você saiba que eu também te amo.

Shawn olhou dentro dos olhos de Deanne, compartilhando silenciosamente suas ansiedades. Os dois sentiam a gravidade da doença de Ben e se conectavam de uma maneira que Ben dificilmente poderia compreender.

CAPÍTULO 29

À BEIRA DO PRECIPÍCIO

Eu queria que você saísse da beira desse precipício, meu amigo

— "JUMPER" (THIRD EYE BLIND)

Numa noite de sábado, Ally procurou Ben dentro de casa. Seus pais tinham pedido a ele que ficasse em casa naquela noite, pois seu coração precisava descansar. Por esse motivo, ela ficou preocupada quando não conseguiu encontrá-lo. Com medo de que Ben estivesse caído em algum lugar, ela olhou em todos os cômodos. Ele não estava em nenhum lugar. Ally, então, ligou para o celular dele, pensando que talvez ele tivesse dado uma saidinha. Quando o irmão atendeu, ela suspirou aliviada.

– Ben, onde você está? – perguntou ela.

– Estou aqui fora, sentado no píer – respondeu Ben.

Ela olhou pela janela da cozinha e o viu sentado na parte traseira da lancha. As luzes estavam apagadas, e mal dava para enxergar o seu vulto na luz do luar. – Tudo bem com você?

– Sim, tudo bem.

Nos últimos dias, Ben procurava cada vez mais a solidão do lago à noite. Aquela água plácida iluminada pelas estrelas era um bom lugar para refletir sobre a vida – e a morte – e rezar.

189

Ally desligou o telefone, vestiu um casaco de náilon sobre o pijama e foi para o píer.

Ben estava sentado na plataforma da lancha atracada, naquela noite tranquila e silenciosa, com os dedos dos pés quase roçando a superfície da água. Sua mente estava povoada de pensamentos, mas o mundo estava silencioso. Seu coração estava inquieto, mas o mundo estava parado.

Naquele momento, Ben estava alheio aos agitos de sábado à noite; e também não tinha ideia de que a irmã o procurava dentro de casa. Sua mente estava calma; ele estava em paz.

Só quando Ally se sentou ao seu lado é que Ben percebeu que não estava sozinho.

– Você tem pensado um bocado, não tem? – perguntou Ally.

– É, tenho... – respondeu Ben olhando a superfície da água. – Ultimamente, tenho vindo aqui para perguntar algumas coisas a Deus.

Ally pressionou o corpo contra a popa da lancha, o ouvido atento e inclinado na direção de Ben. Pouquíssimas vezes ele tinha falado abertamente com ela sobre Deus, muito menos revelado que ele e Deus tinham conversado de maneira quase literal.

Ben quebrou o silêncio.

– Lembra-se de quando eu fui para o hospital aos 4 anos de idade? É estranho. Eu não me lembro nem de ter ido nem de ter saído do hospital; a única coisa de que me lembro é de estar naquele corredor e ver aquela luz intensa sobre mim. Era como se nada mais importasse no mundo. – Ben ficou imóvel; naquele momento, ele *soube* que nada mais importava. – Eu só fiquei olhando para aquela luz, e não conseguia parar de sorrir. – Seu rosto se abriu num sorriso. – E aquela foi a maior sensação de paz que eu já senti. Eu nunca vou conseguir descrever aquela paz.

– Vir aqui no meio da noite quando tudo está silencioso e a água está tão calma – continuou Ben – é o mais próximo que consigo ficar daquela sensação de paz. Por isso, eu venho aqui e faço perguntas a Deus.

Depois de hesitar por alguns momentos, Ally perguntou: – Que perguntas você faz quando vem aqui?

190

– Bom – respondeu ele –, eu sei que não devia dizer isso, mas às vezes eu pergunto por que eu simplesmente não fiquei lá. Eu nunca falei sobre isso com você nem com a mamãe, mas quando eu me envolvi naquele acidente depois de sair do hospital, chorei muito quando voltei para o carro. Eu simplesmente abri o berreiro. – Ben deixou escapar um riso nervoso e olhou para a irmã com um sorriso envergonhado. Ele logo voltou a olhar para a água, o rosto adquirindo novamente uma expressão solene. – E eu pensei: "Por que eu tinha de voltar para cá?"

Compreendendo a frustração dele, mas querendo que Ben desejasse viver e louca para tirá-lo da beira daquele precipício, Ally não sabia o que dizer. Ela sentiu quase instintivamente – de uma maneira que só uma irmã poderia sentir – que Ben estava pronto para cruzar a linha tênue que separa o mundo físico e o mundo espiritual, que talvez de alguma maneira ele já tivesse feito isso, que de alguma maneira já estivesse vivendo num novo estado elevado de ser, que para Ben talvez a eternidade já tivesse começado. Ela sabia que o destino dele era seguro, mas não estava pronta para a partida dele.

Sentada ali com Ben em meio ao silêncio, Ally tentava organizar seus pensamentos.

– Você não quer me falar sobre o seu sonho? – perguntou ela. – Eu sei que a mamãe já me contou, mas eu ainda não ouvi de você.

Ben analisou a pergunta durante alguns segundos antes de responder. – No começo, quando desmaiei, eu não conseguia falar, nem me mexer, nem nada, mas eu ainda podia ver e ouvir o que estava acontecendo. Então, quando vi os caras do serviço de emergência colocarem as pás de desfibrilação no meu peito, pensei: "Legal, eles vão me dar choque e eu ainda estou acordado". Eu só conseguia pensar no quanto ia doer.

Ben arregalou os olhos como se estivesse prevendo a dor, revivendo a experiência. – Mas aí eu comecei a sonhar. Eu chamo de sonho ou visão, mas não sei realmente como chamar, pois eu estava acordado.

– Foi real, não foi? – falou Ally. Ela sabia que Ben acreditava nisso.

– Foi – respondeu Ben –, foi real.

Os dois ficaram novamente em silêncio.

– Então – prosseguiu Ben –, eu estava naquele quarto branco...

– Certo – afirmou Ally –, mas não tinha paredes?

– Simplesmente não tinha fim. Eu não consigo explicar, no duro. Eu senti aquela mesma sensação de paz de quando eu tinha 4 anos.

Ally ficou admirada. – Foi exatamente a mesma sensação?

– Sim – respondeu Ben. – E era estranho... Eu nunca tinha ouvido um silêncio tão grande na minha vida.

Abaixando o tom da voz, ele acrescentou: – Era uma paz tão grande, como se nada mais no mundo importasse.

Quando a mente de Ben começou a divagar, Ally olhou diretamente nos olhos dele, esperando acompanhar seus pensamentos.

– Depois – retomou Ben –, eu estava olhando naquele espelho e... – Ele parou e olhou para ela como se quisesse dizer: "eu não sei, portanto não me pergunte". – Kid Cudi estava atrás de mim. Eu ainda não tinha entendido por que ele estava ali, mas nós dois estávamos usando roupas muito bonitas, e – eu sei que parece estranho – mas nós parecíamos *realmente* bem – disse ele com um sorriso nervoso. – E eu me senti *confiante* como nunca tinha me sentido em toda a minha vida.

Ben fez uma pausa, feliz com seus pensamentos. Depois de refletir um momento, seu rosto se iluminou num sorriso revelador. – Eu simplesmente não conseguia parar de sorrir, e estava sorrindo pra valer e... estava orgulhoso de mim mesmo. – Ben olhou para Ally, tentando avaliar a reação dela.

Ela estava sorrindo para ele, com os olhos radiantes de aprovação. Ben desviou o olhar novamente para a superfície calma da água.

– Quando eu estava olhando no espelho, sabia que estava olhando para mim mesmo, mas que não estava *apenas* olhando para mim mesmo; eu estava olhando para toda a minha vida. – Ben titubeou por um instante, avaliando a clareza da sua afirmação. – Eu fiquei tão orgulhoso da minha vida inteira e de tudo o que eu tinha feito que simplesmente não consegui parar de sorrir. E... – De repente ele se virou para Ally, os olhos atentos, olhando bem dentro dos olhos dela. – Eu soube que estava pronto para algo mais importante.

Ally também olhou dentro dos olhos de Ben, absorvendo as palavras em total silêncio.

Ben prosseguiu: – Então nós fomos até aquela grande mesa de vidro. E Kid Cudi colocou a mão no meu ombro e perguntou: "Você está pronto?" Eu respondi que estava e ele então falou: "Agora vá". E começou a tocar a música: "Quando vai acabar a fantasia? Quando vai começar o céu?".

Ben fez uma pausa, o sorriso animado esmaecendo. – Eu realmente achei que estava indo para o céu.

Ally *não* esperava isso. Ela ficou sentada imóvel, os olhos fixos em Ben, atônita com a confissão dele. A sua falta de resposta foi acompanhada por uma sinfonia de grilos.

De repente, Ben deu uma gargalhada, distraindo Ally de seus pensamentos. – Aqueles caras do serviço de emergência devem ter pensado que eu estava maluco, porque quando eu acordei simplesmente não conseguia parar de sorrir. Mais tarde uma garota me perguntou: "Por que você estava sorrindo tanto quando acordou?" E eu respondi: "Ora, porque eu simplesmente estava feliz". Ela olhou para mim como se eu fosse muito esquisito. – Os dois riram juntos.

Ally virou-se para o irmão. – Você está feliz por ter acordado? – Ele deu um grande suspiro e disse: – Acho que sim – e esfregou os olhos. Ele estava soluçando.

Ally não conseguiu conter as lágrimas repentinas que inundaram seus olhos. Passando o braço pelos ombros de Ben e chegando ainda mais perto dele, ela tentou confortá-lo. Mas ela tentou, sobretudo, convencê-lo do seu próprio desejo de viver.

– Ben, nós estamos muito felizes por você ainda estar aqui conosco. Eu sei que talvez você não quisesse estar aqui, mas você tem de saber que *esta vida* não é a nossa vida. A nossa vida é eterna, e esse é um presente que Deus nos dá. E *esta vida* é o nosso presente para Deus. Eu não sei por que

Deus trouxe você de volta, e talvez a gente nunca fique sabendo. Mas o que você precisa saber é que, se Deus decidiu trazê-lo de volta, Ele deve ter um propósito *muito* importante para você aqui.

Ally abraçou mais forte o irmão, chorando incontrolavelmente. Durante vários minutos eles permaneceram naquela mesma posição, suas lágrimas se comunicando numa linguagem que os dois compreendiam.

Quando a respiração dos dois começou a voltar ao normal e eles se sentiram mais aliviados, Ben quebrou o silêncio. – Acho que você tem razão. E eu também acho que Deus me deixou ter aquela visão para que eu não ficasse com medo de morrer... Assim eu saberia que vale a pena ir para o céu.

Dessa vez o silêncio pareceu ecoar por todo o lago.

Depois de um longo tempo, Ally ergueu a cabeça do ombro de Ben. Tirando com hesitação os braços dos ombros dele, ela inclinou-se para olhá-lo de frente. – Eu te amo, Ben – ela falou baixinho.

Ben olhou nos olhos dela. – Eu também te amo – ele falou do fundo coração. Eles se abraçaram novamente.

Numa tentativa de restaurar o tom em geral descontraído deles, Ally acrescentou: Desculpe por acabar com a sua paz com meu falatório.

– Não, é para isso que eu venho aqui – respondeu Ben –, para falar. – Ally sorriu.

– Eu vou entrar agora – disse ela após um momento, querendo deixar Ben em paz.

Sem hesitar, ele respondeu: – Eu vou com você. – Ele se levantou e, juntos, de mãos dadas, Ben e Ally percorreram o píer pela última vez.

CAPÍTULO 30

ESTOU CANSADO

É de estranhar que eu esteja cansado?

— "IS IT ANY WONDER?" (KEANE)

Uma semana antes do Natal, Ben driblou a morte pela última vez. Ben, Ally e Jake saíram do quarto bocejando, grogues de sonho. O dia ainda não tinha amanhecido, mas uma viagem de duas horas e meia para o meio do nada, no Texas, aguardava a família Breedlove.

Ansiosos por passar alguns momentos agradáveis com os amigos, os Kohler convidaram a família toda para fazer um curso de um dia sobre segurança e autodefesa com armas de fogo que seria realizado num estande de tiro perto da casa deles. Ben sempre aproveitava cada minuto que passava na fazenda dos Kohler, e estava louco para fazer um pouco de treinamento tático profissional para a sua prática de tiro ao alvo. Depois de colocarem as mochilas, armas e munição no SUV da família, os Breedlove partiram na alvorada gelada de dezembro.

Ben tinha acordado com o coração disparado — outra vez. Ele estava num estado de arritmia quase constante desde os feriados de Ação de Graças. Somado à previsão meteorológica de dia frio, ventoso e potencialmente úmido, Shawn e Deanne pensaram seriamente em cancelar a viagem. Mas Ben não queria perder essa oportunidade e garantiu que estava ótimo.

Ele queria muito ir, e Shawn e Deanne acabaram concordando, embora essa fosse uma daquelas ocasiões em que eles teriam preferido ser extremamente cautelosos e ficar em casa. Porém, isso faria com que Ben continuasse isolado e afastado das coisas que amava. Parecia certo deixá-lo dar as cartas. Ele precisava curtir a vida. Essa era uma excelente maneira de reunir a família, na companhia de bons amigos, principalmente se Ben achava que tinha condições de ir.

Saindo de Austin, eles passaram por longos trechos de pastos, campos cercados de arame farpado e gado Longhorn sob o céu azul do amanhecer. Enquanto Shawn dirigia, seus quatro passageiros cochilavam apoiados nas portas e em ombros no banco de trás. Depois de mais ou menos uma hora de viagem, eles pararam no estacionamento da Buc-ee's, a maior loja de conveniência do Texas e eterna favorita, onde poderiam fazer um lanchinho rápido.

Assim que entraram, o delicioso aroma de café moído na hora, de carnes preparadas na hora e pães e biscoitos fresquinhos deu as boas-vindas aos novos fregueses. Dentro da gigantesca loja de conveniência havia corredores e mais corredores com todos os tipos de guloseimas. Deanne e Ally foram para as máquinas de café, enquanto Jake e Shawn pegaram sanduíches quentinhos num balcão com portas de vidro.

Percebendo que Ben não tinha saído do carro, Deanne foi lá fora ver como ele estava. Ela bateu na janela do carro e fez sinal para que ele a abrisse. – Ben, você não quer comer alguma coisa enquanto estamos aqui? Essa é a única parada que faremos, e só vamos almoçar lá pelas duas e meia da tarde.

Ele permaneceu imóvel no banco, mal erguendo os olhos para mostrar que tinha escutado. – Não, eu não estou com fome. De qualquer maneira, obrigado – respondeu ele com um leve sorriso de agradecimento.

Ben estava acostumado a se levantar todos os dias sentindo-se esgotado e sem energia. Geralmente a fadiga diminuía o seu apetite. Para ele, aquela era apenas outra manhã daquelas. Ele decidiu abrir mão do café da manhã e descansar para o longo dia que ele teria à frente.

– Está certo – concordou Deanne com relutância. – Mas você precisa beber um pouco de água. Eu vou pegar para você. – Deanne voltou para reunir o restante da família. Ao comprar água mineral para Ben na saída, ela decidiu pegar também um sanduíche e um suco de laranja, caso ele ficasse com fome mais tarde. Ela não queria que ele ficasse com baixa taxa de açúcar no sangue antes de um dia cansativo no estande de tiros. Os Breedlove logo voltaram para o carro e prosseguiram viagem, chegando nas imediações do campo antes de o sol nascer.

Assim que o horizonte começou a ficar laranja, Shawn pegou uma estrada de terra empoeirada sinalizada por uma pequena caixa de correio pintada de azul à esquerda. Depois, seguiu em frente até chegar a uma área coberta, onde os instrutores do curso e seus aprendizes estavam reunidos. O pessoal estava dividido em grupos, esfregando as mãos para se aquecer e batendo papo antes da preleção introdutória.

Shawn encostou o SUV ao lado de uma fila de carros estacionados e desligou o motor. Com seus chapéus e caixas com balas 9 mm, a família Breedlove caminhou no ar cortante. Era um dia frio, mas com um lindo céu azul.

Ao avistá-los do outro lado do campo, Mark e Pam Kohler se separaram de um grupo de atiradores mais experientes para cumprimentar e dar as boas-vindas aos Breedlove. Depois de abraçar Ben, Pam olhou-o nos olhos e notou que eles não tinham o seu brilho usual. Ela achou que ele parecia estranhamente prostrado e podia afirmar que ele não estava se sentindo bem naquela manhã.

Mark foi ao encontro de Jake e Ben, que estavam retirando a bagagem do SUV. – Bom dia, meninos! Vocês estão com os coldres prontos? – Ben e Jake ergueram os casacos, mostrando os coldres, devidamente presos na cintura e prontos para serem usados.

Ally, por outro lado, não estava tão preparada. Morrendo de frio, ela tinha colocado dois casacos de náilon com capuz, contrapondo com uma calça *jeans* justíssima e botas femininas de caubói, o que a tornava um alvo fácil das zombarias de Mark.

Sarcástico, Mark fez gozação com ela em seu tom brincalhão de sempre. – Você está cheia de camadas aí, hein? Por acaso você é um animal de sangue frio ou algo assim? Seu réptil!

— Estamos muito contentes por vocês terem vindo! — exclamou Pam, simpática e calorosa como sempre. — Venham conosco até as mesas de piquenique; nossos instrutores vão falar para todo o grupo e, depois, vamos separar os atiradores novatos dos veteranos.

Depois que os instrutores falaram sobre as regulamentações, os Breedlove se separaram dos Kohler para começar o primeiro curso de segurança e autodefesa com armas de fogo da vida deles.

Ally e Jake tinham levado pistolas Ruger calibre 22 idênticas, armas menores sem recuo, adequadas para mãos nervosas e inexperientes.

Tanto Shawn como Deanne tinham levado uma Glock 19, e Ben, uma Springfield XD. Todos os cinco estavam equipados com óculos de proteção, protetores de ouvido e muita munição. Eles ficaram a postos com suas armas.

— Agora ouçam! *Nenhum* de vocês vai colocar um dedo no gatilho antes de termos aprendido muito bem e executado a rotina de segurança, e de termos feito isso tantas vezes que cada um de nós fique à vontade para manusear uma arma — disse o instrutor com seu forte sotaque texano.

Enquanto Ally e Deanne deram suspiros de alívio, Ben e Jake trocaram olhares de decepção. Eles não estavam interessados em discursos; eles queriam atirar! O instrutor falou ao grupo pelo que pareceu horas sobre segurança com armas, regras de conduta e as manobras que os aprendizes executariam durante o dia, demonstrando cada técnica enquanto falava. Depois de uma manhã inteira de instruções, os aprendizes tiveram permissão para usar suas armas pela primeira vez.

Na hora do almoço, famintos depois de uma longa manhã de atividade, Shawn e Jake foram para o carro atacar as caixas térmicas cheias de refrigerantes e sanduíches de peito de peru que Deanne havia levado. Ben ficou para trás, depois foi lentamente até uma mesa de piquenique sob a área de descanso coberta. Depois de esperar ansiosamente por esse dia durante semanas, tudo o que ele queria era praticar bastante a sua pontaria e fazer Jake recolher as cápsulas vazias. Ele queria rir, azucrinar Ally e pregar peça em todo mundo como sempre fazia. Mas nesse dia ele simplesmente não se sentia bem.

Ally percebeu que a energia de Ben havia diminuído consideravelmente depois de ficar em pé a manhã toda ouvindo o instrutor. Ela foi atrás dele e se sentou ao seu lado. – Você está legal, cara? – Ela estava preocupada com o desânimo de Ben e com a sua taxa de açúcar no sangue. – Você não comeu nada o dia todo. São duas e meia agora.

Ben olhou-a de soslaio, sem se dar ao trabalho de se virar para ela. – Eu estou legal – ele falou displicentemente. – Estou com um pouco de dor de estômago. Volto logo. – Cansado até mesmo para ficar em pé, Ben se dirigiu devagar para o banheiro do outro lado do campo.

– Ally, você acha que ele está bem? – Deanne também percebeu o ar abatido do filho.

Ally continuou a olhar preocupada para Ben, que ainda estava atravessando o campo. – Acho que sim – respondeu ela, sem desgrudar os olhos do irmão. – Ele disse que o estômago o está incomodando, então não deve ter nada a ver com o coração dele. Parece que ele está se dando bem com o remédio que está tomando agora. Esse não o deixa esgotado como o outro que ele tentou na semana passada, portanto acho que é apenas um problema de estômago. – Ally parecia estar tentando convencer mais a si mesma do que à mãe.

Após o intervalo de meia hora para o almoço, Ben se juntou à família para retomar o treinamento. Ele estava exausto e queria desesperadamente se sentir melhor, mas estava determinado a aproveitar o dia. Deanne encontrou uma cadeira dobrável para Ben, e ele se sentou relutante durante a sessão de palestra até a hora de atirar.

O instrutor apoiou-se tranquilamente num dos alvos centrais, esperando que os últimos retardatários do almoço voltassem para as mesas. – Muito bem, pessoal, *agora* nós vamos atirar. – Quando o grupo de aprendizes abriu fogo em seus alvos, voaram cápsulas vazias de metal em todas as direções.

Apesar da sua exaustão física, os dois primeiros projéteis de Ben atingiram o centro do alvo. Os outros membros da família Breedlove também não se saíram mal. Tanto Ally como seus pais acertaram um tiro no centro do alvo e um mais para o lado. Jake, entretanto, aparentemente era um atirador nato. No primeiro tiro da sua vida, ele acertou *na mosca*. Desse momento em diante, ninguém questionou a competência dele, apesar da idade.

Depois que o instrutor encerrou o curso com um discurso de despedida, os novatos começaram a catar as cápsulas vazias no gramado e a jogá-las num grande balde de lixo. Antes que todas as cápsulas tivessem sido recolhidas, Ben voltou para a área coberta das mesas de piquenique e se sentou. Ally jogou um último punhado de cápsulas no balde e foi atrás do irmão, pressentindo que ele não estava nada bem. Assim que ele tirou os óculos de proteção e os protetores de ouvido, Ally se sentou ao lado dele.

— Eu não me sinto bem — resmungou ele.

Na fração de segundo que Ally levou para olhar o irmão sobre o ombro, Ben estava deitado no banco de piquenique. — Ben, você está legal?

Sem responder à irmã, a cabeça de Ben deslizou do banco como em câmera lenta. A princípio, Ally pensou que ele estava fazendo uma brincadeira de mau gosto, mas num instante o rosto dele ficou roxo. Não era uma brincadeira. Ben estava em apuros.

Ally nunca tinha visto Ben durante uma parada cardíaca. Ela tinha ouvido sobre o seu colapso em Westlake, mas agora estava testemunhando pela primeira vez.

Antes mesmo que Ally entendesse o que estava acontecendo, Deanne estava do outro lado do banco segurando a cabeça do filho no colo. Ela estava recolhendo cápsulas vazias quando viu Ben ir para o banco de piquenique. Ao vê-lo se deitar, parou para observá-lo. Ela deu um grito sufocado quando viu a cabeça e os ombros dele começarem a escorregar para o lado. Deanne correu para junto de Ben, mas já o encontrou com o rosto arroxeado e os olhos virados. Ela entrou em pânico. Agarrou a cabeça dele e tentou acordá-lo sacudindo-o e falando com ele. — Meu filho, você está bem? Você consegue me ouvir, querido? Tudo bem, meu filho. Você vai ficar bom. – Não estava funcionando. Ele não estava bem.

Deanne pôs o filho no colo enquanto Shawn correu para levantar os pés dele no ar, para tentar aumentar o fluxo de sangue para a cabeça. Segurando firme nos ombros e nos pés dele, os dois o puseram rapidamente no chão. Deanne olhou para o marido, transtornada. – Shawn, será que devemos fazer ressuscitação cardiopulmonar?

Nessa altura, a mesa de piquenique estava rodeada de gente. Todos estavam atordoados. O grupo de atiradores experientes viu a agitação do outro lado do campo e correu para o local. Pam ligou imediatamente para o serviço de emergência, afastando-se rapidamente da multidão em busca de sinal do celular; Mark foi atrás dela, para lhe passar o endereço e as indicações de como chegar no estande de tiros.

Um homem abriu caminho entre as pessoas e se ajoelhou diante de Ben para ajudar com as manobras de RCP. Mark se posicionou atrás de Ben e perguntou para o homem. – Quinze por duas? – querendo dizer que seriam quinze compressões torácicas para duas ventilações, o método de RCP usado naquela época. O homem concordou, mas fez apenas uma compressão torácica; em seguida sentou-se nos calcanhares e esperou. Não houve resposta.

– Faça mais! – gritou Deanne. Apesar dos vários sustos que eles tinham sofrido e das inúmeras vezes que Deanne tinha ensaiado mentalmente rotinas de emergência, ela se sentiu despreparada para lidar com a situação, e uma idiota. Ela tinha feito aulas de RCP. Tinha até mesmo comprado um desfibrilador externo, que carregava sempre consigo, antes de Ben ter recebido o marca-passo. Ela sempre ensaiava e praticava o que fazer numa situação de emergência. Tinha repassado várias vezes a cena mentalmente durante anos, preparando-se exatamente para um evento como esse. Mas agora, vendo o rosto roxo e os olhos sem vida de Ben, ela ficou paralisada pelo próprio medo. Pensamentos horríveis passaram por sua cabeça. *Será que Ben pode nos ouvir? Será que ele consegue sentir alguma coisa? Por favor, meu Deus, não deixe que ele sinta dor.*

Shawn não estava se saindo muito melhor. Ele parecia quase catatônico. Suas esperanças em relação a Ben estavam dolorosamente diminuindo.

Ally se afastou da multidão, sem saber ao certo como e o quanto tinha se distanciado. Ela queria sair do caminho, deixar de ser uma espectadora inútil no meio do trauma. Ela passou os braços ao redor de Jake, que também tinha fugido da cena, tremendo e chorando a uma distância segura.

Ben estava ainda mais roxo. Ele não estava sendo revivido. Eles estavam no meio do nada. Impotente, Ally observava a cena que se desenrolava diante de seus olhos. Ela não se movia, nem respirava, nem pensava. Apenas permanecia imóvel.

Nesse exato momento, Ben se sentou. Claramente desorientado, ele perguntou a Mark: – Ei, eu estou bem?

– Sim, está – respondeu Mark, aliviado por ouvir novamente a voz de Ben.

Num momento Ben estava prostrado e roxo naquele banco; no outro, estava sentado e com a cor voltando ao seu rosto. Assim, sem mais nem menos.

– Eu estou melhor. Deixe-me ficar sentado aqui por um minuto – disse ele. Ben olhou em volta como se não conseguisse entender onde estava, então notou os olhares aflitos de Shawn e Deanne. – Ei, pessoal. Eu estou melhor agora – disse ele, quase como se estivesse falando sobre o tempo. A ambulância chegou.

Jake soltou-se dos braços de Ally e esticou o pescoço ao redor como se fosse um espectador para dar uma olhada em Ben. Quando viu o irmão sentado e falando, correu novamente para os braços de Ally.

– Você está bem, Jake? – perguntou Ally, olhando os olhos chorosos de Jake.

– Estou – respondeu Jake, com a voz trêmula. – Eu só queria ficar com uma boa imagem de Ben na minha mente.

❖ ❖ ❖

A equipe do serviço de emergência começou a examinar Ben, verificando seus sinais vitais e fazendo anotações nas pranchetas. Um dos paramédicos virou-se para Deanne e perguntou: – Então, senhora Breedlove, a senhora gostaria de ir na ambulância?

Ao ouvir a conversa, Ben interveio. – Epa, epa, epa. Eu tenho 18 anos. Sou um adulto. Portanto, isso significa que não tenho de ir para o hospital, certo? – Ben olhou diretamente para o paramédico, confiante na sua afirmação. Depois de passar a vida toda seguindo as incômodas regras e normas com relação ao seu tratamento médico, Ben estava farto. Pela primeira vez, ele defendia o seu direito de decidir como um adulto.

Pego desprevenido, o paramédico olhou para Shawn e Deanne, desculpando-se com os olhos pela resposta que era obrigado a dar. – É verdade. Uma vez que você tem 18 anos, pode recusar assistência médica.

– Eu não vou – respondeu Ben de maneira categórica.

Shawn e Deanne trocaram olhares espantados, surpresos com a atitude corajosa de Ben. Durante dezoito anos Ben tinha aceitado suas circunstâncias sem se queixar muito. Mas, dessa vez, Shawn e Deanne perceberam uma determinação que nunca tinham visto antes no filho.

Os dois entendiam a relutância dele em passar outra noite num hospital estranho. Eles já tinham passado por isso antes e ficaram com pena dele. Ben sabia que passaria a noite com várias linhas intravenosas no braço e fazendo uma série de exames; depois, ficaria lá deitado, morto de tédio, enquanto era "observado", esperando um médico lhe dar alta no dia seguinte. Para piorar a situação, eles estavam fora da cidade, o que significava que teriam de tratar com um grupo inteiramente novo de médicos. Pior ainda, nenhum amigo, fora Pam e Mark, poderia visitá-lo para aliviar o tédio. Ben conhecia de cor essa rotina e a rejeitou. Ele não queria mais ser cutucado, espetado nem examinado. Queria ficar em casa na sua própria cama.

No entanto, talvez por ter sido a primeira vez que Shawn e Deanne presenciaram um dos episódios cardíacos de Ben, eles achavam que ele deveria ser examinado no hospital. – Meu amor, vamos pelo menos ao pronto-socorro para você ser examinado – implorou Deanne. – Depois voltamos para casa.

203

– Eu não vou nessa ambulância – suspirou Ben.

– Se você não vai nessa ambulância, quem é que vai lhe dar uma carona para casa? – Shawn estava engenhosamente se opondo ao argumento de Ben. Shawn sabia que Ben não estava feliz com a sua resposta, então garantiu ao filho que eles fariam apenas o que era necessário no hospital para ter certeza de que ele não corria um risco significativo, e depois o levariam para casa o mais rápido possível. Nem o pai nem o filho sabiam o risco significativo que Ben já corria. No final, Ben sucumbiu ao seu destino no hospital.

CAPÍTULO 31

QUANTO FALTA PARA O CÉU?

Salve-me desta prisão
Senhor, ajude-me a sair daqui

— "HEAVEN" (LOS LONELY BOYS)

Relutante, Ben passava mais uma noite monótona no pronto-socor-ro. Por sorte, o médico que estava de plantão era de Austin e co-nhecia os cardiologistas dele. Ainda assim, eles não chegavam a uma conclusão se deviam manter Ben no hospital, enviá-lo ao Dell Children's em Austin ou simplesmente deixá-lo ir para casa. Shawn e Deanne discutiram essa questão com os dois médicos durante horas, enquanto o filho era monitorado pela equipe do hospital.

Apenas um membro da família de cada vez podia fazer companhia a Ben no pronto-socorro, então Shawn e Deanne se revezaram. Enquanto isso, Ally e Jake se acomodaram na sala de espera detonada e com cheiro de cigarro. Junto às paredes cor de pêssego havia uma fila de cadeiras de madeira forradas com um tecido floral barato. Ally e Jake sentaram-se sobre o plástico grudento que protegia o assento e tentaram impedir que os sapatos aderissem ao piso de linóleo que não tinha sido limpo. O lugar todo parecia muito sujo.

✧ ✧ ✧

205

De novo num pronto-socorro, Ben estava exasperado numa cama de hospital velha e bamba. Ao contrário das camas altamente tecnológicas do Dell Children's Medical Center, se quisesse levantar ou abaixar a cabeceira, ele tinha de manipular um trinco nas costas da cama primitiva, como numa espreguiçadeira. Para piorar a situação, ele não conseguia ter um momento de sossego com o ruído incessante dos jurássicos equipamentos que entulhavam o quarto. Depois de algum tempo, uma enfermeira abriu a cortina para trocar o soro. Era uma jovem de rosto bonito e jeito simplório. Seus olhos se encheram de surpresa quando ela olhou para Ben. – Meu bem, você é novo demais para ter um marca-passo! Geralmente doentes idosos é que têm marca-passo! – ela falou com um agradável sotaque interiorano.

Para ele bastava. Ben pegou o telefone celular e começou a enviar mensagens de texto para os pais do tipo: "Eu estou brincando, mas é sério". "Me levem pra casa!", "Me tirem daqui! Por favorrrrrrrr!"

Apesar de suas tentativas ignoradas de escapar do pronto-socorro, Ben conseguiu convencer o pai a infringir uma das normas: ele bolou um plano e recrutou Shawn como cúmplice. Deanne, Ally e Jake também seriam cúmplices do crime. Eles entrariam no pronto-socorro com um contrabando: Taco Bell.

Shawn localizou rapidamente a franquia mais perto no seu *smartphone*, e a missão teve início. Não demorou muito, Shawn, Ally e Jake voltaram com a comida proibida, entregando a parte de Ben para Deanne. Ela se encaminhou furtivamente para o corredor do pronto-socorro como se estivesse contrabandeando drogas, torcendo para que seu perfume disfarçasse o aroma dos *tacos* de frango e queijo. Deanne se escondeu atrás da cortina e, entre as visitas da enfermeira e do médico, passou os *tacos* a Ben, um a um, da sua bolsa, depois amassou os papéis e descartou as provas. Ben ficou temporariamente satisfeito. O Taco Bell *quase* compensou o seu confinamento no hospital.

Ally e Jake foram ficando entediados à medida que escurecia. Finalmente, Shawn reapareceu depois de uma longa visita ao filho. Para alívio dos irmãos, ele anunciou que, enfim, voltariam para casa. Todos os médicos de Ben foram contra essa decisão, mas Ben estava irredutível.

Ally presumiu que Ben tinha tirado partido dos seus direitos como adulto e negociado um transporte na ambulância para o Dell Children's Medical Center, em Austin. Ally e Jake foram animados para o carro, felizes por Ben poder ir para casa com segurança. Porém, quando Ally abriu a porta de trás do carro, ela quase caiu dura.

Ben estava sentado lá dentro.

– *O que é isso?* – protestou ela. – Ben *não* vai viajar duas horas e meia em plena madrugada, no meio do nada, com sinais vitais instáveis, contra a recomendação dos médicos e sem que tenhamos meios de revivê-lo se alguma coisa acontecer no caminho! *Por que* ele não está na ambulância?

– Ally – Shawn falou com firmeza e ar grave –, essa é uma decisão que Ben tomou, e nós vamos acatar a decisão dele. Nós já discutimos o assunto.

Ally sentou-se no banco de trás a contragosto, aterrorizada com o longo trajeto que tinham à frente. Exausto, Ben recostou-se contra a janela do carro, observando a expressão de reprovação de Ally ao seu lado. – Eu *não* quero passar outra noite no hospital – disse Ben. – E eu *não* quero andar em outra ambulância. Eu só quero ir para casa.

Apesar de não concordar com sua decisão, Ally compreendia o irmão. Ben tinha demorado muito para perder a paciência. Ele tinha sido internado muitas vezes, e agora estava estabelecendo um limite. Shawn saiu do estacionamento e pegou a estrada de terra. Eles tinham quase duzentos quilômetros de estrada deserta pela frente.

Enquanto Shawn dirigia pela noite adentro, Ben dormiu. Mas, quando ele dormia, os outros membros da família ficavam mais tensos. No escuro, era difícil distinguir entre sono pesado e inconsciência.

Ally estava inquieta. Ela tentava iluminar o rosto de Ben com a fraca luz do seu celular para verificar se ele ainda estava respirando. De vez em quando, Ben resmungava alguma coisa baixinho sobre ser acordado pela luz, mas Ally não ligava. Ela não ia deixar o irmão "escapar".

207

Sem falar para ninguém, Deanne tinha usado o seu *smartphone* para mapear a rota mais rápida para cada hospital ao longo do caminho. Com medo de incomodar o filho virando-se no banco a toda hora, ela posicionou estrategicamente o espelho retrovisor de modo que pudesse vê-lo. Ela ficou o tempo todo de olho nele, observando cada subida e descida do peito dele. De vez em quando, Deanne atualizava as rotas dos hospitais e relanceava o olhar para Shawn para ver se ele não estava cochilando. Ele estava física e emocionalmente exausto.

Deanne, Shawn, Ally e Jake sentiram-se responsáveis pela segurança de Ben naquela noite. No entanto, de uma maneira bastante real, eles sabiam que a vida de Ben não estava em suas mãos. A viagem seria longa, mas Ben estava a caminho de casa.

CAPÍTULO 32

QUANDO VAI COMEÇAR O CÉU?

Quando vai começar o céu?

— "MR. RAGER" (KID CUDI)

Ben recostou-se na poltrona de veludo da sala de estar, aquecido em seu pijama de flanela. Além das portas envidraçadas, do outro lado da sala, as últimas folhas secas do choupo-branco pousaram na superfície da água. O mundo lá fora agora estava em repouso para o inverno.

O dia anterior tinha sido bastante puxado para a família Breedlove e, apesar de terem dormido em casa, todos ainda estavam exaustos. Eles tinham feito um acordo tácito de não ir ao culto naquela manhã de domingo. Depois de discutirem o assunto ao acordar, decidiram fazer uma espécie de "culto em casa" na própria sala. Ainda de pijama, eles se sentaram no sofá, cada um com sua caneca de chocolate quente.

Os eventos da noite anterior, tão pouco tempo depois do colapso de Ben em Westlake, agora tinham a atenção total da família. O perigo era patente. O problema cardíaco de Ben não era mais uma série de eventos isolados. Seus pais agora chegaram no ponto que temeram durante toda a vida de Ben: o coração dele estava debilitado, e um transplante era iminente. Shawn e Deanne estavam preparados para visitar equipes de transplante imediatamente após o Natal. Eles não queriam estragar os feriados de Ben, então concordaram em esperar até depois do Ano-Novo para lhe comunicar. Assim como na maioria das decisões relacionadas à saúde do filho, eles planejavam ter uma discussão detalhada sobre o assunto, mas deixar que ele desse a palavra final se estava ou não disposto a se submeter a um transplante. Shawn e Deanne não sabiam como Ben reagiria. A tensão em seus corações estava aumentando.

❖   ❖   ❖

Shawn tinha apenas alguns minutos para pensar no que ia dizer, mas sabia que precisava transmitir tranquilidade e esperança à sua família. *Eu mesmo não tenho esses sentimentos*, pensou Shawn, *portanto vou ter de me basear numa verdade na qual eu sempre acreditei.*

— Eu acho que estamos todos cansados demais para ir à igreja esta manhã – começou Shawn –, portanto, tenho algo para compartilhar com vocês. Eu não estava preparado para isso – desculpou-se ele, revirando os olhos de brincadeira –, de modo que serei breve. Vou ler um trecho de Filipenses, capítulo 4, versículos 6 e 7. – Shawn acessou a Bíblia *on-line* no seu *laptop* e digitou a referência na barra de busca. Ele leu: "Não fiquem ansiosos por coisa alguma; mas em tudo, por meio de orações e súplicas, e com ação de graças, apresentem seus pedidos a Deus. E a paz de Deus, que excede todo o entendimento, guardará seus corações e suas mentes em Cristo Jesus".

Shawn fez uma pausa para olhar em volta da sala. – Algum de vocês sabe o que significa "súplica"? Não? Bem, eu também não tinha certeza, então olhei no dicionário esta manhã – acrescentou ele sorrindo. – Significa pedido ou oração insistente e humilde. Esse é o tipo de sabedoria de que precisamos em momentos como os que temos passado. Em vez de ficarmos ansiosos em relação ao coração de Ben, devemos, com oração humilde, fazer nossos pedidos a Deus.

Os olhos de Shawn se iluminaram quando ele fez um gesto com a mão, apontando para cima, como se tivesse tido uma ideia. – O *Deus do universo* está nos convidando a fazer nossos pedidos. E se o Deus do universo está vivo e se preocupa conosco, então temos a sua promessa de que essa paz, que está além da compreensão humana, protegerá nosso coração e nossa mente.

Shawn fez uma pausa e olhou para cada membro da família antes de continuar. – Para mim, isso significa que estamos sendo convidados a dizer a Deus quais são as nossas preocupações com relação ao coração de Ben, e que ele nos dará paz de espírito e nos confortará neste momento de tanta aflição. Tudo o que temos de fazer é pedir.

Shawn fez outra pausa para refletir. Seus olhos pousaram em Ben. Sem saber como explicar o inexplicável, ele perguntou: – Ben, você sabe como é essa paz, não sabe?

Esboçando um leve sorriso, ele respondeu com firmeza: – Sim... eu sei.

– Você pode nos descrever essa paz? – perguntou Shawn, olhando atentamente para o filho.

– Bem – começou ele –, é exatamente como diz o versículo. Não dá para descrever. – Seus olhos brilharam quando ele acrescentou: – Mas é muito, muito bom.

Todos ficaram em silêncio enquanto tentavam imaginar a paz que Ben conhecia, mas obviamente não conseguiram. Depois de um momento, Shawn falou. – Vamos aceitar o convite que nos foi feito pelo Deus do universo; vamos entregar a nossa ansiedade a Deus e orar pelo coração de Ben.

Com a cabeça curvada, Shawn, Deanne, Ally e Jake revelaram suas ansiedades a Deus e oraram por Ben. Os membros da família choraram enquanto abriam o coração. Eles se revezaram fazendo seus pedidos, sem tentar esconder mais suas preocupações, pedindo abertamente: – Por favor, proteja Ben. Dê-lhe a força e a cura de que ele precisa.

A família sempre tinha discutido francamente sobre a doença de Ben, mas nas últimas semanas todos estavam tentando desesperadamente não tratá-lo como se ele estivesse morrendo. Eles queriam fazer com que cada dia dele fosse o mais normal possível, sem se concentrar na sua saúde debilitada.

Agora essas barreiras tinham caído, e eles estavam orando e exprimindo abertamente suas preocupações em relação a Ben na frente dele.

Em seguida, Ben fez um pedido para a sua família. Quando falou, a sua voz não estava embargada como a dos outros. Sua garganta não estava tensa quando ele se dirigiu a Deus.

– Meu Deus, eu rezo para que a minha família não mais fique triste nem atemorizada por minha causa, porque eu não estou com medo. Eu rezo para que eles tenham a mesma paz que eu tenho. – Depois, com a cabeça ainda abaixada, Ben rezou quase como se estivesse dirigindo essa parte da sua oração não apenas a Deus, mas também ao restante da família. Ele finalizou dizendo: – Eu aceito o que Deus decidir.

A família ficou admirada ao ver que Ben, apesar do seu sofrimento recente, não tinha feito nenhum pedido para si mesmo; em vez disso, ele exprimiu suas preocupações em relação à família. Ele não estava triste nem abalado. Estava totalmente satisfeito e calmo. Todos os outros estavam estressados e esgotados emocionalmente. Mas não Ben. Ele estava surpreendentemente tranquilo. Ele não pediu para ser curado; não implorou a Deus: "O Senhor vai me ajudar, me curar, me dar paz?" Na opinião dele, ele já tinha tudo isso.

Estava claro que Ben tinha uma nova determinação; ele sabia que estava vivendo cada dia da sua vida dos dois lados da linha que separa a existência terrena da eternidade espiritual. De algumas maneiras, ele já tinha cruzado essa linha; ele já tinha visto o outro lado e formado uma opinião a respeito; ele aceitava isso, e embora não tivesse premonições a respeito de ir para o céu em breve, estava satisfeito com essa possibilidade, quase feliz. Ele tinha vivenciado a paz eterna. Na verdade, ele já estava *vivendo* naquela paz.

Por meio da sua oração, Ben lembrou aos membros da família que eles também precisavam confiar em Deus e acreditar que Ele tinha Ben em suas mãos. Nesse momento, seus corações serenaram. Só uma semana mais tarde é que a família perceberia todo o significado da oração de Ben – que eles conseguiram ficar em paz diante do problema porque ele tinha pedido a Deus para lhes dar paz. E Deus atendeu à oração de Ben.

✧ ✧ ✧

Depois do "culto em casa", cada um foi para um lado. Deanne começou a preparar o almoço na cozinha. Jake foi brincar fora na cama elástica com seu amigo Kenny e Ally foi tomar banho. Ben também foi para a cozinha e falou mais sobre a sua experiência no céu para os pais.

Shawn ouviu atentamente, tentando reunir toda a história e entender o seu significado, sobretudo para Ben. Ele queria saber todos os detalhes, então fez várias perguntas ao filho sobre o sonho. Apesar de parecer tímido a respeito de alguns aspectos da sua visão, Ben respondeu prontamente às perguntas do pai. – Você e Kid Cudi estavam usando *smokings* pretos? – perguntou Shawn.

– Não – respondeu ele. – Apenas ternos pretos, e nós dois parecíamos estar muito, muito bem.

Eles conversaram mais e, depois de algum tempo, Shawn disse: – Ben, acho que você precisa escrever sobre essas experiências. – Ao ouvir o filho descrever em detalhes para a mãe a paz que tinha sentido, Shawn pensou: *Agora é a melhor hora para documentar essas coisas.* Ele enfatizou para Ben: – Você precisa escrever sobre essas experiências agora, antes que se esqueça delas, porque talvez um dia seja muito importante.

Shawn achava que talvez Ben devesse registrar algumas de suas memórias num diário.

Mas Ben teve outra ideia.

Ele voltou ao seu quarto e começou a trabalhar num vídeo. Aquela não era nenhuma novidade, pois Ben estava sempre trabalhando em algum vídeo; portanto, ninguém prestou muita atenção na ocasião. Ele não contou aos membros da família que tipo de vídeo queria produzir; porém, durante o projeto Ben voltou várias vezes em busca de informações. – Pai, para quanto caiu a minha taxa de açúcar no sangue quando eu tinha 4 anos? – perguntou ele a Shawn.

– Acho que para quatorze, Ben.

Ben voltou para o quarto. Pouco tempo depois, ele voltou e fez outra pergunta para Shawn. – Pai, esse nível de açúcar no sangue é perigoso?

– Eu não sei ao certo – respondeu Shawn –, mas acho que alguém com uma taxa de quatorze está à beira da morte.

Naquela mesma tarde, Ben saiu do quarto outra vez e fez outra pergunta. Ele foi até a sala e se sentou no sofá. – Mãe, por que eu tenho problema cardíaco? – perguntou ele. – É hereditário ou foi simplesmente falta de sorte?

Isso foi o mais próximo que Ben chegou da pergunta "Por que eu?". Ele não estava se queixando, simplesmente queria saber. Ele nunca fez perguntas do tipo: "Por que eu? Por que eu tenho de ser doente? Por que Deus permitiu que isso acontecesse? Por que não posso ser como todas as outras crianças?" Tampouco outro membro da família passou muito tempo imaginando por que Ben tinha cardiomiopatia hipertrófica. Eles sabiam que a força muitas vezes surge da fraqueza, e que o bem, às vezes, vem por intermédio do sofrimento. Mesmo agora, a pergunta de Ben era mais estatística do que espiritual. Ao longo dos anos, ele tinha ficado sabendo que a CMH acomete um em cada quinhentos indivíduos. Ele sabia que poderia ter sido um dos outros 499, mas não era. Ele era aquele um.

No entanto, a maneira como Ben fez a pergunta entristeceu Deanne. Ela respondeu: – Nós não sabemos se é hereditário, mas achamos que sim. Você nunca fez exame para saber se tem o gene causador de CMH, portanto não sabemos ao certo. Mas o que nós sabemos é que você é um presente de Deus.

❖ ❖ ❖

Mais tarde, naquele mesmo dia, Shawn disse a Deanne: – Ben deve estar trabalhando em alguma coisa. Ele me fez várias perguntas sobre suas experiências passadas.

Deanne ficou surpresa. Ben tinha lhe feito perguntas semelhantes. Na semana anterior, ele tinha dito a Ally que sabia que estava pronto para algo importante. Agora Shawn o tinha incentivado a documentar suas experiências, pois algum dia elas poderiam ser importantes. Ben refletiu sobre o significado disso tudo e voltou a trabalhar no vídeo em seu quarto.

CAPÍTULO 33

AS PALAVRAS SÃO IMPORTANTES

Até eu morrer, faça com que minhas palavras sejam importantes
Para que, se eu for embora, se eu morrer hoje...

— "THE PRAYER" (KID CUDI)

Ben entrou no quarto, sentou-se na escrivaninha do seu estúdio e ficou olhando seu santuário pessoal. Ele adorava aquele quarto que tinha herdado quando Ally foi para a faculdade. Além do "estúdio", no canto, ele estava rodeado de vários objetos de valor afetivo – um pequeno crucifixo que ele tinha ganhado de missionários da Tailândia ficava sobre a mesinha de cabeceira, exatamente onde tinha sido deixada para ele anos atrás; suas pranchas de *surfboard* e *wakeboard,* que ele gostava tanto que guardava no quarto, e não na garagem ou na lancha; sua baqueta de tambor; e várias fotos pessoais. Aquele era o lugar de Ben. Ou pelo menos tinha sido.

A escrivaninha, ainda enfeitada com seus objetos cenográficos favoritos, era iluminada pelas fortes lâmpadas do estúdio. A gigantesca tela verde ainda estava pendurada na parede, transformando um quarto de adolescente num ambiente profissional. Aquele quarto tinha sido palco de muitos de seus vídeos, e agora seria palco do seu último projeto. Por mais que amasse cada segundo de vida neste mundo, Ben tinha uma forte sensação de que ele não era mais a sua principal morada. Sentado no estúdio, ele abriu uma gaveta, tirou alguns cartões brancos de 12,5 cm × 7,5 cm e uma caneta hidrocor preta e começou a escrever.

Ele tinha assistido a um vídeo no YouTube em que outro adolescente, Kieran Miles, usou cartões para transmitir uma mensagem sem pronunciar uma só palavra. Kieran contou que tinha desistido de viver e tentado o suicídio, mas que estava conseguindo superar seus problemas.[4] Ben ficou profundamente comovido com o sofrimento do garoto. Ele achava que tinha uma mensagem capaz de levar as pessoas a terem esperança e queria transmiti-la da maneira que Kieran tinha feito. Ao produzir seu próprio vídeo, Ben disse que havia se inspirado no formato de cartões de Kieran para apresentar a sua mensagem.

Jake e seu amigo Nate entraram no quarto de Ben para ver o que ele estava fazendo. Jake estava acostumado a ver o irmão trabalhando em seus vídeos, portanto não ficou surpreso ao encontrar Ben outra vez no computador. Jake e Nate estavam mais interessados em atirar uma bola para Chica, a cadela maltesa de 4 anos dos Breedlove, e não prestaram muita atenção ao que Ben estava fazendo.

Sentado diante da tela verde, o mesmo local onde tinha criado vídeos de várias "locações" ao redor do mundo, Ben inclinou-se na direção da câmera do computador. Normalmente, ele fazia os vídeos com todo o seu arsenal – o estúdio, câmeras, luzes e o pseudomicrofone sobre a mesa, mas não dessa vez. Para esse projeto, Ben se ajoelhou ao lado da cama e chegou bem perto do *laptop*. Em seguida, pôs a trilha sonora, uma versão instrumental de "Mad World", música gravada originalmente pela Tears for Fears, banda britânica de *new wave*. O cantor e compositor Gary Jules regravou a música para o filme *Donnie Darko*. A versão de Jules também foi usada dezenas de vezes como fundo musical da clássica novela *General Hospital*, assim como da série *Private Practice*, derivada de *Grey's Anatomy,* exibida no

---

[4] Depois de semanas, consegui encontrar o vídeo do Kieran, que parecia ter sido tirado do YouTube. Na verdade não é o que está escrito, mas é o que ele quer dizer, com base no vídeo. http://www.youtube.com/watch?v=cR3D4Hqz1-E. (N.T.)

horário nobre. A música foi uma escolha natural de Ben. Embora a letra não fosse apresentada no vídeo, Ben a sabia de cor. Ela coreografava quase com perfeição a sua rápida experiência no céu.

> *Acho isso meio engraçado...*
> *Acho isso meio triste...*
> *Os sonhos nos quais estou morrendo...*
> *São os melhores que já tive...*[5]

Sem dúvida alguma referindo-se à visão que teve quando estava estirado no chão da escola, Ben começou a exibir os cartões na ordem em que os tinha escrito, segurando cada um deles por apenas alguns segundos antes de passar para o próximo. Ele não pronunciou uma só palavra, mas contou a sua história por meio das palavras escritas nos cartões, da sua atitude e da sua fisionomia.

A expressão facial de Ben combinava com a mensagem dos cartões. Quando um cartão continha uma mensagem séria descrevendo a sua doença, a cardiomiopatia hipertrófica, ele ficava bastante sério. Mas quando falava sobre experiências felizes e positivas, como a luz intensa que visualizou quando tinha 4 anos de idade, ou a "visão" em que Kid Cudi se juntou a ele na sala de espera branca do céu, ele esboçava um leve sorriso para que o espectador soubesse que aquele tinha sido um momento bom na sua vida. Às vezes, ele olhava rapidamente para cima, para o seu lado direito, como se estivesse procurando alguma coisa, mas não fez nenhuma referência ao que via lá.

Quando falou sobre a cirurgia a que foi submetido para receber um marca-passo, Ben ficou em pé por alguns momentos e abaixou a gola da camiseta, revelando uma grande cicatriz avermelhada no peito. Fora isso, ele permaneceu sentado durante as duas sessões de vídeo, bem próximo da câmera do computador.

---

[5] Mad World, letra e música de Roland Orzabal, na interpretação de Gary Jules.

Ele retomou a história na segunda parte do vídeo, começando por seu colapso na escola, no dia 6 de dezembro, apenas algumas semanas antes. Ben não estava obcecado por qualidade artística nesse vídeo. Estava claro que ele estava mais preocupado com a mensagem do que com o meio. Num dos cartões, ele rabiscou um erro, em vez de fazer outro cartão. No final da segunda parte, dava para ver claramente o rabinho de Chica balançando na frente da câmera sobre o ombro direito de Ben, que parecia não se importar.

Quando terminou de contar sua história, Ben diminuiu o ritmo da apresentação, segurando cada cartão por um pouquinho mais de tempo. Depois de descrever sua experiência na "sala de espera do céu", Ben fez uma declaração comovente num dos últimos cartões: "Eu gostaria de NUNCA ter acordado".

Antes que o espectador tivesse tempo de entender o significado dessa afirmação, Ben fez uma pergunta no penúltimo cartão – uma pergunta que teve um profundo impacto no coração de todas as pessoas que assistiram ao vídeo. Ele perguntou: "Você acredita em anjos ou em Deus?"

Empunhando mais um cartão, Ben acrescentou a importante mensagem que ele queria transmitir aos seus amigos.

No último cartão estava escrito apenas: "EU ACREDITO".

Ben não carregou o vídeo no seu canal usual, o BreedloveTV. Em vez disso, decidiu carregá-lo em seu mais novo canal no YouTube, o TotalRandomness512, um jogo de palavras com o código de área de telefonia de Austin. Ele não colocou nenhuma propaganda nem qualquer outro meio de lucrar com esse canal. Era um presente.

Olhando para a tela do computador, Ben deu uma última conferida no vídeo e apertou "carregar". O vídeo de duas partes no YouTube, intitulado "Esta é a minha história", agora pertencia ao mundo.

CAPÍTULO 34

COMO SE O AMANHÃ FOSSE UM PRESENTE

Para pensar no que você faria com isso

— "LIVE LIKE YOU WERE DYING" (TIM MCGRAW)

Cole Bednorz pulou em cima do capô da caminhonete – em movimento – do seu amigo Zach. Embora sua visão estivesse obstruída por Cole, Zach inclinou a caminhonete no estacionamento vazio do IHOP, diante dos amigos que observavam a cena às gargalhadas.

Cole sentiu que estava escorregando do capô e tentou saltar com o veículo ainda em movimento. Num instante, ele caiu no chão e os pneus passaram por cima do corpo dele.

❖　❖　❖

Cole e Ben eram bons amigos que gostavam de praticar *longboard* e *wakesurf* juntos. Nos dias quentes do Texas, eles podiam ser vistos surfando com o pai de Cole, que tinha sido surfista profissional no Havaí. Apesar de ser um garoto amável e gentil, Cole gostava de emoções fortes; e, de outras maneiras, Ben também gostava. Por meio de seus pontos em comum e também de suas diferenças, Ben adorava Cole e era bastante leal a essa amizade.

Apesar de seus próprios problemas de saúde recentes, Ben fez questão absoluta de visitar o amigo no hospital. Cole tinha sofrido perfuração do pulmão esquerdo e laceração de quase todos os principais órgãos, mas estava vivo. Antes de entrar no quarto do hospital, Deanne e Ben tiveram de colocar máscaras, aventais e luvas, pois o sistema imunológico de Cole estava comprometido. Os amigos ficaram contentes por se encontrar, mas ambos ficaram chocados ao ver como os dois estavam fracos e pálidos. No entanto, a visita fez bem a eles, e até fizeram planos de voltar à água assim que a temperatura subisse um pouco. Antes de sair do quarto, Ben virou-se para trás, para olhar Cole uma última vez.

Após a visita, Ben perguntou à mãe se ela podia deixá-lo na casa de Grant. Deanne ficou relutante por causa dos problemas de saúde recentes do filho, mas ele parecia estar bem e ela sabia que ele sentia falta dos amigos, por isso cedeu. Antes de deixar a casa de Grant, no entanto, Deanne estabeleceu algumas condições para os dois: que eles "pegassem leve", que não saíssem de casa nem fizessem nada extenuante, como pular na cama elástica. Em tom de brincadeira, porém com fundo de seriedade, ela disse a Grant: – Se acontecer alguma coisa, chame o serviço de emergência; depois, me chame! – Grant lhe garantiu que faria isso e que sua mãe logo estaria em casa.

Debbie Hamill, mãe de Grant, chegou e perguntou a Ben como ele estava se sentindo. Ela não só sabia do incidente na escola como tinha ido visitá-lo com Grant depois que ele voltou do hospital. Debbie ficou fascinada com a experiência de Ben e pediu para que ele lhe contasse mais uma vez a história da sua visão.

Quando Ben terminou, Debbie pareceu intrigada com seu encontro celestial. – Eu não sei como falar isso – disse ela –, mas estou realmente feliz por você. Fico feliz por você ter tido uma experiência agradável. – Como anestesista, Debbie estava acostumada a lidar com certos aspectos da morte, mas não necessariamente com *vida após* a morte.

Ben não entendia como Grant e a família dele não acreditavam em Deus. Ele nunca permitiu que a sua fé ou a relutância de Grant interferisse na amizade deles, mas às vezes o assunto vinha à baila.

– Como é que vocês podem não crer em Deus ou em nada?

– Eu não sei – disse Grant –, na verdade a minha mãe nunca falou sobre isso.

Eles admitiam suas diferenças em relação às crenças religiosas, e às vezes caçoavam um do outro. Por exemplo, Grant tinha o hábito de exclamar: "Oh, meu Deus!". E Ben logo rebatia. "Quem? De quem você está falando?" Eles riam e continuavam a respeitar a opinião um do outro.

Ben sabia que Grant não ficava bravo por ele exprimir a sua fé, mas ele entendia que Grant não conseguia se identificar com suas crenças. Da sua parte, Grant estava convencido de que a fé de Ben era real e que ele estava sendo absolutamente honesto quando falava sobre a sua fé e a sua visão.

Mais tarde, naquele mesmo dia, os dois estavam conversando sobre Madeline e Grant perguntou a Ben: – Então, o que você vai fazer em relação a essa menina? Madeline estava esquiando no Colorado com a família.

– Depois dos feriados de Natal – disse Ben – eu vou convidá-la para sair.

Na véspera de Natal, logo depois que o relógio marcou meia-noite, Madeline enviou um torpedo para Ben desejando Feliz Natal. À meia-noite e treze, Ben enviou o seguinte torpedo para ela: "Feliz Natal, Madeline. Estou feliz por você fazer parte da minha vida".

CAPÍTULO 35

UM LINDO DIA

É um lindo dia
Não o deixe escapar

— "BEAUTIFUL DAY" (U2)

—Ei! – exclamou Ben ao acordar sobressaltado. Quando abriu os olhos, viu Jake, com o cabelo desarrumado e vestindo seu pijama de flanela, em pé ao lado da cama com um sorriso travesso. – Por que você bateu na minha cabeça com o travesseiro? – resmungou Ben, puxando os lençóis sobre a cabeça. – Deixe eu dormir mais uma hora.

– Sem chance! É hora de levantar.

– Feliz Natal! – Ally fez coro da porta.

Ben saiu da cama vagarosamente, sem nenhuma pressa. Ele já estava vestido para a ocasião com sua camiseta polo, a calça do pijama de flanela e chinelos forrados de pele de carneiro. Olhando de Ally para Jake e dando uma piscadinha, Ben brincou: – Caramba, por que vocês demoraram tanto para se levantar? – e saiu correndo pelo corredor.

Ally e Jake foram atrás dele às gargalhadas.

O aroma doce de canela e hortelã recendia por toda a casa. Aquele era o cheiro inconfundível do Natal. O mundo ainda estava escuro, mas o brilho fraco das luzes da árvore de Natal emanava da sala de estar. Ben olhou de esguelha para Jake e começou a dar passos exagerados nas pontas dos pés na direção da luz.

— Não, Ben! — gritou Jake. — Nós temos de esperar!

— É melhor a mamãe e o papai descerem antes que eu *veja!* — replicou Ben.

— Qual é, pessoal — interferiu Ally, assumindo o seu eterno papel de apaziguadora. — São só sete e três. A mamãe e o papai vão descer a qualquer minuto.

Nesse exato momento, eles ouviram um rangido familiar do patamar da escada, seguido de passos. Shawn e Deanne surgiram no corredor, também de pijama. Shawn bocejou e sorriu sonolento enquanto Deanne correu para colocar um pouco de música para criar o clima. — Muito bem, pessoal! Podem vir!

Na mesma hora, Ben, Ally e Jake entraram correndo na sala ao som da suíte do balé O Quebra-Nozes. Na frente das portas envidraçadas, do outro lado da sala, a árvore de Natal enfeitada sobressaía em toda a sua glória. Seus galhos estavam repletos de bengalinhas coloridas, vários tipos de enfeites reluzentes e luzes multicoloridas que lançavam reflexos brilhantes sobre os presentes lindamente embrulhados. Cinco meias festivas costuradas à mão estavam penduradas na lareira, saudando seus donos pelos nomes. Cada meia pendia de um gancho prateado decorativo no formato de uma letra diferente. Juntas, elas formavam a palavra PAZ. Na meia de Ben, costurada em vermelho vivo, estava a palavra "Acredite".

Todos estavam num clima festivo porém tranquilo, relaxados em seus confortáveis pijamas de natal. Deanne pôs alguns *quiches* no forno e passou glacê nas roscas de canela, enquanto Ally servia o chocolate quente. Ben parecia particularmente feliz. Esse ano ele tinha comprado alguns presentes especiais para os membros da família, e estava ansioso para ver a reação de cada um. Sem energia para ir às lojas apinhadas de gente, ele vasculhou a internet para encontrar os presentes perfeitos. Depois, pediu a Deanne para ajudá-lo a escolher o presente do restante da família, fornecendo o dinheiro e instruções detalhadas sobre o que comprar. Ele adorava presentear, e queria dar o presente certo para cada um.

224

– O Papai Noel veio! – exclamou Jake com entusiasmo, indo pegar a sua meia. Ben e Ally foram atrás dele, loucos para comer os doces de Natal que estavam nas meias. Depois que todos estavam acomodados no sofá e nas poltronas com uma caneca de chocolate quente na mão, começou a troca de presentes. Como faziam todos os anos, Ally, Ben e Jake abriram seus presentes em ordem cronológica de idade, começando por Jake.

Quando chegou a vez de Ally, Ben procurou sob a árvore até encontrar uma sacolinha marrom cheia de papel de seda rosa choque. Ele entregou a sacolinha a Ally com um enorme sorriso nos lábios. Dentro dela havia uma caixinha amarela decorada com trevos de quatro folhas brancos e amarrada com um laço de tule turquesa. Ela sacou na hora que era o par de brincos Kendra Scott que tinha colocado no topo da sua lista de Natal. Embora Ben fosse um presenteador generoso, Ally ficou surpresa por ganhar os brincos dele, e não dos pais. Ela abraçou efusivamente o irmão, tentando imaginar o que o tinha levado a gastar tão prodigamente com ela naquele ano.

Shawn e Deanne deram a Ben um vale-presente de um Final Cut Pro, um *software* avançado de edição de vídeo para ajudá-lo a produzir seus vídeos. Deram também um presente para os dois meninos, uma versátil câmera GoPro que podia ser montada e presa por meio de um suporte à cabeça, ao peito ou ao esqui, ou até mesmo usada debaixo d'água. – Vamos usá-la hoje! – exclamou Jake.

Além disso, Shawn e Deanne deram a Ben uma câmera de vídeo de alta definição que melhoraria extraordinariamente a qualidade dos seus filmes para o YouTube. Quando abriu o presente, ele quase gritou. – Eu não esperava isso. – Durante muito tempo, ele ficou sentado olhando para a câmera. – Uau, eu não consigo acreditar! – ele repetiu várias vezes.

Jake tinha criado uma obra de arte especial para os pais. Ele pintou uma cena do lago com as árvores da margem oposta, vistos do píer. Durante várias semanas, ele passou todas as tardes trabalhando no quadro, sentado sozinho sobre um cobertor à beira do lago, só voltando para casa depois que tinha escurecido. O quadro tinha cores vibrantes, inclusive um pouco de amarelo dourado na grama, com o reflexo das árvores na água. Curiosamente, Jake tinha incluído um elemento que não fazia parte da paisagem. No meio de todas as outras árvores, Jake tinha pintado uma árvore branca sem folhas.

Quando Deanne perguntou ao filho o que o tinha levado a pintar uma árvore inexistente, ele respondeu: — Eu só achei que ela deveria estar lá.

Shawn ganhou um par de tênis amarelo vivo, com detalhes em verde, laranja e amarelo fluorescentes que ele mesmo tinha desenhado e encomendado, e Deanne embrulhou para ele. Todo mundo achou que o tênis parecia duas latas de refrigerante Mountain Dew, mas Shawn estava empolgadíssimo. Ele tirou o tênis da caixa e exibiu orgulhosamente para a família. — Pensem bem, não se acha um tênis desse nas lojas! — disse ele eufórico.

— Puxa, pai, eu nem imagino por que... — disse Ben zombando, revirando os olhos para o tênis supercolorido de Shawn.

— Bem, tem mais um — disse Shawn, entregando a Deanne um presente cuidadosamente embrulhado. Ela ficou exultante. Era a bolsa que ela ambicionou durante todo o feriado. Esse presente atencioso e inesperado levou-a às lágrimas.

— Por que as mulheres gostam tanto de bolsas? — perguntou Ben, descontraidamente.

Hora de jogar. Depois de recolher os presentes e resgatar Chica debaixo de uma pilha de papéis de presente, os Breedlove sentaram-se à mesa da sala de jantar para jogar sua partida anual de Banco Imobiliário. Nesse ano, Ben deu uma canseira no pai. Há muito tempo a família estava acostumada a sucumbir ao domínio de Shawn em jogos de tabuleiro; mas, num golpe de sorte com as ferrovias, Ben estava ganhando. Ele estava todo prosa, e suas decisões começaram a render frutos, à medida que ele foi se apoderando de todas as propriedades de Shawn, até tomar tudo o que ele tinha. Depois de três horas e meia de jogo, todos os hotéis pertenciam ao peão dele, e as ferrovias continuavam gerando lucro. Meia hora depois, Ben finalmente ganhou a competição anual de banco imobiliário dos Breedlove pela primeira vez. Exaurida pela agitação de Ben durante o jogo, a família se dispersou para arrumar a bagunça e estrear os presentes de natal.

Após a maratona do Banco Imobiliário, Deanne foi para a cozinha preparar o jantar de Natal. Ela estava mantendo tudo simples e informal, pois seriam apenas eles e os Kohler.

Ainda de pijama e chinelos, Jake e Ben levaram a câmera GoPro para fora. Nate e Benji, seus vizinhos, começaram a fazer acrobacias com Jake na cama elástica. Como seu nível de energia estava muito baixo, Ben não se juntou a eles, mas estava curtindo filmar as proezas dos meninos com a GoPro.

✧ ✧ ✧

Deanne ainda estava na cozinha preparando o jantar quando deu uma olhadinha no relógio e viu que eram 16h45. Shawn ia grelhar uma carne, e ela estava salteando cebolas na manteiga para colocar no molho das batatas gratinadas. Pela janela da cozinha, ela viu Ben rindo e sorrindo com os mais novos, que estavam pulando na cama elástica. Ela sorriu enquanto gravava mentalmente a cena, saboreando aquele momento terno antes de voltar a mexer o molho no fogão.

Ally tinha acabado de tomar um longo banho quando as palavras de Jake a fizeram parar no meio do caminho. Abrindo a porta da cozinha, ele gritou: – Mãe, Ben não está legal!

Com base na urgência da voz de Jake, Ally sabia o que aquelas palavras significavam. Ela ouviu o barulho de uma colher de pau caindo no chão e depois os passos da mãe correndo para fora.

CAPÍTULO 36

PARAÍSO

Paraíso

— "PARADISE" (COLD PLAY)

Deanne correu para fora, ao mesmo tempo que gritava para o marido: – Shawn! É Ben!

Embora ela não tivesse dito nada mais, o som da sua voz era tudo o que Shawn precisava ouvir; era o som da urgência. Ela chegou até Ben em segundos, com Shawn logo atrás. Eles o acomodaram na grama sob o grande salgueiro, com os olhos vidrados, exatamente da mesma maneira que tinham ficado no estande de tiros. Deanne segurou o rosto do filho e tentou conversar com ele, na esperança de acordá-lo, mas ele não reagia. Seu primeiro instinto maternal foi simplesmente tomá-lo nos braços e confortá-lo, mas ela sabia que não havia tempo para isso. Ao contrário do incidente no estande de tiros, ela se recusava a deixar que o medo a paralisasse.

Deanne começou imediatamente a fazer manobras de RCP. Shawn levantou as pernas de Ben, uma medida que no passado às vezes fazia Ben recuperar a consciência. Mas nada parecia ajudar. Ele não estava respirando, e Deanne não conseguia detectar batimentos cardíacos.

Paralisada na varanda, Ally mal teve tempo para registrar o que estava acontecendo. Ela viu Jake na grama, perto dela, tentando fazer uma ligação

228

telefônica. Ally arrancou o telefone das mãos dele, desligou e ligou imediatamente para o serviço de emergência.

Para não perder a recepção do sinal, ela ficou na varanda transmitindo informações entre o operador do serviço de emergência e Shawn e Deanne. Quando Ally disse ao operador que a mãe estava fazendo ventilações e compressões, na proporção convencional de quinze compressões para duas ventilações, o operador respondeu: – Sem ventilação! Só compressões. – Ally gritou a mensagem para os pais: – Só compressões, sem ventilação!

Deanne ignorou essa recomendação e fez mais duas ventilações na boca de Ben. Ele estava tão azul que ela achou que ele precisava de oxigênio.

– Apenas compressões! – gritou o operador. – Fale para a sua mãe fazer cem delas!

Ally gritou as instruções novamente para a mãe.

Deanne respondeu com um olhar atarantado. – Cem compressões? – Isso não parecia certo. No entanto, ela começou a fazê-las o mais profundamente que podia, sabendo que não teria problema se quebrasse uma das costelas de Ben. Ela estava totalmente concentrada nas compressões: 21, 22, 23, 24, 25. Ela continuou com as compressões. Shawn gritou para Ally falar para o serviço de emergência andar depressa, embora eles soubessem que a equipe chegaria logo. Mesmo assim, era uma sensação horrível ver seu filho querido numa situação potencialmente mortal como aquela e não poder fazer nada para ajudá-lo.

Deanne rezava sem parar, ao mesmo tempo que comprimia o peito de Ben e gritava, – 45, 46, 47, 48... – Ally passou a contar as compressões em uníssono com a mãe. Finalmente, a contagem desesperada foi interrompida pelo som de sirenes.

Ally saltou da varanda, colocou o telefone na mão do pai e correu para o jardim para fazer sinal para a ambulância. Ela ficou com o coração na mão. Entre a folhagem que pendia sobre a rua, Ally pôde ver apenas um carro de bombeiros se aproximando. Ela sabia que o corpo de bombeiros era sempre o primeiro a chegar ao local de uma emergência, mas Ben precisava de uma ambulância. Ally se demorou apenas o suficiente para indicar a entrada da garagem, depois voltou correndo para consolar Jake. Ouviu-se outra sirene. Era outro carro de bombeiros. Quando a ambulância finalmente chegou, Ally correu para indicar o caminho do quintal aos paramédicos e voltou correndo para junto de Ben. No meio do caminho, parou para ver se os paramédicos a estavam seguindo. Eles estavam, mas estavam *andando*.

– Vocês precisam correr! – gritou ela. Ally levou-os até Ben, que permanecia imóvel no quintal. Tudo parecia se desenrolar numa câmera lenta excruciante, como se ela estivesse presa num pesadelo. Os paramédicos puseram *lentamente* um oxímetro no dedo de Ben, cortaram *lentamente* as roupas dele para expor o seu peito e fixaram *lentamente* os eletrodos.

Shawn estava perdendo a paciência e gritou desesperado: – Vocês têm de fazer RCP! Por favor! Façam RCP!

Shawn sabia que a RCP era vital para Ben por causa da parada cardíaca, e ainda mais importante para fazer com que sua pressão arterial subisse; mas, primeiro, os paramédicos queriam verificar o estado de Ben e seus sinais vitais. – Ele tem um marca-passo para controlar os batimentos cardíacos, mas é mais importante do que isso; é um problema de pressão baixa – Shawn tentava desesperadamente explicar. Os paramédicos continuaram seus procedimentos usuais. Shawn falou de maneira educada, porém firme: – Escutem, ele precisa de RCP agora. Se vocês não fizerem, faço eu. – Ele e Deanne entraram no meio dos paramédicos para realizar os procedimentos de RCP, mas os bombeiros finalmente chamaram um de seus homens para fazer isso, enquanto continuavam ligando Ben a todos os tipos de fios e monitores.

Falando com uma rede de assistentes e deixando recados em secretárias eletrônicas, Shawn tentava desesperadamente entrar em contato com o cardiologista do filho naquele feriado e colocá-lo no telefone com um dos paramédicos, na esperança de que ele pudesse dizer o que fazer para ajudar Ben. Quando finalmente conseguiu falar com o médico, passou o telefone para um dos principais paramédicos, esperando que ele seguisse as instruções do cardiologista. Em vez disso, o paramédico pegou o telefone de Shawn e se afastou para discutir a situação longe dele.

❖ ❖ ❖

Mark e Pam chegaram logo depois. O casal ficou abraçado com Ally e Jake, observando Ben. Shawn e Deanne ficaram o mais perto que podiam do filho, pedindo aos paramédicos para segurar a mão ou o pé de Ben, ou o que estivesse ao alcance. Depois de várias injeções de epinefrina e diversos choques do desfibrilador, Ben permanecia inconsciente e azul. Pam fechou os olhos, barrando toda a dor do mundo naquele momento, e começou a rezar.

A mente de Deanne estava a mil. Será que Ben reviveria? Se revivesse, será que teria dano cerebral permanente? *Será que ele está sentindo dor? Será que ele pode nos ouvir? Será que ele está sentindo tudo isso? Será que está se perguntando por que nós não estamos fazendo a coisa certa para ajudá-lo a sair dessa angústia? Será que esses são seus momentos finais?* Apesar de não permitir que esses pensamentos se apoderassem da sua mente, ela não conseguia deixar de imaginar se Ben já os tinha deixado, se talvez um anjo não tivesse vindo para acompanhá-lo até o céu. *O que é que está acontecendo ao nosso redor na esfera espiritual que não podemos ver?* Deanne olhou para o filho e odiou o fato de ele estar passando por aquilo. Ela sentiu uma tristeza enorme por ele. Todo o seu corpo doía mas, ao mesmo tempo, ela sentia um estranho torpor.

Em meio às tentativas dos paramédicos de trazer Ben de volta, Shawn viu as mãos do filho se contorcerem de forma rígida. Embora nunca tivesse visto alguém morrer, Shawn teve certeza de que Ben havia deixado o seu corpo naquele momento. Diante disso, ele foi tomado de uma grande emoção e teve vontade de chorar, mas as lágrimas se recusavam a sair com toda a adrenalina correndo por seu corpo. Ele não queria acreditar no que tinha acabado de ver. *Ben nos deixou*, pensou ele. Pelo que ele havia aprendido sobre as questões espirituais, a vida cessava quando Deus tirava o espírito de uma pessoa, e não quando um coração parava de bater. Shawn continuava a ter esperança, mas as coisas não pareciam nada bem.

❖ ❖ ❖

Sempre capaz de manter a calma sob pressão, Mark olhou atentamente para Ally. — Você precisa ser forte para os seus pais, Ally — disse ele. — Pegue roupas e sapatos para eles irem ao hospital.

Ally olhou para Ben, relutante em sair do seu lado, mas admitindo que Mark estava certo. Então ela logo correu para dentro. Quando passava pela cozinha, ela ouviu alguém falar o nome dela. Ao se virar, viu o vizinho deles, o sr. Davis, desligando o fogão que Deanne tinha deixado aceso quando correu para fora.

— O que posso fazer para ajudar? — perguntou ele, sentindo-se impotente.

— Nada — respondeu Ally; em seguida, ela subiu as escadas correndo.

A equipe do serviço de emergência afivelou Ben numa maca e foi em direção à ambulância que estava estacionada na frente da casa. Havia embalagens de curativos, adesivos e outras parafernálias médicas espalhados por todo o quintal. Todo mundo parecia estar desnorteado, sem saber o que fazer. Shawn conversava tristemente com o paramédico, enquanto Mark e Pam estavam petrificados, com expressões soturnas, sob o salgueiro. Jake permanecia perto da parede do jardim, absorvendo a cena com o rosto inexpressivo. Ele observou silenciosamente o irmão ser levado.

Uma mera sombra de si mesma, Deanne se encaminhou para a ambulância, o tempo todo segurando firme o pé de Ben, a única parte dele que ela podia alcançar, e rezando. Enquanto seguia atrás da maca, ela viu em sua visão periférica que um grupo de vizinhos, jovens e velhos, estavam reunidos próximo da rua com olhares preocupados. Eles estavam todos juntos, com os braços ao redor um do outro ou de mãos dadas. Deanne conhecia bem seus vizinhos. Muitos deles moravam na mesma rua havia quase vinte anos, e era como se fizessem parte da família. Ela sabia que eles estavam rezando e pedindo a Deus para ficar ao lado de Ben. Embora a presença dos amigos levasse conforto à sua alma, ela não se atrevia a olhar nenhum deles nos olhos. Ela se sentia como se tivesse falhado com Ben. O que ela poderia fazer se *realmente* olhasse para eles? Acenar? Dizer oi? Ela simplesmente não conseguia olhá-los nos olhos; então, ficou de cabeça baixa, falando com Deus o tempo todo e segurando firme o pé de Ben.

Ally olhou o irmão pela última vez. Ela conhecia tão bem aqueles olhos castanhos, sempre tão ternos e amistosos. Agora eles estavam frios, vidrados. Estavam vazios. Ally teve certeza de que Ben tinha morrido, mas se recusou a acreditar nisso.

CAPÍTULO 37

ACREDITE

Eu preciso de algo mais
Para continuar respirando

— "BELIEVE" (THE BRAVERY)

Ally sentia como se o mundo tivesse parado. Ela mal podia respirar. Antes que pudesse pensar em algo, sua mãe estava caminhando ao lado da maca de Ben na direção da ambulância. Atordoada e em silêncio, Ally sentou-se no banco do passageiro do carro do pai para seguirem a ambulância. Apesar de Jake e Pam estarem sentados no banco de trás, Ally não estava consciente da presença deles. Ela não enxergava nada à sua volta, não sentia nada, como se a sua alma estivesse à espera.

Os paramédicos insistiram para que Deanne se sentasse na parte da frente da ambulância e, com relutância, ela acabou concordando. Ela estava inquieta; sentia-se péssima por estar sentada ali na frente, e não junto com Ben. Ela ficava doente só de pensar que ele estava sozinho na parte de trás. Com medo de desmaiar ou ter uma crise de asma, manteve o inalador por perto. Deanne respirava profundamente para tentar manter a calma. De vez em quando, virava-se para trás e olhava através de uma janelinha, tentando ver Ben, mas não conseguia. — Eu estou aqui, Ben! — ela falava pela janelinha, caso ele ainda pudesse ouvi-la. — Eu te amo! — Ela rezava, como tinha rezado tantas vezes antes, para que Deus confortasse o filho e ficasse ao lado dele.

A ambulância fez o mesmo trajeto de quando Ben teve a convulsão aos 4 anos de idade, percorrendo a encosta sinuosa. Deanne se lembrou de que Deus tinha permitido milagrosamente que ele sobrevivesse àquela longa convulsão de 45 minutos e se agarrou à esperança de que talvez o desfecho fosse o mesmo. Porém, dessa vez não era a mesma coisa.

Enquanto isso, o carro de Shawn seguia a ambulância. A viagem foi silenciosa e pareceu durar horas. Embora Jake não pronunciasse uma só palavra durante todo o percurso, mais tarde ele disse à família que acreditava que Ben já tinha morrido. Tinha demorado demais. Ele simplesmente sabia. Na maior parte do tempo, as emoções de Ally eram um vácuo; uma lágrima escorreu por seu rosto. Ela percebeu que não tinha o controle da situação, então apelou para alguém que tinha.

Jesus, por favor, por favor diga a Ben: "eu te amo", por todos nós que não tivemos oportunidade de lhe dizer isso. Ally pronunciava fervorosamente essas palavras em sua mente e com mais urgência do que qualquer coisa que tinha desejado na vida.

❖ ❖ ❖

Assim que os pneus pararam de girar, Deanne desceu da ambulância e correu para as portas traseiras para ver Ben. Ele não parecia nem um pouco melhor. Ela tentou de todas as maneiras ver se ele apresentava qualquer sinal de vida, mas não sabia dizer. Ele estava coberto de tubos e fios, e havia gente demais ao redor da maca para que ela pudesse enxergá-lo direito. Pelo que podia ver, ele parecia sem vida. De acordo com as estatísticas, o tempo havia se esgotado. Ben tinha excedido o espaço de tempo em que a maioria dos pacientes consegue se recuperar com RCP. O seu próprio desfibrilador implantado não foi capaz de restabelecer o ritmo do coração com choques. Ele também não tinha respondido aos choques do desfibrilador externo automático (DEA). O uso de epinefrina pelos paramédicos não tinha funcionado. Ele estava chegando ao pronto-socorro exatamente da mesma maneira que estava antes de ser colocado na ambulância. O que mais eles poderiam fazer naquele enorme pronto-socorro?, pensou Deanne. Ben já tinha estado muito próximo da morte antes, mas nunca como dessa vez. Será que havia alguma esperança de que ele pudesse sair dessa? Ela sentia como se tudo estivesse em animação suspensa, porém ao mesmo tempo ainda se movendo caoticamente. Os paramédicos entraram rapidamente com a maca no pronto-socorro, onde uma grande equipe de profissionais esperava para recebê-lo.

Shawn e Ally correram para o saguão do pronto-socorro, com Jake e Pam logo atrás. Mark estava esperando por eles. Quando a enfermeira saiu de trás do balcão da recepção, Ally esperava ser conduzida para a sala de espera do pronto-socorro. Mas dessa vez foi diferente.

Shawn se separou do grupo e seguiu imediatamente pelo corredor que levava diretamente até Ben. Sem pedir o nome da família, uma enfermeira conduziu os outros por um corredor separado. Em seguida, abriu uma pesada porta de madeira que dava para uma sala muito diferente de todas as outras em que os Breedlove já tinham ficado. Não havia leito hospitalar, nem monitor cardíaco, nem o emaranhado de tubos. A sala era agradavelmente acarpetada e tinha um banco grande junto à janela e um sofá de dois lugares. Havia lenços e copos de água nas mesinhas laterais. Isso não era bom.

Shawn entrou na sala de trauma, onde uma equipe de dez a quinze pessoas, entre enfermeiros e médicos, trabalhava diligentemente em diferentes funções, tentando ajudar Ben. Deanne segurava os pés do filho, a única parte dele que ela podia alcançar. Shawn foi para o lado da esposa e a abraçou. Ele também segurou os pés de Ben, pois, de alguma maneira, queria ter um ponto de contato com o filho. Shawn falou com Ben, pediu que ele aguentasse firme e disse que eles estavam lá com ele. Deanne ficou em silêncio e rezou.

Depois de alguns minutos de movimentação, a equipe empurrou um aparelho de ecocardiograma para junto da cama. O aparelho foi colocado bem ao lado de Shawn e Deanne, talvez intencionalmente, para que eles pudessem ver a tela mostrando a atividade cardíaca de Ben. Não havia nenhuma, mas eles ignoraram de propósito a tela vazia, preferindo ter um fio de esperança.

Deanne se perguntava o que estava adiantando toda aquela movimentação. O que ela mais queria era que Ben revivesse e se atirasse novamente nos braços deles. As enfermeiras estavam monitorando várias coisas na cabeça e nos ombros de Ben. O cardiologista estava falando para alguém obter uma imagem do coração dele. Ele deu instruções para que tentassem administrar mais um choque com o desfibrilador. Depois, o médico disse: – Vamos lhe dar um minuto. – Durante um momento, todos interromperam seus esforços. Nada. Alguém colocou o transdutor do aparelho de ecocardiografia sobre o coração e o peito de Ben para obter uma nova imagem da sua atividade cardíaca. Ainda nada. Mas a equipe continuou o procedimento. Mais movimentação. Mais instruções do médico. Shawn e Deanne permaneciam ao lado do corpo imóvel do filho e continuavam a falar com ele, a tocá-lo e a rezar.

Depois que se passaram mais vinte minutos, o cardiologista se dirigiu aos pais: – Estamos fazendo tudo o que está ao nosso alcance há um bom tempo – disse ele. – Se vocês quiserem, nós vamos continuar. – Ele fez um último ecocardiograma. Ainda nada de sinal de batimento cardíaco. Então, falou novamente para Shawn e Deanne: – Vamos continuar. Vocês querem que continuemos?

– Suponho que o senhor acha que não existe nenhuma chance de que ele volte, não é? – perguntou Shawn.

– Não – respondeu o médico.

Abraçados, Shawn e Deanne tiveram a confirmação definitiva do que já sabiam em seus corações: Ben não estava mais lá.

A equipe médica saiu do quarto tão rapidamente que Shawn ficou surpreso. Era como se eles já tivessem feito aquele exercício antes, e estavam simplesmente seguindo o procedimento de deixar a família sozinha com seu sofrimento. Deanne deitou a cabeça no peito do filho e o abraçou, chorando enquanto dizia que ele tinha sido um filho maravilhoso. Shawn ficou atrás dela, abraçando a esposa e Ben ao mesmo tempo. Não era o abraço de sempre do filho deles; ele havia partido.

Shawn e Deanne eram as únicas almas naquela sala. Os dois ficaram lá abraçados, sem saber o que fazer, absorvendo lentamente o que estava acontecendo. Agora eles estavam caindo em si. Shawn começou a questionar tudo aquilo em que ele tinha acreditado durante a maior parte da sua vida. *Será que Deus existe? Será que todo esse papo era realmente verdade?* Ele nunca havia questionado a própria fé em Deus, mas as dúvidas estavam começando a tomar conta da sua mente. E, mais imediatamente, pensou ele consigo mesmo: Será que o seu filho estava no céu? Será que ele estava lá agora? Ou será que o seu corpo sem vida era tudo o que eles tinham para se apegar?

Shawn se lembrou de outras pessoas que ele conhecia que tinham perdido um ente querido. Lembrou-se também de ter assistido a filmes em que as pessoas, arrasadas emocionalmente após a morte de alguém da família, se apegavam a um cadáver sem nenhuma esperança de céu ou de Deus. Shawn tinha de tomar uma decisão: ele acreditava ou não acreditava?

Em vez de se agarrar ao corpo sem vida do filho, ele preferiu se agarrar às convicções que tinha desde a infância. Com base no que ele podia ver na natureza e na criação, com base no que tinha aprendido na Sagrada Escritura, ele não podia ignorar a existência de Deus. Desde que se entendia por gente, Deus esteve presente na vida dele. E Deus, definitivamente, tinha atendido muitas de suas preces para Ben. Shawn e Deanne passaram muitos anos maravilhosos com ele, que saborearam dia a dia, momento a momento. Suas vidas foram enriquecidas de maneira incomensurável pela dádiva de ter Ben por dezoito anos. Como é que eles podiam negar tudo isso? Eles não negavam. Não podiam. Ben agora estava no céu com Deus. Eles acreditavam, assim como Ben.

Depois de chorar por Ben, Deanne e Shawn agora tinham de dar a notícia aos outros filhos, que estavam esperando numa sala ali perto. Para fazer isso, no entanto, eles tinham de deixar Ben. Desde que seus filhos nasceram, Shawn e Deanne ficaram ao lado deles praticamente o tempo todo. Eles foram ao hospital inúmeras vezes, mas sempre tinham levado os filhos para casa. Pela primeira vez, eles tinham de enfrentar a realidade de que iriam se separar do filho – para o resto da vida. Como é que os pais deixam um filho? Como é que bons pais deixam um filho para trás no hospital? Como é que se dá adeus a alguém que se ama tanto? Essa seria a coisa mais difícil que eles fariam em toda a sua vida; parecia contrário à natureza.

Sem a esperança do céu, eles não podiam imaginar como um pai ou uma mãe poderia seguir adiante. A chegada de Ben ao céu era a única esperança que eles tinham para conseguir cruzar aquelas portas da sala de trauma.

CAPÍTULO 38

A MORTE É ROMPIDA

O amor de Deus é maior do que ousamos esperar ou sonhar

— "GOD UNDEFEATABLE" (AARON IVEY)

Shawn e Deanne foram em direção à sala onde Ally e Jake aguardavam com os Kohler. No caminho, discutiram brevemente quem contaria aos filhos, e de que maneira. Nenhum deles sabia como, e Deanne não conseguia. Ela não suportaria dar a dolorosa notícia aos seus dois outros filhos. Essa era uma tarefa do chefe da família. Sem se sentir propriamente um naquele momento, e sem tempo para pensar no que iria dizer, Shawn engoliu em seco e aceitou a responsabilidade.

No momento em que a porta se abriu, Ally, Jake, Pam e Mark se encolheram quando viram a expressão do rosto de Shawn. Entrando na frente da esposa, ele foi direto até Ally. – Venha aqui – ele disse serenamente, abraçando a filha. Ao mesmo tempo, Deanne puxou Jake para junto dela.

– Ben não conseguiu – disse Shawn baixinho.

– Não, não, *não* – gritou Jake, fechando os olhos e balançando a cabeça. Ele enterrou a cabeça nos braços da mãe e chorou. Jake reagiu como a maioria dos garotos de 12 anos reagiria. Ele era muito apegado ao irmão, compartilhava tudo com ele. Quando você perde um irmão, sente-se como se perdesse parte da própria infância. Na verdade, a infância de Ally e Jake em grande parte tinha girado em torno de Ben; ele era ponto de referência dos irmãos. E agora tinha partido.

Pam e Mark abraçaram o grupo e depois se afastaram para deixá-los a sós com seu sofrimento. Todos choraram muito. Ally ficou espantada com a dor audível e excruciante em sua própria voz, que ficou indelevelmente gravada na sua memória. Ela nunca tinha chorado tanto, e achou que nunca mais sentiria uma dor tão grande.

Depois que se acalmaram um pouco, Deanne e Shawn sentaram-se no sofá, com Jake no colo de Shawn. Ally ajoelhou-se no chão com a cabeça enterrada no colo da mãe e os braços enlaçando os pais. Durante um longo momento, todos ficaram ali abraçados, soluçando, enquanto absorviam a realidade da morte de Ben, criando uma espécie de névoa emocional na sala.

Após algum tempo, Ally olhou para os pais e percebeu que, apesar de estarem preocupados com Jake e com ela, eles também precisavam ser reconfortados. Ally falou baixinho: – Acho que Ben ganhou o melhor presente de Natal hoje... a vida eterna.

Ally reafirmou o que eles sabiam: que Ben estava pronto para ir para o céu, que ele estava feliz e pleno, sem mais problemas de coração.

A verdade da afirmação de Ally calou fundo no coração e na mente de toda a família. Não demorou muito, todos estavam chorando de alegria enquanto imaginavam a chegada de Ben ao céu.

Shawn e Deanne discutiram rapidamente se telefonavam ou não para suas famílias no dia de Natal. Eles não queriam dar uma notícia tão triste como essa num dia que deveria ser festivo e marcado pela união familiar. No final, eles decidiram que, apesar do feriado, tinham de fazer as ligações.

Bastante emocionado, Shawn discou o número de telefone e fez uma pausa, tentando encontrar as palavras quando DDad atendeu. – Pai, Ben nos deixou hoje.

– O quê?

Shawn repetiu as palavras.

– Ah!, que tristeza – disse DDad, e começou a soluçar. Ele passou o telefone para Corine e se sentou, chorando convulsivamente.

CAPÍTULO 39

TEMPO

Você sabe como o tempo voa
Ontem foi a melhor época da nossa vida

— "SOMEONE LIKE YOU" (ADELE)

—Acho que está na hora de ir para casa – foi tudo o que Shawn conseguiu dizer. Com grande esforço, a família Breedlove se levantou e se encaminhou para a porta. Eles saíram da sala, mas o sofrimento os acompanhou.

Antes de atravessar as portas daquele hospital pela última vez, Ally pegou um cesto de lixo da recepção. Ela achou que ia vomitar. Era estranho só os quatro entrarem no carro. Embora morassem a apenas trinta minutos de distância, essa foi a viagem mais longa da vida deles.

Quando pararam o carro na garagem por volta das 23h30, os Breedlove estavam receosos de entrar em casa. Depois de caminharem até a varanda com passos pesados e relutantes, a sensação gerada pela expectativa de cruzar a porta de entrada foi indescritível. Sem Ben, a casa não era a mesma. Embora as luzes da árvore de Natal ainda estivessem acesas e as peças do Banco Imobiliário ainda estivessem espalhadas pela mesa da sala de jantar, tudo havia mudado. Nada era o mesmo.

Deanne entrou primeiro, passando feito um raio pelas caixas e papéis de presente que tinham trazido tanta alegria naquela manhã e indo direto para o quarto de Ben. Ela se atirou na cama dele e ficou lá, encolhidinha, soluçando incontrolavelmente. Shawn, Ally e Jake chegaram logo em seguida e se juntaram a Deanne na cama de Ben, todos chorando juntos. Depois de muito tempo, eles se levantaram e tentaram fazer suas atividades normais, mas nada mais era normal.

❖ ❖ ❖

Ally já havia recebido mensagens de texto de amigos de Ben, perguntando se era verdade. Lembrando-se da confusão que houve depois do colapso de Ben algumas semanas antes em Westlake, em que algumas pessoas bem-intencionadas espalharam inadvertidamente a notícia de que ele tinha morrido, ela decidiu comunicar aos amigos dele o que havia acontecido. Ally ligou o computador, entrou no Facebook e colocou em seu *status*: "Hoje, Benjamin Breedlove recebeu o melhor presente de Natal de todos nós, o presente da vida eterna".

Como não queria que Grant Hamill soubesse por intermédio de ninguém mais, Ally tinha enviado um torpedo com a seguinte mensagem para ele: "Grant, desculpe lhe dizer isso no Natal, mas achei que você precisava saber. Ben está no céu".

Grant estava em casa assistindo a um filme com a namorada quando recebeu a mensagem de Ally informando sobre a morte de Ben. Atordoado, ele levou a namorada imediatamente para casa, voltou e ficou sentado no carro durante um longo tempo, chorando. A família dele estava na casa dos seus avós, então Grant dirigiu até lá com o rosto banhado de lágrimas.

❖ ❖ ❖

Na noite de Natal, Justin Miller estava em seu quarto arrumando as malas para viajar com a família para o Novo México. A mãe dele, Sheri, tinha falado para ele e seu irmão mais novo, Cole, deixarem as malas prontas, pois o voo deles sairia no dia seguinte bem cedo, mas eles estavam protelando.

Tarde da noite, os pais de Justin entraram no quarto dele. Com um ar muito sério, seu pai disse: – Justin, preciso falar com você.

Justin raramente via esse tipo de expressão no rosto do pai. *Hum,* pensou ele. *Ou eu estou numa grande encrenca, sabe-se lá por quê, ou aconteceu alguma coisa muito grave.*

– Ben não está mais entre nós – disse o pai dele.

Apesar de não ter falado recentemente com Ben, a não ser por meio de alguns torpedos, Justin entendeu na hora o que o pai queria dizer. Ele ficou branco; parecia que seu mundo havia se despedaçado. Sheri começou a chorar, e Justin e o pai ficaram em silêncio.

– Como aconteceu? – perguntou finalmente Justin. Os pais dele contaram tudo o que sabiam.

Sheri estava quase histérica. – Não podemos ir para Novo México – disse ela, enxugando os olhos. – Nós não vamos mais.

– Nós temos de ir, Sheri – disse o pai de Justin. – Nosso voo já está reservado, e a nossa família está nos esperando. Mas vamos voltar para o enterro.

Depois que os pais saíram do quarto, Justin começou a escrever sobre as lembranças de Ben que ele nunca queria esquecer. Ele registrou até mesmo as primeiras lembranças que tinha da infância dos dois. Escreveu sobre as cápsulas do tempo que os dois tinham escondido por todo o bairro, cheias de objetos que eles achavam que seriam descobertos e considerados um verdadeiro tesouro pelas gerações futuras. Escreveu sobre a vez em que o caiaque deles emborcou em Turkey Creek quando eles foram emboscados por um cisne que defendia o seu território e sobre todas as aventuras dos dois que ele conseguia se lembrar. Justin encheu páginas e páginas de lembranças. Ele queria ter tido uma última chance de conversar com Ben sobre coisas que eram importantes para eles.

✧   ✧   ✧

Na noite de Natal, Madeline teve uma sensação estranha de que havia alguma coisa errada. No início da noite, ela e a mãe, Stephanie, estavam na casa de alguns amigos. Madeline estava eufórica porque iria se encontrar com Ben no dia seguinte, antes de ir para o Colorado esquiar com a família. – Mal posso esperar para que vocês conheçam Ben – disse ela à família e aos amigos. – Vamos todos nos encontrar amanhã.

Durante toda a noite, Madeline enviou torpedos para Ben, mas não obteve resposta. Às 20h00, ela estava intrigada, mas achou que Ben estava curtindo a noite com a família. Uma hora e meia depois, ela ficou preocupada. Não era típico dele simplesmente ignorar suas mensagens. Madeline, então, enviou um torpedo para um dos amigos de Ben, perguntando se ele tinha alguma notícia dele. Pouco depois, esse amigo ligou para ela e disse: – Eu não sei como lhe dizer isso, mas Ben faleceu.

Madeline ficou boquiaberta; seu estômago parecia revirar. Ela nunca tinha sentido uma aflição tão grande em toda a sua vida. O coração disparou e a testa ficou molhada de suor. Ela estava chocada e se recusava a acreditar no que tinha ouvido, mas logo chegaram outras confirmações dos amigos. Madeline correu para o quarto da mãe, quase histérica.

– O que foi, meu bem? – perguntou Stephanie.

– Ben morreu! – gritou ela atirando-se nos braços da mãe.

❖ ❖ ❖

Cansada, Alex Faglie estava se preparando para dormir. Era tarde e ela tinha acabado de chegar em casa na noite de Natal quando seu amigo Dennis ligou chorando. Alex não tinha ideia do que estava acontecendo. – O que aconteceu, Dennis? Pare com isso, deixe de brincadeira.

– Sente-se, Alex. Eu tenho uma notícia ruim para lhe dar.

– Tudo bem, estou sentada. Agora, o que foi que aconteceu?

Dennis lhe contou, e ela desligou o telefone na cara dele. Ela ficou chocada, estarrecida. Alex sabia que os amigos gostavam de pregar peças e já estava acostumada. Em geral, ela gostava das brincadeiras, mas isso era inaceitável. *É o fim da picada*, pensou ela. *Quem iria inventar uma coisa dessas?*

Mas ela estranhou a reação de Dennis no telefone. Alex tentou entrar em contato com Grant Hamill, mas não recebeu resposta. Ligou então para Katelyn Brooks, sua amiga de infância e outra amiga de Ben. Alex contou a Katelyn sobre o telefonema de Dennis. – É verdade? – perguntou ela.

Katelyn irrompeu em lágrimas. Isso era tudo o que Alex precisava saber.

CAPÍTULO 40

A VIDA É MARAVILHOSA

Esta noite, exatamente às 22h45, horário da Terra, este homem pensará
seriamente em jogar fora a maior dádiva de Deus

— ANJO (PERSONAGEM DO FILME "A FELICIDADE NÃO SE COMPRA")

Shawn, Ally e Jake aguardaram no sofá enquanto Deanne foi para o
escritório de Shawn e conversou longamente por telefone com o representante do setor de doação de órgãos. Como Ben se inscrevera
como doador há algum tempo, era preciso que um responsável desse permissão e respondesse às perguntas o mais rápido possível, para que mais
pessoas pudessem ser beneficiadas. Deanne e o representante levaram mais
de uma hora e meia para preencher o questionário. Diante da urgência, era
bizarro que Deanne tivesse de ouvir o representante fazer uma lista detalhada do corpo de Ben e dar permissão para que vários órgãos do filho dela
fossem usados para ajudar a salvar a vida de outras pessoas, mas ela reconhecia a importância da doação. O representante disse que quarenta pessoas ou mais poderiam ser ajudadas graças aos esforços de ambos.

Ironicamente, após os traumas mais recentes com Ben, Shawn e Deanne estavam convencidos de que o filho teria de ser submetido a um transplante cardíaco. Nesse caso, ele receberia um órgão de alguém que tivesse
morrido. Era um sentimento ao mesmo tempo bom e doloroso para a família saber que eles ajudariam outras pessoas da mesma maneira que te-

248

riam recebido ajuda. Ben teria gostado disso, e insistiria para ajudar o maior número possível de pessoas.

Quando Deanne saiu do escritório depois daquela conversa horrível e emocionalmente desgastante, Ally recebeu um torpedo de Grant Hamill. Ele queria fazer uma visita. Bastante sensibilizada por Grant estar disposto a ir lá tão tarde da noite, ela disse que ele seria bem-vindo a qualquer hora.

Era pouco mais de meia-noite quando Grant chegou acompanhado dos pais. Jake viu os faróis pela porta de vidro quando o veículo dos Hamill embicou na garagem, e Shawn e Deanne foram recebê-los. Mal eles abriram a porta, Grant correu para a varanda, com lágrimas descendo pelo rosto. Deanne abriu os braços e lhe deu um abraço apertado. Grant chorou copiosamente no ombro dela.

Os pais de Grant, Debbie e Pat Hamill, chegaram logo atrás. Quando Grant conseguiu se recompor, o grupo foi para a sala. Alguns sentaram-se suspirando nas poltronas, outros ficaram cabisbaixos.

Grant queria saber o que tinha acontecido, e cada um dos membros da família Breedlove contou o que conseguia se lembrar dos eventos traumáticos daquele dia. Eles falaram que Ben tinha desmaiado lá fora e que tanto eles quanto a equipe de resgate tentaram de tudo para trazê-lo de volta, mas que Ben tinha ido para o céu, e eles sabiam que ele estava em paz.

Apesar de conhecerem a opinião de Grant e seus pais a respeito das questões espirituais, era perfeitamente normal que Shawn, Deanne, Ally e Jake dissessem que Ben estava no céu. – Nós sabemos que vamos nos encontrar com ele novamente – disse Deanne. – Sabemos que ele está no céu e que está muito melhor do que poderíamos imaginar!

Ally sentia profundamente a dor de Hamill. Sim, Jake e ela tinham perdido o irmão; Shawn e Deanne tinham perdido o filho. Mas eles sabiam que não haviam perdido Ben para sempre.

– Eu sei que estou chorando – disse Ally –, mas imagino Ben revirando os olhos para mim. Ele diria que estou sendo muito boba. Provavelmente está dizendo: "Gente, eu não quero voltar. Eu quero que vocês venham *para cá*!"

Entre soluços, Grant deixou escapar uma risadinha. Ele conhecia bem o amigo e sabia que Ally tinha razão. Tanto ele como seus pais pareciam satisfeitos com os relatos que tinham ouvido.

De alguma maneira, eles estavam reconfortados. – Vocês estão realmente me fazendo sentir muito melhor – disse Grant depois de alguns momentos. – Obrigado por me receber.

Debbie acrescentou: – Se vocês não se importarem, espero que Grant possa continuar a frequentar esta casa e a conviver com a sua família.

– Claro que sim! – todos exclamaram. – Nós adoramos ter você aqui! Não queremos perder também todos os amigos de Ben! Isso seria realmente demais.

✧ ✧ ✧

A visita da família Hamill foi muito importante para os Breedlove naquela noite. Muitas vezes é difícil ou delicado consolar outro ser humano na hora da tragédia, mas Grant e seus pais estavam dispostos a fazê-lo. O fato de quererem estar ali com a família na hora do sofrimento, mesmo tão tarde da noite, era uma grande demonstração de carinho da parte deles. Nenhuma outra experiência une tanto as pessoas como o sofrimento; esse é um ato supremo de delicadeza e amor, e a presença dos Hamill tocou profundamente o coração dos Breedlove.

Depois de se despedirem dos Hamill, eles retornaram à sala para decidir o que fazer com eles mesmos.

Nada parecia normal. Nada parecia estar certo. Embora não tivessem comido nada desde a manhã de Natal, apenas beliscaram alguma coisa. Eles não conseguiam imaginar a possibilidade de dormir, e estavam esgotados emocionalmente para falar. Shawn fez a pergunta que estava na cabeça de todos eles: – O que vamos fazer agora?

A decisão unânime foi assistir ao filme de Natal preferido de Ben: *A Felicidade não se Compra*. Ele é que tinha sugerido, no começo da semana, que eles assistissem a esse filme na noite de Natal. E todos aguardavam ansiosos por esse momento. Por volta das duas horas da manhã, a família se acomodou no sofá – todos os quatro, totalmente conscientes de que estava faltando um membro da família. Quando o filme começou, Deanne falou: – Nós não sabemos como as coisas funcionam, meu filho, mas nós o estamos convidando a se sentar aqui e assistir ao filme conosco, se isso for possível. – Embora eles soubessem que Ben estava no céu, de alguma maneira bastante real parecia que o seu espírito também estava ali na sala com eles.

Esgotados física e emocionalmente, eles assistiram ao filme inteiro em silêncio, deixando que a mensagem que era tão importante para Ben elevasse o espírito deles.

Mais ou menos às duas e meia da manhã, quase no final do filme, Ally recebeu um torpedo de Cameron, seu namorado. Ela tinha enviado uma mensagem para ele mais cedo contando sobre a morte de Ben, e Cameron estava passando por momentos difíceis. Ele e Ben eram como irmãos.

Depois que o filme terminou, Ally recebeu outro torpedo de Cameron. – Sei que é muito tarde, mas posso ir até aí falar com você?

Ally perguntou aos pais: – Mãe, pai, vocês se importam se Cameron vier aqui? Ele quer saber o que aconteceu.

– Não, nós não nos importamos, mas vamos tentar dormir um pouco.

Embora fossem quase três horas da manhã, Ally estava completamente sem sono. Ela foi até o píer, sabendo que Cameron a encontraria, e sentou-se na parte de trás da lancha, assim como tinha feito com Ben algumas semanas antes. A luz do luar iluminava o lago calmo e sereno, lançando sombras sobre a superfície da água.

Apesar de estar com o coração partido, Ally sentiu a paz que Ben tinha buscado com tanta frequência no píer. Absorta pensando na sua última conversa com Ben naquele mesmo lugar, ela nem percebeu quando Cameron se aproximou cerca de meia hora depois. Ele se sentou ao lado dela e a abraçou em silêncio. Os dois ficaram ali sentados, com as pernas pendendo da parte de trás da lancha e os pés logo acima da água, sem precisar falar para saber que o outro estava pensando em Ben.

Depois de algum tempo, Cameron perguntou: – Você está bem?

– Não, mas sim, eu estou bem.

Eles conversaram por mais ou menos meia hora. Falaram sobre Ben, recordaram alguns momentos engraçados que os três tinham passado juntos e admitiram que já sentiam falta dele. Cameron tranquilizou Ally, dizendo que Ben estava no céu. Ele ficou um pouco mais; depois, os dois foram em direção à casa.

— O vídeo foi incrível, não foi? — perguntou Cameron.

— Que vídeo?

— Quer dizer que você não assistiu ao vídeo? — Cameron parecia surpreso.

— Não, do que você está falando?

— Venha comigo. — Cameron entrou na casa com Ally e pegou o *laptop* dela no banco da cozinha. Eles se sentaram enquanto ele digitava o endereço do YouTube e dava uma busca com o nome de Ben. Ally não sabia por que Cameron estava procurando os vídeos de Ben no YouTube numa hora daquelas, e ela estava começando a sentir os efeitos do cansaço.

Cameron localizou um canal que Ally não conhecia. No canal do YouTube que Cameron entrou, ela viu o rosto de Ben. No momento em que Cameron clicou em cima do vídeo, alguma coisa começou a mudar. Ben tinha deixado um vídeo de presente para o mundo.

CAPÍTULO 41

EU SÓ POSSO IMAGINAR

Rodeado por Sua glória, o que o meu coração sentirá?

— "I CAN ONLY IMAGINE" (MERCYME)

Quando o dia amanheceu, Shawn e Deanne estavam acordados. Nenhum dos dois tinha dormido, mas agora que estava na hora de sair da cama eles se perguntavam o que iriam fazer. De certo modo, eles estavam esperando que a vida os guiasse.

Por volta das nove horas a campainha tocou. Tentando adivinhar quem poderia ser tão cedo, sobretudo logo após a morte do filho, Shawn vestiu-se rapidamente e desceu para atender a porta. Para sua surpresa, era Lee Weber, seu sócio, acompanhado da esposa, Tammy, e da filha, McCall, uma amiga de escola de Ben. Eles tinham ido visitar a família e prestar a sua solidariedade.

Shawn convidou-os para entrar, e Deanne, Ally e Jake se juntaram a eles na sala. Depois de uma visita edificante, Tammy comentou: — O vídeo foi simplesmente incrível! — Deanne olhou-a sem entender, então Ally interveio.

— Eles ainda não sabem sobre o vídeo — disse ela para os Weber.

— Ah, vocês vão adorar! — disse Tammy.

O estômago de Deanne revirou, pois ela se perguntava como é que poderia adorar alguma coisa naquela manhã.

253

Depois que os Weber se despediram, Ally reuniu Shawn, Deanne e Jake no sofá da sala. – Vocês vão querer ver isso – disse ela. Em seguida, colocou o *laptop* no divã e clicou em um vídeo. Os olhos de Shawn e Deanne encheram-se de lágrimas ao ver o rosto do filho na tela. Ao som da música "Mad World", eles assistiram à história de Ben.

Deanne ficou bastante comovida ao ver o filho, vivo e vibrante, se movimentar pela tela; era como se ele estivesse ali na sala com ela de novo. *Tudo* o que ela queria era realmente tê-lo de volta, para que pudesse abraçá-lo e não soltá-lo nunca mais. Ela não conseguiu conter as lágrimas quando Ben segurou o cartão com os dizeres: – Eu gostaria de NUNCA ter acordado. – Por maior que fosse a sua dor, por mais que ela quisesse ter Ben de volta, ele a lembrou de que estava exatamente onde queria estar. Deanne pensou: *essa é uma dádiva.*

– Puxa, eu não consigo acreditar nisso. – Shawn falou baixinho, pensando que talvez o vídeo a que eles estavam assistindo fosse uma brincadeira ou alguma coisa engraçada que Ben tinha produzido. Aos poucos, porém, a sua apreensão se dissipou. Deanne começou a chorar e encostou o rosto no ombro de Shawn. A toda hora, ela levantava a cabeça para ver Ben por alguns segundos e voltava a chorar. Tanto Shawn como Deanne ficaram impressionados com a atitude sóbria de Ben e com seu sorriso convincente. Eles assistiram ao vídeo outra vez, para ter certeza de que tinham absorvido tudo.

Da segunda vez, entenderam melhor o que estava acontecendo. Ali estava o filho deles que tinha acabado de morrer; ele parecia bem, feliz e totalmente em paz. Estava contando a sua luta com o problema cardíaco, e também relatando algumas de suas decepções. As expressões faciais de Ben refletiam as suas emoções e o conteúdo das mensagens que ele tinha escrito nos cartões. Ele foi honesto e verdadeiro.

❖ ❖ ❖

Enquanto assistiam ao vídeo, Shawn e Deanne não puderam deixar de relembrar a jornada do filho ao longo dos anos. Ben frequentava consultórios médicos e hospitais desde que tinha um ano e meio de idade. Shawn se lembrou de quando foram informados pelo dr. Rowe de que ele provavelmente só viveria até o início da adolescência. Mas a família de Ben estava determinada a superar todas as expectativas. Durante toda a sua vida, Ben ouviu os médicos falarem francamente sobre ele. Quando era pequeno, ele não compreendia as palavras que descreviam o seu problema cardíaco nem os riscos que ele corria. Quando ficou mais velho, ele começou a entender cada vez mais as descrições dos cardiologistas. Com o passar dos anos, Ben compreendeu perfeitamente a sua mortalidade; ele sabia que as suas chances não eram boas. Em 18 de dezembro de 2011, Ben havia encarado a morte e não estava mais com medo. Apesar da sua luta para viver, Ben decidiu não se tornar amargo. Ele não tinha raiva do Deus que foi ao seu encontro, que lhe deu forças, que lhe deu paz num momento dificílimo da sua vida. Deus também lhe deu um propósito, que ele aceitou.

Ben estava no vídeo bem diante deles, sorrindo e alegre, apesar de todas as suas decepções. Ele estava lá, vivo e com uma aparência ótima, para lhes dizer que tinha orgulho de tudo o que tinha feito. Ben estava em paz, paz esta que estava estampada no seu semblante. Ele tinha sentido a paz de Deus, experimentado o céu, e queria ir; ele não via razão para permanecer, a não ser pelo novo propósito que Deus lhe dera. Ben tinha orado para a sua família, pedindo que eles não se preocupassem com ele e que sentissem a mesma paz que ele sentia. Ele agora estava vivo no céu, e a paz de Deus começou a se instalar em seus corações e mentes. A paz de Deus penetrou até mesmo no sofrimento deles.

Às vezes, a noite calma permitia uma reflexão pungente. Uma noite, durante aqueles primeiros dias, enquanto estava deitado em sua cama pronto para dormir, Jake virou-se para a mãe e disse: — Mãe, isso vai parecer estranho.

— O que é Jake? — perguntou ela, puxando-o para junto de si.

— Eu estou quase mais feliz do que já estive em toda a minha vida.

— Por quê? — Deanne ficou um pouco surpresa por Jake dizer aquilo depois daquela tragédia. Mas a resposta dele foi a melhor resposta que ela poderia ter imaginado.

– Porque eu sei que Ben está mais feliz agora do que esteve em toda a sua vida!

Deanne ficou profundamente emocionada ao perceber que Jake estava em paz e se sentia reconfortado por saber que o irmão estava em boas mãos. Ela se sentia da mesma maneira que Jake, assim como Shawn e Ally. Eles não estavam felizes por estarem longe de Ben, mas estavam verdadeiramente felizes *por* Ben. Ele não seria mais submetido a hospitalizações, tratamentos e monitores. Tampouco teria de se preocupar com seu coração. Ele já *estava* vivendo onde todos os outros membros da família queriam estar um dia. Eles estavam tristes por si mesmos, mas felizes por saber que Ben tinha "se formado", como diria Jake mais tarde, e já estava morando no céu. Eles estavam sofrendo com a perda dele, mas ele estava livre.

Deanne abraçou Jake bem apertado enquanto os dois enxugavam algumas lágrimas, com a certeza de que Ben estava no céu.

CAPÍTULO 42

MUITO ALÉM DO MEU ALCANCE

Dê-me seus braços para os corações aflitos
Aqueles que estão muito além do meu alcance

— GIVE ME YOUR EYES (BRANDON HEATH)

Logo depois que os Weber foram embora, a casa se encheu de gente. Havia cerca de trinta pessoas, preparando refeições e consolando a família. Muitas lágrimas foram derramadas; mas, de modo geral, o ambiente estava repleto de risos, pois todos se lembravam da alegria que Ben havia trazido à vida deles.

Enquanto Shawn e Deanne cuidavam de uma infinidade de detalhes e enfrentavam os altos e baixos emocionais associados ao planejamento do culto religioso inesperado em homenagem ao filho, eles ficaram sabendo que, em homenagem a Ben, o conselho estudantil da Westlake High School havia decidido que todos os alunos usariam roupas brancas no primeiro dia de aula após os feriados. A iniciativa tinha partido dos próprios alunos, que fizeram o comunicado por meio do Facebook e de torpedos. Eles escolheram a cor branca por causa do relato de Ben sobre a sua experiência no quarto branco.

Naquele dia, Mehul Mehta, aluno do último ano e vice-presidente do conselho estudantil da Westlake, disse: — Quando entrei na escola, o átrio estava reluzindo. Eram apenas as luzes refletindo todo mundo. Foi impressionante.[6]

Justin Miller usou branco naquele dia em homenagem a Ben, assim como Alex Faglie, Grant Hamill e Madeline Nick. Quando viu Madeline entrar na classe de espanhol, a sra. Albright começou a chorar. Os orientadores pedagógicos passaram nas classes em que Ben estava matriculado, e um deles disse: – A morte faz parte da vida, e temos de lidar com ela.

Madeline compreendeu a declaração franca do orientador, mas queria "lidar" com o que tinha aprendido com a vida de Ben, e não apenas com a morte dele. Mais tarde, ela fez a seguinte declaração: – A vida de Ben me fez elevar os meus padrões e acreditar que existem pessoas boas; tudo o que temos a fazer é esperar, e conheceremos as pessoas certas. Ele me fez sentir que Deus é real. – Depois do culto religioso em homenagem a Ben, Madeline passou a se interessar mais pelas questões espirituais.

– O exemplo de Ben me fez querer viver sem arrependimentos – disse ela –, e refletir sobre o meu propósito. Quero viver a vida em toda a sua plenitude e também mudar a vida de outra pessoa de uma forma positiva como Ben fez. Quero ter um objetivo na vida, e não apenas viver.

✧ ✧ ✧

Tempos depois, num trabalho para a faculdade, Katelyn Brooks deu um depoimento de como a história de Ben mudou a sua própria história.

> Eu conheci um cara que acabou se tornando o meu melhor amigo. Ele era uma das poucas pessoas que sabiam sobre meus ataques de pânico, e que tinha inclusive presenciado um deles. Eu sempre soube que podia contar com seus conselhos, e ele me ensinou a lidar com o meu problema. Tudo estava indo às

---

[6] Erin Cargile. "Students Wear White to Honor Breedlove." KXAN, 4 de janeiro de 2012. http://www.kxan.com/dpp.news/local/austin/students-wear-white-to-honor-breedlove.

mil maravilhas no último ano, e eu estava louca para concluir o ensino médio e entrar para a faculdade.

Então, no dia 25 de dezembro de 2011, o meu mundo desabou. Eu recebi um torpedo de Ally Breedlove dizendo que meu melhor amigo havia morrido. Eu soube imediatamente por quê, mas não conseguia acreditar. Na semana seguinte, vivi como um autômato; só conseguia pensar que não tinha mais o meu melhor amigo para conversar. Alguns dos piores ataques de pânico da minha vida aconteceram nessa época. Eu me fechei para o mundo e tentei fazer o que ele gostaria que eu fizesse. Naquela semana, li a Bíblia todos os dias, às vezes por horas a fio. A primeira vez que assisti ao vídeo que Ben tinha postado foi no culto religioso. Fiquei tão impressionada com a confiança que ele tinha na sua religião que mudei completamente a minha maneira de rezar e de interpretar a Bíblia. Eu vi o impacto que ele exerceu em pessoas de todo o mundo e pensei que era uma bênção o fato de ele, pessoalmente, ter mudado a minha vida. A minha visão sobre a vida mudou muito naquele semestre; hoje eu tenho uma atitude muito mais positiva e não fico estressada com tanta frequência quanto costumava ficar.

Enquanto isso, o número de pessoas que assistiam ao vídeo "Esta é a minha história" de Ben aumentava vertiginosamente. Pessoas de todo o mundo reagiam à apresentação despojada e comovente de Ben.

O *Daily Mail*, um dos principais jornais britânicos, publicou a história da doença cardíaca de Ben e a reação impressionante ao seu vídeo. Nos Estados Unidos, o Huffington Post, portal de notícias da AOL, foi o primeiro meio de comunicação local a publicar a história. A rede de televisão NBC logo fez o mesmo, quando a sua afiliada em Austin fez a cobertura do vídeo de Ben, do impressionante impacto que ele estava tendo e das reações surpreendentes que estava produzindo.

Vinte e quatro horas depois que o vídeo de Ben estava bombando na Internet, em mais de trinta países, os Breedlove começaram a receber um volume enorme de e-mails e mensagens pelo Facebook e YouTube.

Por alguma razão, pessoas que nunca haviam refletido seriamente sobre a existência de Deus, de anjos ou de vida após a morte eram influenciadas pela apresentação de Ben. Alguma coisa relacionada com a vulnerabilidade honesta e aberta de Ben e a sua fé em meio à sua luta tocou profundamente as pessoas. Inúmeros ateus e agnósticos declarados admitiram, pela primeira vez, que acreditavam em Deus depois de assistirem ao vídeo de Ben.

Uma jovem de Quebec, Canadá, ficou profundamente emocionada com o vídeo de Ben. Ela entrou em contato com Ally pelo Facebook e admitiu que nunca tinha acreditado em Deus antes, mas que agora acreditava. Ela escreveu: "Não sei rezar... Espero que tenha rezado direito". A jovem agradeceu várias vezes e afirmou que o vídeo tinha mudado a vida dela.

Depois, pensando melhor, ela perguntou a Ally: "Como você chama essa religião?"

Ally lhe explicou que não tinha nada a ver com religião, que se tratava de "uma relação com Deus".

Muitas mensagens faziam coro com a afirmação da jovem canadense: "Eu não acreditava em Deus, mas agora acredito". Outras diziam: "Eu *nunca* acreditei em Deus, mas depois de assistir ao vídeo de Ben eu *quero* acreditar". Em meio à sua própria dor e à sua sensação de perda, os Breedlove responderam ao maior número possível de mensagens, compartilhando a conexão com Ben que muitos expressaram.

Um garoto da Inglaterra escreveu o seguinte:

> Espero que alguém possa me ajudar. Eu fiquei tão comovido com a história de Ben Breedlove que mal consigo acreditar. Sempre fui um cara científico, com explicações lógicas para tudo: Deus, céu, fantasmas e a existência humana. Eu trabalho

260

na polícia e, portanto, a minha tendência é ter um raciocínio lógico. É assim que muitos de nós, ingleses, somos.

Porém, desde a morte de Ben tenho questionado seriamente as minhas convicções: Será que existe mesmo um Deus? Como é que o nosso universo é tão complexo? Ele não pode simplesmente ter surgido do nada. Sim, tem a teoria do "big bang"... Mas, se for esse o caso, o que é que havia antes disso?

Estou divagando, desculpem.

Eu só quero dizer que, depois que assisti ao seu culto religioso, estou estudando a Bíblia e frequentando a igreja.

É impressionante como um texano de 18 anos mudou as minhas convicções e me fez questionar a mim mesmo dessa maneira. Acredito sinceramente que a última mensagem que ele deixou no YouTube foi cultivada por alguma coisa "maior" que a nossa existência, se é que você me entende.

Eu adoro a maneira como Ben viveu a vida dele e também como a retratou no vídeo, enternecendo corações e arrancando lágrimas de pessoas do outro lado do mundo. Se pelo menos os adolescentes fossem como ele. Ben é a minha inspiração e um modelo a ser seguido.

Desculpem o meu desabafo, mas eu precisava falar, e a igreja da minha cidadezinha foi fechada... (Ela foi transformada em apartamentos! Vocês podem acreditar numa coisa dessas, logo quando eu precisava dela?.... Que azar o meu!)

Depois de assistir ao vídeo, um homem chamado Barry enviou o seguinte e-mail à Igreja Gateway: "29 de dezembro de 2011. O dia em que a minha vida mudou. Depois de assistir à história de Ben no canal KXAN, assim como ao culto religioso e aos seus últimos vídeos, fiquei extremamente comovido. Veja só, hoje de manhã eu diria que era ateu, mas esta noite Ben fez com que eu refletisse sobre a minha vida diante do que ele tinha passado e visto... Depois de tudo o que aconteceu hoje, eu me tornei um cristão. Tenho agradecido a Ben todos os dias por abrir meus olhos para Deus. Eu descobri uma paz terrena que só conheci em alguns momentos passageiros da minha vida, assim como Ben encontrava a paz quando estava na água ou próximo da água. Ben operou mudanças em mim em muitos aspectos que ainda estou descobrindo.

✧ ✧ ✧

A família Breedlove também recebeu inúmeras mensagens de pessoas que haviam enfrentado doenças e problemas emocionais semelhantes, inclusive pais que tinham perdido um filho, assim como muitos pais que estavam tentando ajudar os filhos a conviver com a cardiomiopatia hipertrófica ou com outras doenças debilitantes. Chegaram muitas cartas de pais cujos filhos eram saudáveis, mas que haviam aprendido a dar mais valor à vida graças ao vídeo de Ben.

Várias celebridades ficaram sabendo da história de Ben e se manifestaram publicamente. Kim Kardashian postou no Tweeter: "Deem valor à vida. Eu fiquei muito comovida com o vídeo de Ben Breedlove. Ben, espero que você encontre aquela paz que você se lembra de ter encontrado no céu".

A mensagem de Jennifer Love Hewitt no Tweeter dizia: "Ben Breedlove, que você encontre paz e anjos à sua volta! Que Deus o abençoe".

Scott Mescudi – o *rapper* favorito de Ben, cujo nome artístico é Kid Cudi – tomou conhecimento do vídeo de Ben por intermédio dos seus fãs. Naquele mesmo dia, 26 de dezembro de 2011, Kid Cudi escreveu sobre Ben em seu blogue:

> Estou muito triste por causa de Ben Breedlove. Eu assisti ao vídeo que ele deixou para o mundo, e fiquei bastante sensibilizado ao vê-lo descrever em detalhes a sua visão. Eu não aguentei e comecei a chorar, pois odeio o fato de a vida ser tão injusta. Isso realmente tocou o meu coração de uma maneira que não consigo descrever; é por isso que eu faço o que faço.

É por isso que escrevo sobre a minha vida e também que amo tanto todos vocês.... Eu sei que Ben está em paz, e espero que tenha a oportunidade de se sentar e conversar com meu pai. Nós te amamos, Ben. Para sempre. Obrigado por me amar. Quanto à família de Ben, vocês criaram um verdadeiro herói; decididamente, ele é o meu herói. Vocês têm o meu amor.[7]

Em fevereiro, Kid Cudi deu uma entrevista para Joe La Puma do site Complex.com sobre a enorme repercussão do vídeo de Ben.

LA PUMA: O rapaz com problema cardíaco que viu você em um de seus sonhos depois de ficar inconsciente no átrio da escola. Ele morreu algumas semanas depois de fazer um vídeo dizendo que você era seu *rapper* favorito. Que barra, hein?

KID CUDI: Eu nem gosto de falar sobre esse assunto, pois você não imagina como é ser colocado numa situação dessas. Foi um vídeo muito forte, cara. Isso nunca tinha acontecido comigo antes, nunca. Fiquei muito abalado. Eu estava apenas tentando gostar um pouquinho mais de mim. Agora, acho que não gosto o bastante de mim, e quando as crianças dizem que me amam, que me adoram dessa maneira, é simplesmente esmagador. Cara, essas crianças gostam de mim de verdade. Mas como é que elas podem gostar tanto de mim se não me conhecem? É uma verdadeira lição de humildade e me faz querer ser uma pessoa melhor.

Mais tarde, Kid Cudi também falou sobre Ben no Twitter e postou vídeos dele para os seus fãs. Quando comentou o novo CD em que tinha estado trabalhando no Natal, ele acrescentou: "Espero que Ben Breedlove

---

7 Kid Cudi. "Cud Life." http://cudlife.tumblr.com/post/14834941934/iam-so-sad-about- ben-breedlove-i-watched-the.

goste das novas músicas e esteja curtindo com sua roupa branca". Em outras mensagens no Twitter, Kid Cud disse: "TODO MUNDO TOCANDO 'GHOST' PARA BEN BREEDLOVE AGORA! E DEPOIS, 'MR. RAGER'!!!"

Parecia que aonde quer que Kid Cudi fosse, alguém perguntava sobre Ben. Numa entrevista no YouTube, Urban Nomad perguntou a Cudi se o vídeo de Ben havia mudado a maneira como ele analisava as suas ações e a influência que ele exercia. – Eu não sei por que Ben pensou em mim em sua visão. Isso me incomoda. Penso muito nisso. Eu não pedi para ser esse herói para as pessoas. Eu só queria fazer música. Ainda estou me acostumando com essa ideia. Eu não me acho tão legal quanto as pessoas fazem parecer.

Cudi fez uma pausa e disse: – Uma coisa que o vídeo faz por mim... quando estou no estúdio é me fazer dizer para mim mesmo: "Scott, lembre-se de dizer alguma coisa importante".

CAPÍTULO 43

VIDA ETERNA

Tenha coragem quando o caminho for longo
Nunca se esqueça de que você nunca está sozinho

— "LIVE FOREVER" (DREW HOLCOMB)

À medida que o número de pessoas que assistiam ao vídeo de Ben aumentava, maior era a sensação de que o culto religioso em homenagem a ele estava ganhando proporções maiores; na verdade, estava adquirindo vida própria. Shawn, Deanne, Ally e até mesmo Jake reconheciam que a mensagem de Ben não pertencia mais a eles, que era muito maior que a família Breedlove. Em meio ao próprio sofrimento, quando só queriam se recolher e refletir sobre tudo o que Ben significava para eles, eles decidiram não impedir que a mensagem do vídeo dele fosse transmitida. — Vamos simplesmente deixar que aconteça — disse Shawn. Eles decidiram abrir a casa e o coração para todos aqueles que quisessem entrar em contato com eles.

Com a presença de Ben *on-line* emocionando um número cada vez maior de pessoas, a família recebia vários e-mails e mensagens pelo Facebook de pessoas que diziam: "Eu gostaria de assistir ao culto religioso, mas moro no exterior". A afiliada local da rede de televisão NBC perguntou se a família pretendia transmitir a cerimônia.

265

Quando Shawn se encontrou com os técnicos de áudio e vídeo na igreja, ele perguntou: – Vocês conseguem fazer uma transmissão ao vivo pela Internet?

– Claro que sim, fazemos isso o tempo todo. Vamos providenciar áudio e vídeo, de modo que qualquer pessoa que queira transmitir a cerimônia possa fazê-lo.

✧ ✧ ✧

O culto em homenagem a Ben foi marcado para a tarde de quinta-feira, dia 29 de dezembro de 2011. O último vídeo dele já tinha sido visto por mais de 1 milhão de pessoas, e esse número só aumentava. Quase 1.500 pessoas compareceram à Igreja Gateway. Posteriormente, a igreja divulgou que aproximadamente 58 mil pessoas em todo o mundo assistiram à cerimônia ao vivo pela Internet e por redes de televisão.

O culto foi aberto com uma série de *slides* de alguns dos momentos preferidos de Ben projetados em dois telões. Logo em seguida, foi exibido o seu último vídeo, "This is My Story" [Esta é a Minha História]. Enquanto Ally caminhava para a frente da igreja para prestar uma homenagem ao irmão, uma grande fotografia de Ben numa prancha de *wakesurf*, com aquele seu sorriso radiante, foi projetada nos dois telões. Em vez de preparar um discurso, Ally confiou que encontraria as palavras certas. Ela ficou diante da multidão e simplesmente abriu o coração.

– Hoje, estou usando os brincos que Ben me deu de Natal. Eu escolhi as cores mais vibrantes que encontrei no meu guarda-roupa para combinar com eles. Porque o dia de hoje é uma celebração da alegria que Ben trouxe à nossa vida, e também uma oportunidade de encontrar a verdade na mensagem que ele nos deixou.

– Eu gostaria de contar uma parte da história de Ben que apenas eu tive o privilégio de ouvir dele.

– Depois do colapso de Ben no Westlake, vim passar uns dias com minha família. Certa noite, não consegui encontrá-lo e fiquei um pouco preocupada. Mas acabei descobrindo que ele estava sentado no píer em nossa casa no Lago Austin. Fui até lá e lhe perguntei: "Você está se sentindo bem? O que está fazendo aqui fora?"

– Ele respondeu que a quietude da água e o silêncio do meio da noite eram o mais próximo que ele conseguia chegar daquela sensação de paz que tinha sentido em sua visão. Disse também que costumava ir lá à noite para fazer perguntas a Deus.

– Então eu lhe pedi que me contasse mais detalhes do seu sonho. E ele fez duas coisas que ficaram muito claras para mim. Ben disse que, embora chamasse de sonho, ele estava acordado e era muito real. Disse também que quando olhou naquele espelho, ele soube que estava pronto para algo muito mais importante.

– Quando ele terminou de me contar o seu sonho, eu perguntei se ele ficou feliz por ter acordado.

– Ele disse: "Acho que sim", e chorou muito.

– Eu não sabia o que lhe dizer, então falei a primeira coisa que veio à mente: "Ben, estamos muito felizes por você ainda estar aqui conosco. Pode ser que você não queira estar aqui. Mas você tem de se lembrar de que esta não é a nossa vida. A nossa vida é eterna, e esse é um presente que Deus nos deu. E esta vida é o nosso presente para Deus".

– Ele ergueu os olhos e disse: "Acho que você está certa. E também acho que Deus me fez sentir aquela paz antes de voltar para que eu soubesse que vale a pena ir para o céu".

– Uma semana depois, no sábado, Ben teve outro colapso, mas nós conseguimos trazê-lo de volta. Como ele estava fraco demais para ir à igreja na manhã seguinte, nós oramos em casa.

– Papai leu um trecho da Bíblia para nós (Filipenses 4:6-7): "E a paz de Deus, que excede todo o entendimento, guardará seus corações e suas mentes em Cristo Jesus". Em seguida, ele se virou para Ben e falou: "Nós não sabemos como é essa paz, mas você sabe, não sabe?"

– "Sim... eu sei" – respondeu Ben.

– Meu pai perguntou se ele poderia nos descrever essa paz.

– "É exatamente como diz o versículo" – respondeu ele. "Não dá para descrever. É preciso ter estado lá."

— Todos nós nos revezamos em nossas orações por Ben. E, depois, ele rezou por nós, para que não ficássemos assustados nem tristes. E para que pudéssemos ter a mesma paz que ele sentiu de Deus.

— Eu sei que muitos de vocês estão sofrendo porque sentem falta de Ben. Não fiquem infelizes porque Ben partiu. Passem adiante essa pequena alegria que Ben transmitiu a vocês para alguém que ainda não teve essa oportunidade.

— Eu gostaria que todos vocês soubessem que, a caminho do hospital, eu pedi que Jesus dissesse pessoalmente a Ben "Eu te amo" por todos aqueles que o amavam. Portanto, todos nós lhe dissemos isso mais uma vez.

Ally teve de conter as lágrimas enquanto contava essa história e tentava reconfortar todos os que estavam ali reunidos. As pessoas ouviram seu tributo em absoluto silêncio até o fim. Em seguida, o pastor Burke tomou a palavra. Ele citou vários exemplos de experiência de quase morte extraídos da Bíblia. Depois de comentar um pouquinho a visão de Ben e alguns detalhes do vídeo que todos os presentes tinham assistido, o pastor Burke disse que até mesmo o fato de Ben ver Kid Cudi na sua visão pode ter sido a maneira que Deus encontrou de transmitir uma mensagem de uma forma que muitos jovens pudessem se identificar.

O pastor perguntou: — Vocês conseguem entender o que Ben quis dizer? — Ele sabia que a sua vida era uma luta contínua. É injusto, nem sempre faz sentido; acontecem coisas ruins neste mundo, porque a vontade de Deus nem sempre acontece neste mundo louco. Jesus nos ensinou a orar: "Venha a nós o vosso reino; seja feita a vossa vontade, assim na terra como no céu". Ele nos ensinou essa oração porque é no céu que a *vida* acontece de acordo com os desígnios de Deus – e não na terra. Nós nos desviamos dos caminhos de Deus e fazemos coisas que magoam a nós mesmos ou a outras pessoas. No entanto, Deus perdoa todas as pessoas que o querem em sua vida – ele fez isso por intermédio de Jesus. Revelando a si mesmo de uma forma que pudéssemos compreender, pois ele nos criou para amá-lo, e arranjou uma maneira de nos perdoar e de nos reconectar com a Fonte de Amor.

– Ben queria ajudar as pessoas – continuou o pastor Burke. – No começo deste semestre, ele falou para o seu líder da Young Life que queria ajudar as pessoas a entenderem a sua fé. Ele fez isso de uma maneira que apenas Deus poderia ter orquestrado e, em questão de dias, ajudou pessoas de todo o mundo a reavaliarem a questão da *vida após a morte.*

Mais tarde, muita gente disse que quando se lembrou da vida de Ben começou a refletir sobre a própria vida. *Será que eu ficaria orgulhoso da vida que vivi? E se eu partisse hoje? Será que me sentiria orgulhoso como Ben se sentiu, bem vestido.... esperando por Deus?*

✧ ✧ ✧

Durante seus últimos meses de vida, quando Ben ficou cansado das batalhas que enfrentava em sua vida, ele fez muitas perguntas a Deus. Ele perguntou por que tinha de sofrer, por que tinha de voltar para uma vida que ele estava pronto para deixar para trás e por que não podia simplesmente retornar para a paz que ele acreditava que o aguardava no céu. Assim como muitas pessoas, Ben se perguntava: "Qual é o propósito da minha vida?".

Só depois daquela noite fatídica no píer é que Ben percebeu que a sua vida não era apenas uma história de dor e sofrimento. A sua vida não era desprovida de propósito nem uma mera fantasia. *A sua vida era uma dádiva.*

De certo modo, o céu começou para Ben quando ele aceitou a vida que tinha recebido. A história da sua vida foi marcada pela luta; porém, mesmo em meio ao sofrimento, Ben foi reconfortado pela paz de Deus. Mesmo diante da morte, ele foi reconfortado pela esperança do céu. Ao relatar a sua breve vida para o mundo, Ben cumpriu o seu propósito.

A última coisa que Ben nos deixou foi uma pergunta: "Você acredita em anjos ou em Deus?"

"EU ACREDITO"

— BEN BREEDLOVE

EPÍLOGO

Toda vida é uma história. A história de Ben mostra que a esperança de um céu começa quando se aceita a paz e o propósito de Deus nesta vida.

Na noite em que encontrei Ben no píer, eu soube que alguma coisa estava perturbando o seu coração. Quando caminhei sob o luar e vi sua silhueta escura, imóvel e calma, pude sentir um profundo questionamento dentro dele.

Quando me sentei ao lado dele, ele disse: "Ultimamente, tenho vindo aqui para perguntar algumas coisas a Deus...". Fiquei apavorada ao visualizar Ben falando para o universo e esperando pacientemente a resposta misteriosa de Deus. Mas então percebi como essa imagem era simples. Quando as ansiedades da vida pesavam muito no coração dele, ele simplesmente falava sobre elas com Deus, e Deus ouvia.

Quando Ben procurava Deus, ele se debatia com o propósito da sua vida. – Eu sei que não devia dizer isso – admitiu ele –, mas às vezes eu pergunto por que eu simplesmente não fiquei lá. Por que eu tinha de voltar para cá? Ben tinha "driblado a morte" três vezes, mas agora estava começando a aceitar de bom grado a ideia da morte – não a morte em sua finalidade, mas a paz que ele sabia que o aguardava *após* a morte. Ele tinha experimentado essa paz – estava quase lá –, mas foi trazido de volta para uma vida que ele já estava pronto para deixar para trás. Ele se perguntava com frequência: *Quando vai acabar a fantasia? Quando vai começar o céu?* A letra daquela música falava diretamente para Ben porque fazia alusão a um tempo em que os desafios da vida finalmente chegariam ao fim, e em que ele poderia ficar em paz para sempre.

Ben tinha sentido uma paz tão verdadeira e tão arrebatadora que ele odiava deixá-la, por mais que amasse a sua vida. Ele tinha sentido a paz de Deus e experimentado o céu. Ben sentiu que tinha vivido uma fantasia – uma vida tão inconsistente comparada ao céu que ele tinha experimentado –, e agora ansiava estar naquele céu. Mas ele ainda tinha algumas pendências.

Talvez Ben estivesse pronto para o céu, mas o céu só estaria pronto para ele quando ele tivesse usado bem a sua vida e cumprido o seu propósito na Terra. Durante a nossa conversa no píer, eu senti que Ben estava pronto para morrer. Ao observar meu irmão naquela borda – à beira daquele precipício para outra vida –, eu pedi a que Deus que me desse as palavras que Ben precisava ouvir. Sem saber o que dizer nem como convencê-lo de que a sua vida ainda valia a pena ser vivida, eu procurei no meu coração aquilo em que eu realmente acreditava. Deus trouxe Ben de volta por algum propósito, porque ele tinha dado a vida a Ben por algum propósito. Deus tinha lhe dado a dádiva da vida, uma dádiva que não deveria ser jogada fora. Nem ele nem eu sabíamos ainda que propósito era esse, mas tinha de ser alguma coisa *muito* importante para que Deus o trouxesse de volta.

Com uma expressão repleta de confiança e determinação, Ben olhou dentro dos meus olhos e disse: "Acho que você está certa. E também acho que Deus me deixou ter aquela visão.... para que eu soubesse que o céu vale a pena". Quando voltou para este mundo, Ben enfrentou novamente os desafios da vida. Mas ele sabia que se cumprisse o seu propósito na Terra teria a esperança do céu.

Acho que Deus quer que a gente viva a nossa vida tendo em vista o céu ao aceitar a paz e o propósito que ele oferece para esta vida; ele quer "...iluminar os que vivem nas trevas e na sombra da morte; para guiar os nossos passos no caminho da paz" (Lucas 1:79). Durante toda a batalha com o seu coração, Ben sempre viveu na sombra física da morte; porém, mesmo nessa escuridão, Deus nunca deixou de guiá-lo no caminho da paz.

Por intermédio do seu vídeo "This is My Story" ["Esta é a Minha História"], Ben narrou a jornada de uma vida vivida com a esperança do céu. Ele mostrou uma vida que valeu a pena ser vivida, e a história dele vale a pena ser contada.

A história de Ben foi escrita. Como você escreverá a sua?

AGRADECIMENTOS

Esta história não teria sido contada sem a ajuda dos milhões de pessoas que transmitiram a mensagem de Ben para todo o mundo. Eu gostaria de agradecer, em nome dele, a todos os seus assinantes e fãs por seu amor e apoio infinitos. Depois de ver meu irmão descobrir sua paixão nos vídeos que criava, eu sei que ele é grato a cada um de vocês e que os incentivaria a pensar seriamente na mensagem que *vocês* querem transmitir ao mundo.

Kid Cudi, obrigada por acolher Ben. Meu irmão encontrou verdade e luz em suas letras, mescladas na escuridão, e eu sei que ele espera que você continue a transmitir essa luz. Em sua aventura pela vida, espero que você encontre a verdade e, sempre, a paz.

Muitíssimo obrigada a Bob Barnett e ao Penguin Group, por se incumbirem de contar a história de Ben.

Tenho uma dívida de gratidão com Kara Welsh e Jennifer Schuster, que me iniciaram no mundo editorial e guiaram meus passos ao longo do caminho. Obrigada, Kara, por ajudar a fazer com que este livro atingisse o seu maior potencial e pela consideração que você teve com a minha família durante todo o processo. Jen, obrigada a você também por seu carinho e por dedicar seu talento a esta história.

Este projeto nunca teria se concretizado sem a colaboração essencial de Ken Abraham. Desde a concepção do livro, ele enriqueceu as páginas dele com seus conhecimentos da Sagrada Escritura e seus conselhos sábios. Ele trabalhou incansavelmente junto com a minha família e nos honrou com a sua generosidade infinita. Ken, eu me sinto privilegiada por ter trabalhado com você e não tenho palavras para agradecer a sua disposição de compartilhar seus conhecimentos e sua experiência comigo.

Num período de medo e apreensão, Brooke e Barry Josephson deram conforto à minha família. Obrigada, Brooke, por nos revelar o seu sentimento sincero e a sua conexão com Ben. Barry, obrigada por depositar a sua fé nesta história e por toda a sua atenção com a minha família. A sua amizade será sempre muito importante para nós.

Obrigada também a Kevin Balfe e Glenn Beck pela grande generosidade com a minha família nessa época.

Meus agradecimentos sinceros a Mike Lazerow, por homenagear Ben.

Minha família gostaria de agradecer também a Mary Martin, Elizabeth Bryan e Jenny Fedei, por suas generosas contribuições para este livro.

Qualquer talento que porventura eu tenha aperfeiçoado ou confiança que tenha adquirido como artista, eu atribuo em grande parte à minha amiga e mentora Betsy Dupree Nowrasteh. Ela dedicou um tempo inestimável à minha vida e me incentivou a ir atrás das minhas paixões e a assumir minhas imperfeições. Entre muitas outras coisas, Betsy me ensinou a viver a minha vida de forma genuína. Obrigada, Betsy, por sua autenticidade, por sua fé em mim e por adicionar um pouquinho de loucura à minha vida.

Como escritora e eterna aluna na vida, eu tenho um imenso respeito por Carra Martinez. Quando a minha avidez por escrever arrefeceu, ela me deu novo ânimo. Ela também me incentivou a buscar a verdade no conhecimento e a refleti-la. Tinez, obrigada por tudo; nunca me esquecerei da sua motivação.

Por seu tempo e dedicação para promover a minha retórica, sou imensamente grata a Lauren Hug. Obrigada, Lauren, por seu comprometimento e seu estímulo.

À sra. Nanci S. Boice: eu ainda não viajei para a Europa nem me tornei uma romancista com o pseudônimo de "Daphne", mas espero que este livro represente um passo em direção à sua previsão. Obrigada por edificar a minha jovem mente e por me levar a mergulhar na literatura.

Ao sr. Rob Williams, obrigada por me estimular a ver luz na escuridão e por inspirar em mim o amor pela arte de contar histórias.

Além das pessoas que deram vida à história de Ben, eu gostaria de agradecer àquelas que foram personagens do livro.

John Burke foi uma influência positiva na vida de Ben, tanto à sua vida temporária como à sua vida eterna. Obrigada de todo coração, John. O meu muito obrigada também a Aaron Ivey, Clay Davis, Bob Wetmore e aos nossos amigos na Gateway por celebrar a vida de Ben de maneira tão bonita.

Minha família e eu jamais conseguiremos transmitir o quanto somos gratos a todos os amigos que nos apoiaram após a morte de Ben. Obrigada a todos pelas refeições, pela companhia, pelos pensamentos e pelas orações.

Minha família tem uma eterna dívida de gratidão para com os médicos e outros profissionais que se empenharam para melhorar a qualidade de vida de Ben. Somos infinitamente gratos ao pessoal da Westlake, assim como aos drs. Stuart A. Rowe, Arnold L. Fenrich Jr., Karen L. Wright e Lance Hargrave.

As famílias do nosso bairro nos abençoaram com a comunidade mais rica que poderíamos ter imaginado. Obrigada por receberem Ben de braços abertos em suas casas e tolerar suas incessantes brincadeiras.

As famílias Wetmore, Reynolds e Haynes estavam lá para dar as boas-vindas a Ben neste mundo. Obrigada por fazerem parte da vida dele e por permanecerem na nossa vida.

Mark e Pam Kohler foram como segundos pais para Ben. Mark, obrigada por guiá-lo em seus interesses e por lhe dar a oportunidade de viver a vida livremente. Pam, obrigada pela sabedoria que você levou à vida de Ben. Ele amava vocês dois.

Aos amigos de Ben, tanto aqueles que foram mencionados neste livro como aqueles que não foram, obrigada por fazerem parte da história dele. Ele amava todos vocês, e eu sei que ele espera encontrá-los novamente um dia.

Justin Miller, você foi o primeiro amigo de verdade de Ben, e uma das melhores partes da infância dele. Você está no coração dele, e no nosso, para sempre. Obrigada, sra. Miller, por permitir que Ben fizesse parte da sua família.

Grant Hamill, você e Ben foram grandes amigos. Lembre-se sempre de que esse não é o fim. Obrigada, sr. e sra. Hamill, por dividirem Grant conosco.

À Rachel Prochnow, minha melhor amiga, obrigada por ficar ao meu lado em cada momento de dor e orar comigo por Ben. Todo o meu amor à família Prochnow, por me acolher gentilmente vezes sem conta.

Cameron, obrigada por ser um irmão para Ben e Jake e por ter estado sempre ao meu lado. Obrigada também à família Thompson por sua compaixão.

Quanto à minha família, nós enviamos o nosso amor ao céu, para Gee Gee e Grammy, por cuidarem de Ben. DDad, você foi uma fonte infalível de liderança e sabedoria durante toda a vida de Ben. Corine, o seu estímulo fez com que Ben acreditasse que o futuro dele era realmente importante. Abraços infinitos também para tio Rusty, tia Kim, tio Dave, Amber e Zach por seu amor indefectível.

Mamãe e papai, vocês dois deram a Ben dezoito anos incríveis de vida. Vocês permitiram que ele vivesse plenamente e sempre o amaram incondicionalmente. E fizeram o mesmo por mim e Jake. Obrigada por nos criar e nos dar a certeza de que Deus tem um propósito para a nossa vida.

Jake, você foi um bom irmão. Eu te amo e sei que Ben ainda tem muito a lhe ensinar quando você for para o céu.

Ben, obrigada por confiar a sua história a mim. Eu te amo e mal posso *esperar* para vê-lo de novo.

Glória a Deus somente.

CARDIOMIOPATIA HIPERTRÓFICA

Cardiomiopatia hipertrófica (CMH) é uma doença em que o músculo cardíaco (miocárdio) torna-se anormalmente espesso – ou hipertrofiado. Esse músculo cardíaco espessado faz com que o coração tenha mais dificuldade de bombear o sangue.

A cardiomiopatia hipertrófica muitas vezes não é diagnosticada, pois a maioria das pessoas que têm CMH apresenta sintomas leves ou é assintomática. Algumas podem ter sintomas como falta de ar, tontura, dor no peito após exercício ou esforço físico, desmaio, palpitações ou batimentos cardíacos rápidos ou irregulares.

Alguns portadores de CMH correm o risco de ter alterações perigosas do ritmo cardíaco (arritmias), como taquicardia ventricular ou fibrilação ventricular. Esses ritmos cardíacos anormais podem causar morte súbita cardíaca (MSC). A cardiomiopatia hipertrófica é a principal causa de morte súbita relacionada ao coração antes dos 30 anos de idade. Felizmente, essas mortes são raras.

Se você tiver qualquer um desses sintomas mencionados acima ou história familiar de CMH, ou pretende participar de esportes competitivos, é importante que consulte um médico.

Para mais informações, acesse http://www.4hcm.org

COMPARTILHE A SURPREENDENTE HISTÓRIA DE BEN COM SEUS AMIGOS, SUA FAMÍLIA, SUA IGREJA OU SEU GRUPO DE LEITURA

visite o website:
benbreedloveofficial.com

ou sua página no facebook:
benbreedloveofficial

para saber mais sobre a história de Ben e interagir com outros leitores

Ben praticando *wakesurf* no Lago Austin.

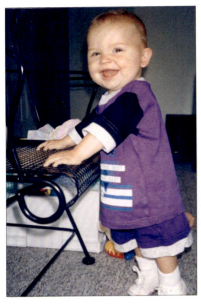

Ben, um bebê muito feliz.

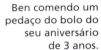

Ben comendo um pedaço do bolo do seu aniversário de 3 anos.

O "Urso flutuante" no Rio Frio no Garner Park.

Ally, DDad e Ben numa viagem no *trailer* dos avós.

Melhores amigos, Ben e Ally, com 2 e 3 anos de idade, respectivamente.

Ben e Ally com Jake, o irmãozinho recém-nascido.

Jake e Ben em uma de suas muitas pescarias no Lago Austin.

Ben, Jake e Shawn nas margens do Lago Powell com uma lagartixa.

Ben mexendo no timão da lancha que estava sendo rebocada pelo barco-casa de 75 pés no Lago Powell, durante as férias da família.

Ben e Jake com sua primeira banca de limonada.

Ben em sua viagem anual para acampar no Garner Park.

"Câmera de capacete" feita por Ben.

Caminhando à beira do riacho com seu amigo Justin na fazenda dos Miller.

Shawn, Jake, Ben, Deanne e Ally nos estúdios da Universal.

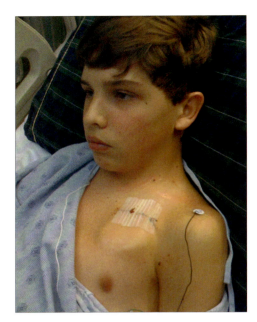

Ainda grogue da anestesia, Ben está prestes a descobrir que se sentiria melhor com seu novo marca-passo/desfibrilador implantado.

Um dos muitos *hobbies* de Ben: tocar guitarra.

Ben, Grant Agatstor e Grant Hamill passeando de carro num dia ensolarado... rindo.

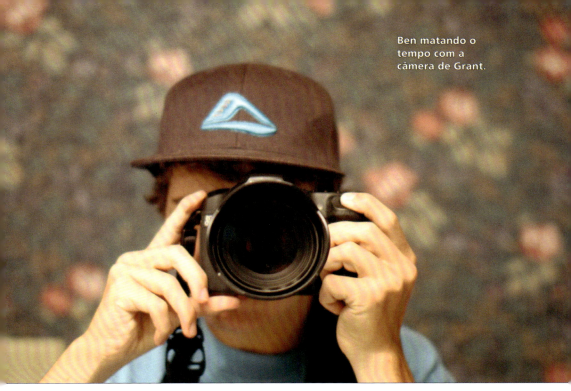

Ben matando o tempo com a câmera de Grant.

Ben com fãs da BreedloveTV no IHOP, comendo um de seus crepes preferidos, de banana com Nutella.

Férias da família em Destin, Flórida, um dos destinos favoritos de Ben.

Os vizinhos Kyle, Benji e Nate brincando com Ben e Jake num dia típico de verão.

Ensinando *wakeboard* para Jake.

Outro dia no lago!

Cameron Thompson e Ben divertindo-se no Lado Austin.

A vez de Ben no *wakeboard*.

Ben e Grant passam o dia no lago com Manu e Celia Kraus, alunos de intercâmbio da Alemanha.

Treinamento diário de Ben na cama elástica.

Ally e Ben num passeio noturno de barco no feriado de 4 de julho, Dia da Independência dos Estados Unidos.

Mark, mentor de Ben, e sua esposa, Pam.

Encontro acidental de Ben e Jake no aeroporto de Seattle com seus atletas favoritos de *wakesurf/wakeskate*, Rusty Malinoski, JD Webb e Danny Hampson, no aniversário de Ben.

Erik Ruck (profissional de *wakeboard*), Cameron Thompson, Ben, Grant Hamill, Parks Bonifay e Nick Weinacker (profissionais de *wakeboard*).

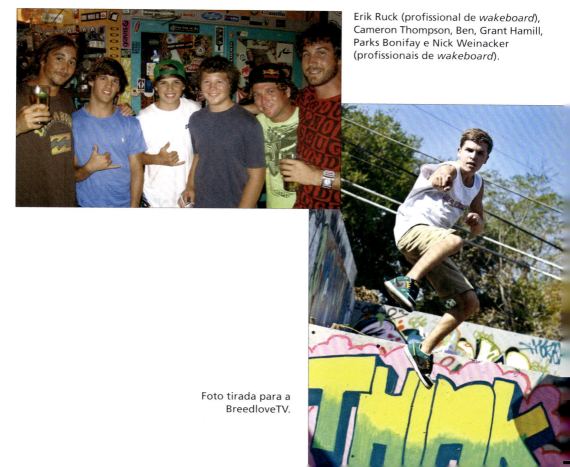

Foto tirada para a BreedloveTV.

Primeiro *back roll* de Ben!

Na lancha da família do Lago Austin.

Ben e Justin no lago.

Grant Hamill, Ben e Grant Agatston depois da aula.

Alex Faglie e Ben, com Parker Medford em segundo plano.

Madeline Nick numa festa da escola.

Jamie Buchsbaum e Ben num jogo de futebol americano na Westlake High School.

Justin Miller, Megan Parken, Devyn Brown e Ben na festa de comemoração de volta às aulas.

Ben e Jake durante um passeio de quadriciclo no Colorado.

Cameron, Ally, Jake, Ben, tia Kim, tio Dave, Deanne e Shawn nas férias anuais em Destin, na Flórida.

Ben, Jake e DDad prestes a embarcar no hidroavião, no Alasca, em 2011.

Ben e Jake diante do rio, no Alasca, onde observaram os ursos pegando salmão.

Jake, Shawn e Ben treinam *snowboard* em Brighton, Utah.

Ben, Ally, Jake e Chica. Foto do último natal das crianças, em 2011.